SOCIALISMO COMO ALTERNATIVA AOS DILEMAS DA HUMANIDADE
textos de Fernando Martínez Heredia

Olivia Carolino Pires e
Ronaldo Tamberlini Pagotto (orgs.)

SOCIALISMO COMO ALTERNATIVA AOS DILEMAS DA HUMANIDADE
textos de Fernando Martínez Heredia

1ª edição

Expressão Popular

São Paulo – 2020

Copyright © 2020 by Editora Expressão Popular

Revisão: *Aline Piva*
Tradução: *Paulo Henrique Pappen*
Projeto gráfico e diagramação: *ZAP Design*
Capa: *Felipe Canova*
Impressão e acabamento: *Paym*

```
         Dados Internacionais de Catalogação-na-Publicação (CIP)

          Socialismo como alternativa dos dilemas da humanidade:
  S678    textos de Fernando Martínez Heredia / Olivia Carolino
          Pires e Ronaldo Tamberlini Pagotto (Orgs.); tradução
          Paulo Henrique Pappen.--1.ed--São Paulo : Expressão
          Popular, 2020.
          287 p.

          Indexado em GeoDados - http://www.geodados.uem.br
          ISBN 978-65-991168-0-3

          1. Socialaismo – América Latina. 2. Marxismo.
          I. Pires, Olivia Carolino. II. Pagotto, Ronaldo Tamberlini.
          III. Pappen, Paulo Henrique. IV. Título.

                                              CDU 320.531
                                              329.14(729.1)
  Catalogação na Publicação: Eliane M. S. Jovanovich CRB 9/1250
```

Todos os direitos reservados.
Nenhuma parte deste livro pode ser utilizada
ou reproduzida sem a autorização da editora.

1ª edição: junho de 2020

EDITORA EXPRESSÃO POPULAR
Rua Abolição, 201 – Bela Vista
CEP 01319-010 – São Paulo – SP
Tel: (11) 3112-0941 / 3105-9500
livraria@expressaopopular.com.br
www.expressaopopular.com.br
 ed.expressaopopular
 editoraexpressaopopular

SUMÁRIO

Um revolucionário da teoria e uma teoria da revolução
para romper com os limites do possível..7
Olívia Carolino Pires e Ronaldo Tamberlini Pagotto

O exercício de pensar: marxismo e marxismo na América Latina
Marxismo revolucionário na América Latina atual..17
Anticapitalismo e problemas da hegemonia..35
O caráter e a via da revolução..47
Primeiros passos. Projetos para o ponto de partida.....................................61
Socialismo...83
No aniversário de Lenin: utopia e prática
política em *O Estado e a Revolução*..115

Incendiar oceanos: América Latina e as lutas por libertação nacional
Nossa América e a Águia temível..129
Independência e socialismo na Nossa América..153
Esquerdismo e reformismo na América Latina atual..................................159
Movimentos sociais, política e projetos socialistas.....................................177
Traçando o mapa político da América Latina...205

Somos obrigados a ser criativos: cultura e política na América Latina
Cultura e política na América Latina...237
Pensamento latino-americano, cultura e identidades.................................253
O colonialismo no mundo atual..267
Sete desafios para os jovens
da América Latina..277
1945, o fascismo e o colonialismo...283

UM REVOLUCIONÁRIO DA TEORIA E UMA TEORIA DA REVOLUÇÃO PARA ROMPER COM OS LIMITES DO POSSÍVEL

Olívia Carolino Pires
Ronaldo Tamberlini Pagotto

Um livro com textos sobre uma rica tradição e que o autor é um dos mais importantes representantes dela. Não é uma tradição acadêmica e que também pouco ocupou esse território. Com um marxismo vivo e pulsante, Fernando Martínez Heredia é uma referência política para diversas gerações de militantes que têm nele uma inspiração política, um mestre da rebeldia, um animador das causas revolucionárias e um professor que articula teoria e prática num pensamento vivo. E um teórico revolucionário.

Ele fez escola, semeou pelo mundo o método de que devemos nos apropriar das categorias de análise e do pensamento marxista com rigor e aplicá-los com criatividade, concepção essa que dava a tônica de construção de seu pensamento, e que, desse modo, contribuiu para construção de conhecimento vivo e original nos marcos do marxismo. Sua obra, mais que um pensamento político, se trata de uma política feita a partir de um pensamento.

A edição brasileira de uma coletânea de textos de Fernando Martínez Heredia é publicada pela Editora Expressão Popular em um momento de muitos desafios para o povo brasileiro. A crise do padrão de acumulação capitalista é a base de uma ofensiva ultraconservadora sobre as classes populares brasileiras e a democracia que se agrava com a pandemia. Nesse contexto, o leitor tem em mãos uma obra que é ao mesmo tempo uma mensagem de esperança e uma munição ao combate. Em tempos de ofensiva do Império em toda América Latina, publicar Fernando Heredia é uma inspiração para resistência. Seu legado inspira a combinar a produção dos clássicos com os dilemas de uma formação social e econômica específica, aliando a história dos povos latinos a suas lutas atuais.

Este livro é um convite ao reencontro com um verdadeiro patrimônio das lutas dos povos latino-americanos: o legado de uma teoria construída a partir da prática política de um momento em que a revolução esteve colocada na ordem do dia no continente. O que chamamos de leito histórico revolucionário latino-americano diz respeito ao legado de um marxismo original que se universaliza a partir de uma revolução que triunfou no continente: a Revolução Cubana.

Dentre esses esforços cumpriu papel fundamental a revista *Pensamiento Crítico* que deu voz nos anos 1970 ao pensamento dos revolucionários em tempos de revoluções na América Latina. É uma das publicações mais originais que forja o marxismo com o pensamento latino sem deixar de buscar referência no marxismo dos outros polos irradiadores.

Por meio dela, Fernando Heredia, Aurelio Alonso e outros possibilitaram o elo de nossas gerações com a geração setentista, e nos fez chegar com muito rigor e empenho à crítica em tempos de revolução na América Latina. Combinou as particularidades cubanas e latinas com os clássicos do pensamento revolucionário. Foi um dos responsáveis pela recuperação do pensamento de Rosa Luxemburgo e Antonio Gramsci em Cuba e por toda a América Latina e Caribenha.

Fernando foi um revolucionário cubano que expressou na ação e no pensamento a essência da revolução: rebeldia, ousadia, solidariedade e humildade. Sua coerência ideológica, política e na vida cotidiana nos ensinou uma cultura política diante de uma realidade que precisa ser transformada.

Um homem sumamente culto, incansável nas conversas com os mais jovens, com um pensamento vivo e original foi um dos mais importantes pensadores marxistas da América Latina e do mundo. Em cada despedida a tarefa era clara: não percam a capacidade de se indignar, de utilizar todos os instrumentos intelectuais que estejam ao nosso alcance, colocar a serviço da luta o trabalho intelectual, não temer romper a ordem do sistema, ser subversivo, atacar a ordem vigente e não parte dela e abandonar as distintas ideologias favoráveis à dominação. E não se deixem acostumar com as coisas que não são suportáveis, tampouco se deixem resignar diante das injustiças.

A heresia da trajetória do Heredia

Nasceu em Cuba, em 1939, e com menos de 20 anos estava nas trincheiras da revolução de seu país, revolução essa, que durante sua vida, ele ajudou a realizrar e conceber.

Estudou na Universidade de Havana e de 1959 a 1963 graduou-se em Direito. Foi um dos fundadores de *El Caimán Barbudo*, em 1966, e, no final desse ano fez parte do grupo que criou a revista mensal *Pensamiento Crítico*, tendo sido seu diretor durante todo o tempo em que foi publicada, de 1967 a 1971. Com o fechamento da revista passou a dedicar-se a tarefas de pesquisa na Universidade de Havana. Pós graduado em Filosofia (1962-1971), foi professor de Filosofia nessa Universidade (1963-1971), diretor do Departamento de Filosofia e membro do Conselho Universitário (1966-1969). Entre 1964 e 1971 participou em numerosas pesquisas sociais no Departamento de Filosofia. Em 1976 passou a ser pesquisador chefe em duas seções no Centro de Estudos sobre Europa Ocidental até 1979. Trabalhou no Centro de Estudos sobre América (1984 -1996), onde foi pesquisador titular, chefe de departamento e membro do Conselho Científico. Em 1994 se transferiu ao Centro de Investigação e Desenvolvimento da Cultura Cubana "Juan Marinello", do Ministério de Cultura. Neste centro trabalhou como pesquisador e foi presidente da Cátedra de Estudos Antonio Gramsci desde sua criação em 1997. Em 2006 recebeu o Prêmio Nacional de Ciências Sociais do Instituto Cubano del Libro. Foi acadêmico titular da Academia de Ciências de Cuba (2006-2010). Nos últimos anos, ele continuou suas pesquisas e reflexões sobre a realidade cubana, expandiu e sistematizou sua dedicação à história de Cuba, e também a questões sociais e políticas na América Latina publicando importantes livros como *La revolución Cubana del 30* (2007); *Las ideas y la batalla del Che* (2010), entre outras publicações e entrevistas de extrema importância para criar um legado de pensamento marxista com cabeça própria latino-americana e a serviço de quem se entrega à revolução. Fernando faleceu em 12 de junho de 2017 em Havana lucido e produtivo como sempre.

Pensamento crítico em três tempos

A obra de Heredia é um testemunho de batalhas por um pensamento crítico travadas na revolução cubana, algumas vitoriosas outras não. Preparamos essa coletânea com intuito de, em sua vasta e complexa obra, selecionar alguns textos que fundamentam o que quer dizer "pensamento crítico". Numa primeira aproximação, o pensamento, a produção de conhecimento que serve para fazer revolução.

A primeira parte, "O exercício de pensar: marxismo e marxismo na América Latina", faz referência ao seu ensaio "El exercicio de pensar" publicado em 1996 no *El Caimán Barbudo* n. 11. Fernando expunha explicitamente os limites do tipo de instrumental teórico predominante na esquerda de raiz europeia e a cultura política que o acompanhava para fundamentar os processos de transformação na América Latina. *Exercício de pensar* veio a ser o nome do livro publicado em 2008 que reúne uma série de artigos no sentido de mostrar que o "marxismo foi a forma intelectual do projeto cubano ser comunista". A apropriação criativa do marxismo é uma necessidade que se recoloca permanentemente na esquerda latino-americana. A ousadia de forjar um marxismo, criativo que sirva ao exercício de pensar com cabeça própria. Reunimos, nessa parte, seis textos de diversos momentos de sua produção. Desde um estudo sobre "Marxismo revolucionário na América Latina atual", passando pelas categorias de hegemonia, colonialismo, o caráter e a via da revolução, projeto de sociedade – por meio do desenvolvimento dessas categorias o leitor encontrará uma leitura original de Lenin e Gramsci. Até chegar no texto "Socialismo", em que encontramos uma exposição sistemática do que se pode compreender por transição socialista nos países pobres. A ideia de que a formulação clássica do marxismo sobre a transição compreende socialismo circunscrito à realização da racionalidade moderna.

Para o autor os povos pobres

> [...] *são obrigados a ir muito além* do cumprimento dos ideais da razão e da modernidade, e de início devem mover-se em outro terreno. Seu caminho exige negar que a nova sociedade seja o resultado da evolução do capitalismo, negar a ilusão de que basta a expropriação dos instrumentos do capitalismo para construir uma sociedade que o 'supere' e negar-se a 'cumprir etapas intermediárias' supostamente anteriores ao socialismo. Quer dizer, a este socialismo é inevitável trabalhar pela criação de uma nova concepção da vida e do mundo, ao mesmo tempo que se empenha em cumprir suas práticas mais imediatas. (ver adiante, p. 109)

A segunda parte, denominamos "Incendiar oceanos: América Latina e as lutas por libertação nacional", dedicada a uma das formulações mais precisas de Fernando Heredia, a compreensão da Revolução Cubana como revolução socialista de libertação nacional. O tema da libertação nacional, fundamental para a maior parte dos povos, não era uma proposição ou um problema original de Marx e Engels. A questão nacional é um tema polêmico no marxismo especialmente após a crise da Segunda Internacional com a aprovação, por parte do Partido Social-Democrata Alemão, dos créditos de guerra por ocasião da Primeira Guerra Mundial. Mas não só por isso. O tema é distinto para o debate marxista no centro do capitalismo e na periferia.

Sobre esse debate e polêmica nosso autor assume um conteúdo revolucionário com capacidade de se universalizar a partir de uma revolução socialista. A revolução cubana é, antes de tudo, uma revolução nacional e uma revolução social, se não fosse uma revolução nacional junto com revolução social não tinha sido uma revolução. O primeiro que a definiu como a revolução de todo povo cubano foi Fidel em *A história me absolverá*. Fernando foi um dos pensadores cubanos que cometeu a heresia de compreender a categoria "povo" com base na estrutura social de classes, como protagonista das lutas sociais em um movimento no qual a entrada das massas populares organizadas enquanto classe na história da construção nacional foi o caminho para a vitória. Além disso, ele foi um dos que se deram conta da vinculação entre a revolução cubana e os processos revolucionários por toda a América Latina e Caribe.

Como parte de uma geração de revolucionários, soube identificar o imperialismo como inimigo número um da humanidade. Esse conteúdo fundamental do pensamento crítico tem o poder de incendiar oceanos. *Incendiar Oceanos* é o nome do livro publicado em Cuba, em 2019, dois anos após seu falecimento em defesa *del pensamiento critico* e que é também uma homenagem póstuma.

Tomamos emprestado para nomear essa segunda parte que reúne mais seis textos fundamentais para compreender a libertação nacional e sua relação com socialismo e anti-imperialismo, entre eles, "Nossa américa e a águia temível" (2011) e "Independência e socialismo na nossa américa" (2013) textos de suma importância teórica; e "Movimentos sociais, política e projetos socialistas" (2006) e "Esquerdismo e reformismo na América Latina atual" (2013) estes dois últimos de cunho analítico de movimentos populares e da política no Brasil e América Latina.

E por último, a seção "Somos obrigados a ser criativos: cultura e política na América Latina". Essa parte é direcionada à crítica da cultura da dominação, mostrando como na época de Guerra Fria, a ideologia capitalista foi capaz de universalizar a cultura da dominação a partir dos EUA e suas áreas de influência, por meio da democratização das formas culturais, da produção e distribuição da cultura e da homogeneização dos padrões de consumo e vida. Esse é um dos temas que o autor mais se dedicou. As consequências da hegemonia ideológica-cultural, incapaz de prometer bem-estar, oferece o consumo e constrói uma visão de mundo acrítica e com tendências a gerar conformação. Nada mais preocupou o autor do que a hegemonia conservadora sobre as classes populares.

A revolução cubana, suas lideranças e intelectuais foram forjados em uma combinação de uma assimilação da influência da URSS e seus limites e as necessidades prementes de uma revolução em gestação e, após 1959, o exercício de um poder para transformar profundamente a realidade. Nesse contexto a contribuição de Heredia fundamenta que a reinvenção da luta contra o capitalismo se dá nos marcos do sentimento de autodeterminação dos povos, do nacionalismo popular e da soberania. Esse conteúdo não vem de um sentimento, mas de experiências concretas de revoluções radicais que se dão a partir dessa premissa, como a chinesa, a cubana, a vietnamita e a argelina, que colocam a perspectiva de universalização do marxismo a partir das formações sociais de países vítimas da colonização e neocolonização capitalista. À medida que a cultura do capitalismo abandona ideias de progresso e civilização do capitalismo originário, sucumbida na individualização, competitividade e meritocracia que divide a sociedade em indivíduos de sucesso ou de fracasso, em alguma medida, o progresso civilizatório é "deixado" para os socialistas. O progresso civilizatório socialista seria uma saída com vistas a criar uma cultura diferente e oposta à cultura capitalista. Nesse cenário, a diversidade de pensamento é um campo de luta marxista. As chamadas "revoluções do terceiro mundo", a partir de suas particularidades, fazem do pensamento crítico algo imprescindível, um marxismo que sirva para transformar as pessoas, cada um e cada uma, a cultura e a sociedade. Além disso, esses processos romperam com as perspectivas que paralisaram o movimento das "massas populares" e colocaram, a partir da experiência prática da revolução cubana, a perspectiva dos povos se colocarem em movimento no sentido de protagonistas de sua libertação. E são desses processos concretos que se desdobra uma nova forma de organização e uma concepção de socialismo, a partir da libertação nacional.

Nessa parte selecionamos cinco textos, entre eles: "Cultura e política na América Latina" (1997) e "Pensamento Latino-americano, cultura e identidades" (2009). E um presente: "Sete desafios para os jovens da América Latina". Uma característica inesquecível de Fernando era ser incansável em sua disposição de conversar principalmente com os jovens. A juventude, que transbordava no brilho de seus olhos, é inspiração da ideia de um futuro concebido por quem sabe que as transformações radicais são possíveis. Por quem não titubeia em saber que as soluções para os problemas do capitalismo são forjadas a partir do protagonismo da classe trabalhadora e demais classes populares à medida que, com organização, formação e disputa ideológica e lutas sociais, compreende a sociedade em que vivemos como contrária à esperança e ao sonho. Por quem assume o compromisso para que a ciência não se torne o cinismo do possível. É necessário ser subversivo, ser subversiva e se preparar para estar sempre um passo além do aceitável pelos nossos inimigos. Que a leitura desses textos seja um estudo para a ação transformadora, um vento forte de marxismo criativo, original e de muitas sínteses. Um esforço que só tem sentido se as gerações de hoje se apropriarem desses passos dados por ele para Cuba e para toda a América Latina e Caribe, para o mundo, em direção ao futuro.

Essa seleção não seria possível sem a especial participação de Esther Perez, Rafael Magdiel Sanchez Quiroz, Miguel Enrique Stédile, Edgar Jorge Kolling e Neuri Rosseto.

Boa leitura.

O EXERCÍCIO DE PENSAR MARXISMO E MARXISMO NA AMÉRICA LATINA

MARXISMO REVOLUCIONÁRIO NA AMÉRICA LATINA ATUAL[1]

Muito obrigado por essa segunda vez, queridos irmãos. Antes de tudo, quero agradecer à Frente Farabundo Martí de Libertação Nacional [FMLN] e aos companheiros organizadores pela honra que me dão ao me permitir participar hoje com esta fala, e reconhecer com entusiasmo os esforços e realizações em formação política que caracterizam o curso no qual o seu trabalho culmina, sobre "Paradigmas emancipatórios a partir da América Latina. Novos cenários de disputa pela hegemonia entre emancipação e dominação". Quero prestar reconhecimento a todos os meus irmãos, os professores cubanos da Galfisa e os alunos-quadros salvadorenhos que, unidos, tornaram isso realidade. E reiterar o elogio que fiz ano passado à determinação da Frente de que os estudos políticos sejam uma tarefa imprescindível e muito importante para a organização.

Há um ano estamos ouvindo dizer que a situação no nosso continente se tornou cada vez mais difícil, por fatos adversos que acontecem aos povos e pela ofensiva do imperialismo e seus cúmplices de classe que são ao mesmo tempo dominadas por ele e dominantes em seus países. Sem dúvida, este será o marco inevitável do que

---

[1] Conferência realizada no Centro de Estudios de El Salvador, Universidad de El Salvador. São Salvador, El Salvador, em 26 de novembro de 2016.

falaremos hoje aqui, mas, para me manter dentro das finalidades destas atividades de formação política, gostaria de privilegiar as reflexões e as análises.

Começo com um breve comentário sobre as relações que existem entre dificuldades e revolução.

Para os revolucionários, e durante os processos de revolução, existem momentos felizes e processos felizes, mas nas revoluções verdadeiras não há conjunturas fáceis. Se nos parecem fáceis, é só porque não nos demos conta de suas dificuldades. E é assim porque essas revoluções, as que amamos e pelas quais estamos dispostos a tudo, são as iniciativas mais audazes e arriscadas dos seres humanos, que empreendem transformações prodigiosas, libertadoras das pessoas e das relações sociais, a tal ponto que nunca mais querem nem conseguem voltar a viver em vidas e sociedades de dominação e de violências e de fazer mal uns aos outros, de individualismo e afã de lucro. São revoluções que pretendem ir criando pessoas cada vez mais plenas e capazes, e realidades que contenham cada vez mais liberdade e justiça, onde todos consigam mudar o mundo e a vida. Quer dizer, criar pessoas e realidades novas.

Se o que acabo de dizer parece impossível para o mundo existente e para as crenças vigentes na pré-história da humanidade, para o senso comum e para o consenso com o essencial que mantém as sociedades sujeitas ao capitalismo, como não seria extremamente difícil tudo que fazemos e projetamos? Se as classes dominantes nunca estarão dispostas a admitir que o povo se levante e adquira dignidade, orgulho de si mesmo e domínio da situação, consciência e organização suas, a seu serviço e eficazes; que o povo esteja no poder e que o transforme em um poder popular, então temos que convir que, nesse momento, tudo se torna muito difícil para a causa do povo. O jovem Karl Marx observava bem quando escreveu que somente mediante a revolução os dominados poderão sair da lama em que vivem atolados sua vida inteira, porque as mudanças e a criação de novas sociedades exigem também libertações colossais dos inimigos íntimos que todos temos. Como não seriam tão difíceis as revoluções de libertação? Contudo, se olharmos bem e não nos deixarmos desanimar, constataremos que o campo popular já tem muito a seu favor. El Salvador é um dos países latino-americanos que conta com numerosos avanços. Nós já possuímos muitos elementos e muitas conquistas a nosso favor. São numerosos os avanços registrados pelo acúmulo cultural de libertação deste povo, desde os tempos de Farabundo Martí e Feliciano Ama até hoje, é a partir desse legado que foi possível desenvolver-se muitas das qualidades adquiridas pelas filhas e filhos deste país, e é por causa dele que pode existir hoje um processo político no qual o partido revolucionário está no governo. Seria muito bom se alguns dos quadros-alunos do curso que está terminando pudessem elaborar um relato desses avanços conquistados pelas pessoas e pela sociedade salvadorenha à custa de tantos sacrifícios e heroísmos, para que se possam divulgar amplamente em meios diversos.

Entremos com essas armas em um problema imediato, que não é pequeno. A conjuntura atual expressa de maneira escandalosa uma carência do campo popular que foi se acumulando nas últimas décadas, ao mesmo tempo que essa carência deixava de ser percebida como uma grave debilidade: a de um pensamento verdadeiramente próprio, capaz de fundamentar sua identidade em relação com seu conflito irremediável com a dominação do capitalismo, e capaz de servir para compreender as questões essenciais da época, as conjunturas, os campos sociais implicados e as forças em disputa. Um pensamento, por conseguinte, forte, convincente e atraente, ao mesmo tempo que útil como instrumento mobilizador e unificante do diverso, e como ferramenta eficaz para orientar análises e políticas acertadas que contribuam para a atuação dos revolucionários e para a formulação de projetos.

Essa ausência de elaboração de um pensamento poderoso do campo popular, crítico e criador, pode ser constatada diante do estupor e da falta de explicações válidas que abundaram em relação aos acontecimentos em curso em vários países latino-americanos, que registraram diferentes fracassos, derrotas e retrocessos de processos favoráveis às suas populações e à sua autonomia contra o imperialismo nos primeiros anos deste século. Em vez de análises coerentes, profundas e orientadoras escutamos ou lemos, mais de uma vez, comentários superficiais revestidos com palavras que queriam ser conceitos, ou dogmas que queriam realizar funções de interpretação.

Não se avança nada ao tachar de mal-agradecidos os setores populares ou paupérrimos que melhoraram sua alimentação e sua renda, e tiveram mais oportunidades de ascender um ou dois degraus do fundo da terrível ordem social, porque não foram ativos em defender governos que os favoreceram, ou até lhes tenham dado as costas em determinados eventos que fizeram os reacionários triunfar. E inclusive tentam explicar esses acontecimentos com retalhos de uma suposta teoria das classes sociais, como quando se repete a proposição absurda de que "eles se transformaram em classe média e agora agem como tal". É preferível começar sendo precisos diante dos fatos e partir sempre deles, como quando o dirigente do Movimento dos Sem Terra do Brasil, João Pedro Stedile, diz: "Temos muitos desafios de curto prazo para poder enfrentar os golpistas. A classe trabalhadora continua em casa, não se mobilizou. Quem se mobilizou foram os militantes, os setores mais organizados. Mas 85% da classe continua vendo novela na televisão".

Tampouco se vai longe quando se elaboram e discutem explicações dos eventos e das situações políticas e ideológicas urgentes da conjuntura na base de menções sobre o fim de ciclos de altos preços das matérias-primas, nem mesmo quando economistas competentes oferecem dados sérios e acrescentam a queda da dinâmica da economia mundial e outros fatores e processos adversos.

Simplificando um pouco mais, teríamos tido uns 15 anos de vitórias eleitorais, governos progressistas e notáveis conquistas por medidas sociais, uma forte autonomização de grande parte do continente em relação aos ditames dos Estados Unidos, avanços nas relações bilaterais e nas coordenações dos países da região para uma futura integração só porque tivemos um longo ciclo de altos preços de exportação das matérias-primas, explicável pelos altos e baixos da economia mundial. Como agora ela está se movimentando no outro sentido e os preços estão caindo, deve terminar o ciclo político e social e a "direita" deve avançar e recuperar irremediavelmente a posição dominante que havia perdido.

Uma pessoa com boa memória e escassa credulidade se perguntaria logo como foi possível que no início dos anos 1970 não tenha acontecido, na região, o mesmo que ocorreu no início deste século, em termos de eleições vitoriosas, boas políticas sociais, mais autonomia dos Estados e horizontes integracionistas. Porque naquela conjuntura subiram muito os preços das matérias-primas e, além disso, em boa parte da região se viviam aumentos mais ou menos grandes do setor industrial, com ajuda daqueles afortunados deslocamentos do grande capital em busca de maximização de lucros que hoje desagradam tanto Donald Trump. O que ocorreu naquele momento foi totalmente diferente, eventos e processos nefastos que mencionarei em parte um pouco mais adiante. Por conseguinte, é preciso concluir que não é verdade que certos fatos políticos e sociais, e não outros, "correspondam" necessariamente a determinada situação econômica.

Neste caso, estamos diante de uma das principais deformações e reducionismos que a teoria marxista sofreu, talvez a mais difundida e persistente de todas: a de atribuir uma suposta causa "econômica" a todos os processos sociais. Por trás de sua aparente lógica está a coisificação da vida espiritual e das ideias sociais que o triunfo do capitalismo produziu – aceita por aqueles que pretendem se opor ao sistema sem sair da prisão de sua cultura –, e a consequente incapacidade de compreender que os seres humanos são os protagonistas de todos os fatos sociais.

Trata-se, então, de uma questão teórica fundamental para o marxismo. O âmbito de produção e domínio principal desta teoria é integrado: pelas sociedades que integram o capitalismo central e as de sua universalização colonizadora; pelas identidades, motivações e atividades das classes e dos grupos sociais, seus conflitos e seus enfrentamentos; pelas ideias e organizações anticapitalistas e de libertação nacional; pelas revoluções; e pelas sociedades em transição socialista. A estrutura econômica e o movimento histórico são duas das dimensões básicas no trabalho teórico marxista para compreender cada totalidade social determinada. Mas é um grave erro pensar ou acreditar que a primeira é a essência do segundo, ou que o determina necessariamente.

São duas ordens de realidades intimamente relacionadas – vividas pelos mesmos implicados – que é muito válido separar com fins de pesquisa. No entanto, a análise dos sistemas de dominação, que incluem a estrutura econômica, mas não se reduzem a ela, trabalha com determinados conceitos e demais instrumentos de conhecimento, e a análise dos conflitos e enfrentamentos trabalha com outros instrumentos de conhecimento diferentes. Esta última distinção tem uma importância fundamental no marxismo.

É imprescindível fazer a crítica fundamentada do determinismo econômico e divulgá-la bem. Porque não se trata somente de uma questão teórica que poderia ser discutida em uma reunião de estudiosos: é também uma crença muito difundida que faz parte das concepções de muitos militantes e simpatizantes das causas populares, e é uma das fontes da ideia de destino, de um triunfo futuro embora ainda esteja distante, que alimenta tanto as esperanças quanto as convicções de grande parte da nossa gente. Tem, portanto, uma função ideológica e cultural nada desprezível. Nas classes populares existem muitas formas diferentes de perceber, pensar e expressar as realidades e as ideias e devemos respeitar efetivamente todas, como um aspecto de nossa decisão de viver a vida dessas classes e de ensiná-las e aprender com elas.

Em uma das notas geniais que escreveu no presídio, diz Antonio Gramsci que o militante nunca viu *O capital* de Marx, mas confia que tem companheiros no partido que o conhecem bem e poderiam explicar que ali se demonstra que o futuro é nosso. E em um dos tantos fragmentos seus de maior alcance dos *Cadernos do cárcere*, chamado "Passado e presente. Espontaneidade e direção consciente", que está no Caderno 3, ele expõe a grande complexidade das relações existentes entre a teoria revolucionária e a aceitação de seus princípios e ensinamentos pelos homens reais e determinados que atuam no movimento, e como ambas podem se fecundar mutuamente. Gramsci diz:

> Essa unidade da espontaneidade e da direção consciente, isto é, da disciplina, é precisamente a ação política real das classes subalternas, enquanto política de massas e não uma simples aventura de grupos que se autoproclamam massa.

Mas lhes peço desculpas, porque vocês já tiveram 14 etapas de curso, ricos debates e árduo estudo individual, e eu não tenho que voltar aos seus temas nestas palavras de encerramento'.

Retorno então aos problemas atuais do pensamento. Se nos detemos para examinar por que estamos tão pouco abastecidos de um pensamento crítico e criador, quando isso nos faz tanta falta, logo aparecerá a lembrança de como em um breve lapso antes e depois de 1990 caiu com grande rumor todo o sistema que chamavam de socialismo real e suas constelações políticas no mundo, com uma enorme quantidade de consequências funestas. Caíram junto suas realidades efetivas, seu lugar na geopolítica mundial e as representações de um futuro de libertações para a humanidade que aquele sistema parecia encarnar, embora este último não fosse garantido. Quer dizer, caíram junto o que era e o que não era.

Se continuamos aprofundando a análise, constataremos que praticamente no mesmo lapso se tornaram claros e visíveis os resultados de outro processo diferente do anterior: o da impossibilidade para a maioria dos países do planeta de alcançar aquilo que nas quatro décadas anteriores tinha-se chegado a sustentar com grande entusiasmo, projetos, medidas, ideias e inclusive Décadas internacionais da ONU: que era impossível realizar o desenvolvimento econômico autônomo de um país sem necessariamente sair do sistema capitalista. Uma terrível realidade golpeou a maioria dos países do mundo, e a maior parte da população em cada um deles: não era possível nem libertar-se dos regimes de exploração, opressões e neocolonialismo, nem desenvolver economias nacionais autônomas e capazes de crescer em favor do pleno emprego, mais produção e produtividade, serviços sociais suficientes para todos e uma riqueza própria a distribuir.

Ainda que o anterior fosse verdadeiro e muito prejudicial, não representava todas as desgraças da América Latina. No curso daquelas quatro últimas décadas, os Estados Unidos haviam consumado sua dominação sobre quase toda a região. Para consegui-lo, destruíram a institucionalidade de países e ordenaram, impulsionaram ou respaldaram os crimes mais horríveis, que em alguns lugares chegaram ao genocídio, limitaram ou feriram a soberania nacional da maioria dos Estados, submeteram, subornaram ou transformaram em sócios subordinados uma infinidade de empresários e governantes, até estabelecerem um controle, descarado ou sutil, em escala continental. Ao mesmo tempo, acabou uma ilusão que muitos movimentos e ideias de esquerda tinham: que a chamada burguesia nacional – uma parte da classe dominante de cada país –, por seus interesses econômicos, apoiaria mudanças democratizadoras e até poderia se aliar aos revolucionários em uma primeira etapa que chamavam de democrático-burguesa, anterior a uma suposta segunda etapa que já seria socialista. Os burgueses "modernos" foram cúmplices e subordinados do imperialismo e se sujaram até o cabelo de sangue, abjeção e negócios sujos.

O capitalismo na América Latina percorreu um longo caminho de evoluções neocolonizadas, subordinadas pelo poder dos Estados Unidos, que o deixou muito mais fraco e subalterno.

As lições que esses três processos nos oferecem são claras e extremamente valiosas. Uma, todos os avanços das sociedades são reversíveis, inclusive os que se proclamam eternos; é imprescindível conhecer o que é realmente socialismo e o que não o é. É preciso compreender e organizar a luta pelo socialismo a partir das complexidades, dificuldades e insuficiências reais, sem fazer concessões, como processos de libertação e de criação cultural que aos poucos vão se unificando. Dois, o capitalismo é um sistema mundial, atualmente hiper-centralizado, financeirizado, parasitário e destruidor, que só pode viver se continuar sendo isso, portanto ele não vai mudar. As classes dominantes da maioria dos países precisam se subordinar e ser cúmplices dos centros imperialistas, porque não existe espaço e elas não têm poder suficiente para pretenderem ser autônomas. A atividade consciente e organizada do povo, conduzida por projetos libertadores, é a única força suficiente e eficaz para mudar a situação. Para a maioria dos países do planeta, serão os poderes e os processos socialistas a condição necessária para estabelecer o desenvolvimento, e não o desenvolvimento a condição para estabelecer o socialismo, como disse Fidel em 1969.

Três, o Estados Unidos faz deste continente uma vítima tanto de seu poderio quanto de suas fraquezas, como uma subordinação contra a autonomia dos Estados, o crescimento sadio das economias nacionais e as tentativas de libertação dos povos. A exploração e o domínio sobre a América Latina são aspectos necessários de seu sistema imperialista e sempre atuam para impedir que essa situação mude. Portanto, é imprescindível que o anti-imperialismo faça parte inalienável de todas as políticas do campo popular e de todos os processos sociais de mudança.

Como era de se esperar, o capitalismo passou imediatamente a uma ofensiva geral para tirar todo o proveito possível daqueles eventos e processos, e estabelecer o predomínio planetário e incomparável de seu regime e de sua cultura. O objetivo era, para além das repressões e das políticas antissubversivas, consolidar uma nova hegemonia que desmontasse as enormes conquistas do século XX, manipulasse as dissidências e protestos inevitáveis e as identidades, impusesse o esquecimento da história de resistências e rebeldias e conseguisse generalizar o consumo de seus produtos culturais e o consenso com seu sistema de dominação.

Essa ofensiva não terminou, mas se consolidou como uma atividade sistemática que continua existindo até hoje. É dentro desse marco geral que em certo número de países da América Latina, a região do mundo com maior potencial de contradições que podem se transformar em ações contra o sistema, movimentos populares combativos e vitórias eleitorais produziram mudanças muito importantes da situação geral, a favor de setores muito amplos da população e da capacidade de atuação independente desses Estados.

A institucionalidade e as regras políticas do jogo cívico não foram violadas para chegar e se manter no governo, mas dentro dessa ordem foram alcançados avanços reais, que sintetizo em seis aspectos: políticas sociais que beneficiam amplos setores necessitados; exercícios de cidadania muito mais amplos e melhores; mudanças muito positivas na institucionalidade em alguns desses países; um nível importante de autonomia nas relações internacionais; mais relações bilaterais latino-americanas; e avanços nas relações e coordenações dos países da região, sob a defesa da necessidade de uma integração continental.

Não me detenho nessas novas realidades, que alentaram muitas motivações e a esperança de avançar para mudanças mais profundas além de recuperar a noção do socialismo como horizonte a conquistar, poucos anos depois daquele colapso europeu que o capitalismo pretendeu ser definitivo em escala mundial. Mas quero, sim, enfatizar duas questões que o militante marxista deve analisar, conhecer e usar em suas práticas. Primeira, cada país tem características, dificuldades, acúmulos históricos e condicionamentos que são específicos e se mostram decisivos, ao mesmo tempo que existem aspectos e necessidades comuns na região que podem ser fonte de aumento da força e do potencial de cada país, se somos capazes de desenvolver a cooperação e o internacionalismo. Segunda, os poderes estabelecidos nesses países enfrentam enormes limitações, porque têm muito pouco controle da atividade econômica e sofrem a hostilidade de uma parte dos próprios poderes do Estado e dos meios de comunicação.

Eu revisei minha fala aqui em novembro passado, palavras que enviei em seguida para vocês sob o título de "Uma arma para o presente, uma aposta para o futuro". Como aquele texto está à disposição de vocês, não quis me repetir, embora lhes comento que certo número de questões que eu coloquei ali continuam de pé, com poucas variações. Peço licença para ler agora um fragmento daquela fala que me parece procedente para o tema que estamos examinando.

No que já passou deste século, o mundo dos fatos é o que prevaleceu na América Latina. Não houve um prévio crescimento brusco de novidades nos conteúdos, nas teorias, nos métodos do pensamento social, nem houve uma mudança intelectual. Tampouco o pensamento social prognosticou que, em tão curto prazo, alguns países do continente poderiam sair do controle tão completo que o imperialismo tinha, e inclusive poderiam formar governos de orientação revolucionária em alguns deles. Agora essas práticas estão pedindo que o pensamento aproveite os meios com que conta e entre sem medo no grande laboratório social constituído pelas realidades, os conflitos, os condicionamentos e os projetos atuais latino-americanos. Mas, não se trata de uma necessidade secundária ou que possa ser adiada. Porque somente uma práxis intencionada, organizada, capaz de administrar os dados fundamentais, as avaliações, as opções, a pluralidade de situações, posições e objetivos, as condições e as políticas que estão em jogo será capaz de enfrentar os desafios com probabilidades de triunfar.

Partindo disso, desdobrava minha exposição extensamente e terminava abordando as derrotas eleitorais na Argentina e na Venezuela, o perigo que já corria a presidenta do Brasil e a obrigação de rechaçar e condenar qualquer derrotismo e desmoralização. A situação, eu dizia, exige que revisemos e analisemos com profundidade e com espírito autocrítico todos os aspectos relevantes dos processos em que estamos envolvidos, todas as políticas que praticamos e as opções que escolhemos. Podemos fazê-lo e agir com consequência, eu dizia, porque possuímos ideais, convicções, forças reais organizadas e uma cultura acumulada.

Um ano depois, a necessidade e a urgência colocadas continuam em pé, embora possamos constatar o específico de cada país que enfatizei minutos atrás. A grande vitória eleitoral legislativa da reação venezuelana não conseguiu destituir Maduro e agora se encontra sem força, sem unidade nem líderes suficientes para tentá-lo. Mas no Brasil uma quadrilha de delinquentes conseguiu tudo que quis, sem que haja forças populares organizadas para resistir com alguma eficácia. Os processos da Bolívia e do Equador se mantêm fortes e estáveis diante de suas situações específicas e, na Nicarágua, a FSLN acaba de ganhar outra vez as eleições com folga. Enquanto isso, no México não é provável o triunfo de partidos opositores em 2018, embora o prestígio da equipe governante esteja muito deteriorado e existam manifestações de protesto e resistência não articuladas.

Essas especificidades, e muitas outras de tamanho e sentido diferentes, poderiam ser enumeradas aqui, mas continuaria de pé um problema de grande envergadura: os Estados Unidos continuam sua ofensiva geral voltada a recuperar todo o controle neocolonial sobre a América Latina – incluindo uma "ofensiva de paz" contra Cuba –, e o bloco que eles formam com os setores reacionários entreguistas de cada país continua buscando cancelar ou enfraquecer os processos dos últimos 15 anos da região.

Nada está decidido, nem nossos inimigos nem nós temos a vitória ao alcance da mão. Mas eu alimento a certeza de que as batalhas ideológicas e políticas serão as que determinarão a decisão no enfrentamento geral. Destaco três direções principais para o trabalho de análise: a) buscar com rigor e sem omissões todos os dados e todas as percepções e formulações ideológicas que tenham alguma importância – porque tanto uns quanto os outros constituem as realidades existentes –, analisá-los por partes e integralmente, encontrar e formular o essencial e descrever pelo menos o secundário; b) examinar e avaliar os condicionamentos que forem relevantes para nossa atuação, institucionais, econômicos, ideológicos, políticos ou de outro tipo; c) analisar e conhecer as identidades, motivações, demandas, capacidade de mobilização e nível de organização com que contamos, e o que está a favor de nossos adversários nesses mesmos campos, isto é, a correlação de forças. E insisto que são as ações dos seres humanos a matéria principal dos eventos que amanhã serão históricos.

A reação não está propondo ideias, está produzindo ações. Não lida com fundamentações sobre a centralidade que o mercado deve ter, a redução das funções do Estado, a apologia da iniciativa privada e da conveniência de se subordinar aos Estados Unidos. Não é por meio do debate de ideias que ela pretende fortalecer e generalizar seu domínio ideológico e cultural. O anticomunismo e a defesa dos velhos valores tradicionais já não são seus cavalos de batalha, nem os velhos organismos políticos são seus instrumentos principais.

Há 20 anos eu venho dizendo que o esforço principal do capitalismo atual está colocado na *guerra cultural pelo domínio da vida cotidiana*, fazer com que todos aceitem que a única cultura possível nessa vida cotidiana é a do capitalismo, e que o sistema controle uma vida cívica sem transcendência e organicidade. Lamento dizer que ainda não conseguimos vencer essa guerra cultural.

 Explicito aqui a maior parte do que expus sobre seus aspectos, os fatores a seu favor e os contrários, e seus condicionamentos, com a esperança de que sejam levados em conta por quem os lê, e comento só o que está mais próximo do nosso assunto. O consumo amplo e sofisticado, presente em todas as áreas urbanas do mundo, mas ao alcance somente de minorias, é complementado por um complexo espiritual "democratizado" que é consumido por amplíssimos setores da população. Tende-se assim a unificar em sua identidade um número de pessoas muito superior ao das que consomem materialmente e fazer com que aceitem a hegemonia capitalista. A maioria dos "incluídos" no modo de vida mercantil capitalista são mais virtuais do que reais. Mas será que eles fazem parte da base social do bloco da contrarrevolução preventiva atual? O capitalismo realizaria esse objetivo se conseguisse fazer com que a linha divisória principal nas sociedades se estabelecesse entre os incluídos e os excluídos. Os primeiros – os reais e os potenciais, os donos e os servidores, os usufruidores e os iludidos – se afastariam dos segundos e os desprezariam, e fariam causa comum contra eles sempre que fosse necessário.

 A reprodução cultural universal de seu domínio é básica para o capitalismo, para suprir os níveis crescentes – e contraditórios – em que se afastou da reprodução da vida de bilhões de pessoas em escala mundial, e se apropria dos recursos naturais e dos valores criados, nessa mesma escala. Para ganhar sua guerra cultural, o capitalismo precisa eliminar a rebeldia e prevenir as rebeliões; homogeneizar os sentimentos e as ideias, igualar os sonhos. Se as maiorias do mundo, oprimidas, exploradas ou submissas à sua dominação não elaborarem sua alternativa diferente e oposta a ele, chegaremos a um consenso suicida, porque o capitalismo não tem um lugar para nós no futuro.

Esclareci, a companheiros que eu aprecio muito, que o capitalismo não tenta impor um pensamento único, como eles afirmam, mas tenta fazer com que não exista nenhum pensamento. Está em marcha um colossal processo de desarmar os instrumentos de pensar e o hábito humano de fazê-lo, de ir erradicando as inferências imediatas até se chegar a uma espécie de idiotização de massas.

Aparentemente, o marxismo revolucionário não enfrentaria nada, porque essa proposta inimiga consiste em fazer com que pareça que não existe nenhum combate ideológico. Que as ideias e as mensagens que trazemos sejam consideradas antiquadas e nada interessantes, que não recebam milhares de "curtidas", que sejam vistas com certa pena, ou que sequer sejam percebidas. Eles querem vencer sem combater.

Por tudo isso são tão importantes o curso que vocês acabam de fazer, todas as atividades de formação que a FMLN realiza e a luta ideológica em seu conjunto. Isso está em um lugar central da batalha.

Para agir bem agora é imprescindível partir, com honestidade e valentia, de todos os fatos e critérios relevantes sem exceção, analisá-los sem concessão, unir sempre a fraternidade sem limites com a militância e os princípios, casados com a verdade, pensando com cabeça própria, ocupando-se dos problemas concretos que é preciso conhecer e resolver. Utilizar os meios e métodos de pesquisa empírica e integrar seus resultados em compreensões mais gerais. Contribuir seriamente para a politização e a conscientização do povo e para o desenvolvimento efetivo da organização política. Divulgar bem para a população, com formas eficazes e atraentes, os fatos positivos realizados pelo governo e que estão sendo impulsionados hoje, e a história carregada de sacrifício e heroísmo do povo salvadorenho.

E utilizar o instrumento intelectual maravilhoso que é a teoria marxista, a dialética que – como escreveu Karl Marx – é escândalo e abominação para a burguesia e seus porta-vozes doutrinários, porque na intelecção positiva do existente está incluído também, ao mesmo tempo, o conhecimento de sua negação, de sua necessária ruína; porque concebe toda forma desenvolvida no fluir do seu movimento e, portanto, sem perder de vista seu lado perecível. Porque nada a faz retroceder e ela é, por essência, crítica e revolucionária.

Unir a utopia com a prática política imediata é uma chave fundamental para ser revolucionário. É, ao mesmo tempo, um antídoto contra a teoria como adorno ou como ato de fé, e contra o oportunismo, o reducionismo pragmático e o dogmatismo.

Estou terminando, porque mais proveitosa será a ampla troca de ideias que podemos fazer em seguida, e o faço com uma breve reflexão sobre o socialismo, algo que nos parece distante ainda e, no entanto, nos aquece o coração e nos dá ânimo para enfrentar tantas dificuldades e carências cotidianas, que às vezes parecem invencíveis. É preciso viver, lutar e saber tudo que acontece no presente, e ao mesmo tempo sonhar e projetar o futuro de criações e libertações.

O projeto de socialismo terá que ser muito mais radical e ambicioso do que os que existiram. Um socialismo das pessoas e para as pessoas, dos grupos sociais e para eles, de conviver com a natureza e não destruí-la. Mas como será factível esse socialismo? Sem organização não chegaremos nunca em lugar nenhum. Então não devemos criar monstros e chamá-los de organizações, e reverenciá-las como ídolos. É preciso criar instrumentos para que o homem e a mulher que querem ser livres caminhem, pensem e sintam. A liberdade e o socialismo têm que ser muito amigos, e, se possível, ter amores. Lutar para tornar realidade o projeto socialista, e nada menos, é imprescindível. Para isso sempre será necessário ousar construir um poder de transição socialista, tangível e muito forte, e defendê-lo. O poder e o projeto precisam caminhar juntos. Não se trata de um negar o outro, mas o primeiro tem que estar a serviço do segundo.

Sem política socialista não haverá futuro socialista. Mas isso não consiste em que as organizações e o poder socialistas reprimam ou ocultem o exercício da escolha e os sentimentos das pessoas, e a trama diversa e as inclinações dos grupos sociais, acreditando que sejam fraquezas, obstáculos ou perigos que os ameaçam. É imprescindível que as organizações socialistas e o poder dos socialistas considerem a escolha, os sentimentos, a diversidade, as inclinações das pessoas, de sua gente, como o que potencialmente são: a sua força, o seu veículo para a libertação. E a sua necessidade suprema, *porque sem essa compreensão não haverá projeto factível, não haverá organização imbatível, não haverá socialismo*. E ainda assim será preciso ser criadores, e dessa vez não serão dois ou três iluminados criadores, nem uma pequena legião heroica de criadores, mas milhares ou milhões de criadores, porque só assim o socialismo existirá e se manterá, isto é, se reformará e se mudará a si mesmo uma e outra vez, e dará a si mesmo um conteúdo que hoje apenas podemos entrever ou sonhar.

A primazia da ação política, a participação como primeira lei, a orientação revolucionária, a formação ideológica de conteúdo acertado e alcance popular serão fundamentais para derrotar impossíveis e encontrar os modos de vencer. E, no caminho, ficará claro que só venceremos se ao mesmo tempo que se enfrentam os incidentes pequenos, os problemas cotidianos, as variações das táticas e os combates do dia, se mantiver sempre o apego firme aos princípios, à bússola do ideal libertador, aos objetivos estratégicos e ao avanço para a utopia, esse além conquistável mediante a ação massiva, consciente e organizada.

ANTICAPITALISMO E PROBLEMAS DA HEGEMONIA[1]

Uma das formas mais válidas de se aproximar do pensamento de Gramsci – e de render-lhe homenagem – é utilizar suas ideias e a influência que elas têm em nossa maneira de pensar para abordar as questões fundamentais de nosso tempo, e tratar de colocá-las bem. O tema do qual falarei foi central em seu pensamento: a necessidade de conhecer profundamente o essencial do sistema de dominação do capitalismo atual para guiar de maneira eficaz a luta anticapitalista; inspirado por seu trabalho, acrescento outro tema que me motiva: as características, problemas e dificuldades do próprio projeto socialista. Faço isso a partir da Cuba de hoje, o primeiro país do Ocidente que realizou uma revolução anticapitalista autóctone, e o único que, tirando forças dela, mantém um poder de transição socialista no Ocidente.

Nesta década se fizeram visíveis duas tendências que já atuavam anteriormente no mundo contemporâneo: a aceleração do processo de centralização capitalista e a descomposição das ideias e dos regimes do chamado socialismo real. Hoje predominam a trans-

---

[1] Publicado em: Martínez Heredia, F. 2006 [1998] *Socialismo, liberación y democracia. En el horno de los noventa* (Melbourne / Nova York: Ocean Sur) p. 214-223.

nacionalização e o dinheiro parasitário na economia, a democracia conservadora na política e o totalitarismo nos controles ideológicos, tudo articulado em uma dominação cultural que busca converter em algo "natural" para todos o modo de viver, pensar e sentir do capitalismo e, além disso, prever, subordinar ou isolar os protestos e excluir as rebeldias. O triunfalismo do início dos anos 1990 se desgastou, mas hoje prevalece um ambiente de acomodação ou de resignação que se expressaria coloquialmente assim: "ninguém acredita que o que existe seja o melhor, porém, ninguém acredita que nada importante pode ser mudado".

Hoje é difícil inclusive imaginar o anticapitalismo. O comum é que as oposições organizadas politicamente – sejam "possibilistas", "pragmáticas" ou "éticas" – não travam realmente o sistema. É tão grande o predomínio das ideias adequadas ao domínio capitalista que se coloca em dúvida a possibilidade de construir alternativas radicais a esse domínio. Uma dicotomia estéril parece orientar a esquerda: a permanência dentro da hegemonia burguesa, ainda que com atitudes e matizes muito variadas, ou as seitas dogmáticas e sectárias que sentem falta de um "passado" e um "socialismo" que não viveram ou não lhes pertenceu, ou resistem teimosamente em magnífica solidão. Entendo que ambas as posições são úteis para o domínio do capitalismo.

Se o século XIX foi o século clássico do capitalismo, o século XX se mostrou um século mais de capitalismo, apesar de tantos acreditarem que o poder da burguesia e da propriedade privada acabaria antes do ano 2000. O século que está terminando foi, no entanto, de profundos desafios e angústias para o capitalismo. *Foi um século de imensas experiências, de práticas anticapitalistas transcendentais.* Profundas revoluções políticas mudaram as relações econômicas e sociais em seus países em boa parte do mundo, em graus e modos diferentes. O contra-ataque do capitalismo teve êxito porque tanto suas pressões quanto o seu peso e sua atração culturais se mostraram superiores, a médio ou longo prazo. Porém, isso só foi possível porque, no curso geral da evolução dos regimes surgidos dessas revoluções, predominou a redução do alcance do próprio projeto, a conversão do poder em Estados ao arbítrio de grupos dominantes, a consolidação da desigualdade entre os cidadãos mediante hierarquias e privilégios, e o predomínio da geopolítica na dimensão internacional de sua atividade.

No século XX foram organizadas e desenvolvidas economias diferentes à do capitalismo, baseadas originariamente em satisfazer as necessidades humanas e a justiça social. Elas mobilizaram o entusiasmo e promoveram as capacidades de povos inteiros, e assim obtiveram conquistas muito notáveis quanto à distribuição das riquezas, racionalização e planejamento, esforços de desenvolvimento de setores; a economia soviética triunfou ao erguer uma indústria de guerra capaz frente ao fascismo alemão, e na reconstrução do país. As economias da Europa oriental ocuparam um lugar na geografia econômica mundial. Mas com o freio, os desvios e a decadência dos processos de transição socialista, essas economias buscaram cada vez mais objetivos análogos aos das economias capitalistas. Nas últimas décadas, combinaram-se suas insuficiências e seus problemas com graves distorções provenientes de suas rivalidades e de suas relações com os centros do capitalismo. Finalmente, os regimes da Europa oriental eliminaram a si mesmos. A maior parte dos países do terceiro mundo que empreenderam caminhos de orientação mais ou menos socialista abandonaram de uma ou outra forma essa via.

Por outro lado, o capitalismo tampouco pôde evitar que se produzissem melhores ou novos autorreconhecimentos e lutas, nacionais, classistas, étnicas, de comunidades, de gênero. Sua ordem não pôde reinar em paz. *As nações, os explorados e oprimidos, as mulheres, os negros, os povos originários, os marginalizados e excluídos, as comunidades e outras diversidades sociais existentes se reconhecem a si mesmas, ganham consciência e são ativas.* Elas enfrentam parcialmente o capitalismo, ou ao menos o negam ou o desafiam, e influenciam nas reivindicações atuais, em um amplo leque que vai desde a luta contra as consequências das políticas vigentes até a defesa do meio ambiente. Tem-se acumulado no mundo uma imensa cultura como resultado das revoluções, das grandes experiências políticas e das identidades e movimentos sociais.

A vitória do capitalismo residiu até agora em conseguir absorver os movimentos e as ideias de rebeldia dentro de sua corrente principal. As experiências de projeção socialista foram deslizando para dentro da cultura do capitalismo. E as ideias revolucionárias padeceram um retrocesso descomunal, não apenas pelas repressões sofridas sob os poderes capitalistas, mas também por sofrerem sujeição, recortes e manipulação nas sociedades que empreenderam a transição socialista, que não conseguiram avançar em conquistas, prefigurações, protestos, projetos e profecias.

A impossibilidade de ir além do condicionamento imposto pela escassez de seus meios reduziu frequentemente as vitórias revolucionárias; mas o que freou e fez retroceder as revoluções e suas ideias foi a incapacidade de ir além das condições de reprodução "normais" da vida social, de sustentar – contra todas as dificuldades, erros, riscos, insuficiências e hábitos – a aventura da criação de uma nova cultura. Todo o essencial na transição socialista tinha que ser decidido pela intencionalidade organizada e consciente dos anticapitalistas no poder, nada pelo espontâneo "desenvolvimento" das sociedades. Sem processos firmes e sucessivos de crescimento do poder das maiorias sobre as decisões importantes e a condução cotidiana da sociedade – e de sua capacitação para exercer esse poder crescente – não estará garantido nunca o triunfo do socialismo. Apesar de enormes conquistas em matéria de participação popular, também se acumularam reveses e desventuras entre os poderes socialistas e o necessário avanço de seu tipo de democracia. Essas realidades, e o silêncio da teoria e a ideologia diante dos problemas da dominação no socialismo, o privaram de uma força de massas e um planejamento que estão vetados ao capitalismo por sua própria natureza. Silenciaram-se ou foram muito mal tratados uma série de problemas, que vão desde a extrema confusão entre os fins e os meios, a burocratização, a despersonalização e a intolerância, até o ateísmo.

Confundir o socialismo com o desenvolvimento foi um gravíssimo desacerto histórico, e esteve na base de confundir o socialismo com o desenvolvimento econômico. Para esse socialismo, a economia se converte no território ideológico por excelência. Por isso que Khrushchev chegou a convocar a população de um Estado imenso a "alcançar e superar" outro país, ou afirmar que se estava "construindo o comunismo"; por isso que em numerosos países foram feitas trabalhosas medições da "construção das bases materiais", para chegar a declarar "construído" o socialismo. Para a maioria das nações que empreenderam vias socialistas, tais cenários aludiam, no entanto – e isso agrava tudo –, a dois problemas reais e muito sérios: a revolução dos despossuídos e miseráveis do mundo tem o dever de abolir a miséria em seu país e encontrar a maneira para que as maiorias atuem em busca de satisfazer suas necessidades e desejos; os países cujas economias estão em situação totalmente desvantajosa em termos de capacidades como tais e em suas relações internacionais – isto é, os "subdesenvolvidos" – devem dedicar seus maiores esforços para sair dessa situação. "Civilizar" e "desenvolver" são portanto duas ideias contra as quais eu tenho críticas muito duras, se se trata de libertação e socialismo, mas aludem a duas tarefas reais gigantescas para nós, a maioria do mundo.

Avançar no século XXI exige análises, debates, conhecimentos e informações sobre os socialismos que existiram no século XX, e que demonstre a natureza e o lugar histórico daquele que a URSS encabeçou e que a maior parte do chamado movimento comunista mundial compartilhou, cuja influência ideal afetou também, em boa medida, muitos de seus opositores políticos de esquerda. É indispensável – embora já não seja o principal – compreender seus processos degenerativos e seu desastre final, e convertê-los em parte da nossa experiência e em argumentos sólidos para nossa criação de novos projetos. Com base naquele tipo de socialismo, suas crenças e sua maneira de contar é que se chegou à conclusão de que o socialismo foi derrotado pelas forças produtivas do capitalismo. Na realidade, o socialismo que reivindicava as forças produtivas foi derrotado não apenas pelas forças produtivas, mas pela capacidade dominadora e reprodutiva de si mesma que caracteriza a cultura hegemônica do capitalismo mundial.

Eu gostaria ao menos de resgatar a existência de minorias que ao longo de toda a história do movimento e do marxismo viram, e hoje vemos, de outra maneira o socialismo: *a transição socialista, como uma época prolongada que consiste em mudanças profundas e sucessivas das relações e instituições sociais, pelos seres humanos que vão se mudando a si mesmos enquanto vão se tornando donos das relações sociais*. Na busca das causas para as insuficiências do socialismo, é preciso partir da análise de suas práticas. As transições socialistas se inspiraram nos desejos e nas ideias de uma justiça social verdadeira, e a plena libertação nacional inspirou a maioria e teve significado para todas. Para tornar realidade esses processos de transição confluíram, como acontece em todas as revoluções, um movimento de tipo libertário e um poder político. No curso das revoluções, o primeiro costuma ser sufocado de uma ou outra forma pelo segundo, que fica com os troféus simbólicos daquele, se lhe é possível, e exerce o poder. Ainda que sua qualidade revolucionária seja radicalmente diferente, os poderes socialistas não conseguiram conservar seu conteúdo radicalmente diferente de todas as anteriores. Há que compreender em que e como o socialismo que existiu se pareceu com o capitalismo.

A questão do poder foi se tornando central nas transições socialistas. Os problemas do poder nos recordam as razões invocadas por Marx ao reivindicar uma revolução proletária mundial. O sonho anarquista de conseguir toda a liberdade, e basta, não é nada mal, por muito mais motivos do que os do senso comum. Porém, diante da realidade mundial de um capitalismo que expressa seu poder e sua atração de mil maneiras, o viável foram as revoluções que estabeleceram poderes revolucionários em países isolados. Esse poder é imprescindível para se defender, sobreviver, organizar e capacitar as forças, instrumentalizar e realizar mudanças, avançar em muitos terrenos e participar na luta internacionalista. Negar isso é absurdo, no melhor dos casos, porque equivale a negar as revoluções reais contra a dominação capitalista, e se isso não fosse um crime seria uma estupidez. Mas o perverso foi a absolutização do poder diante do projeto de libertação, tendência que se mostrou gravíssima em muitos casos, e mortal para o socialismo em outros, porque a consequência comum dela é a formação de um grupo que pretende que seu poder seja permanente e, depois, pretende que seu poder de grupo seja legítimo.

O fato dramático é que, mesmo assim, as experiências socialistas foram superiores a todo o capitalismo do século XX. Foram superiores pelas suas próprias conquistas, por sua capacidade de desnudar os crimes terríveis ou cotidianos do capitalismo contra as pessoas e os países, e sua inaptidão como sistema para dar bem-estar às maiorias e uma opção para a felicidade, e, sobretudo, por uma contribuição fundamental: mostrar a todos que é possível que a vida das pessoas seja mais humana. Certo que a promessa socialista não foi cumprida, mas o capitalismo de fim de século sequer faz promessas. A natureza de seu sistema concorda com a exacerbação do lucro e o egoísmo mais impiedosos, e torna inevitável o aumento das desigualdades, da exploração, do desemprego, das marginalizações e a exclusão de multidões, do grave risco em que já se encontra o próprio planeta em que vivemos.

Combinar civilização e libertação com franco predomínio desta última, não permanecer em uma etapa "intermediária" e indefinida de "construção do socialismo", são lições das experiências socialistas do século. E, na situação atual, tão difícil para as rebeldias práticas contra o sistema, é de suma importância compartilhar, recuperar e orientar os sentimentos e as ideias das maiorias, e desenvolver os fundamentos teóricos e uma estratégia intelectual anticapitalista. *Recriar e criar o conceito de socialismo é um elemento fundamental para nós, diante do século XXI.* Não o podemos criar somente a partir de nossos sonhos, mas não podemos criá-lo sem nossos sonhos. Nos deparamos de imediato com o uso atual da palavra utopia. Opino que só aceitando a legitimidade de *uma dimensão utópica* poderá ser elaborado o campo intelectual de que precisamos. Com *utopia* quero denominar *um além possível, mediante a crença em que é alcançável e mediante a práxis revolucionária*. Ir além do mesquinho critério do determinismo econômico e os exercícios de custo-benefício que reinam hoje, além da moral sem transcendência. A utopia resgata *a mobilidade do possível*, a propensão humana a se erguer sobre suas condições de existência e transcendê-las, e sua capacidade de prefigurar um mundo melhor. A crença de que esse mundo é alcançável moveu todas as grandes tentativas pelas quais as pessoas mudaram a história. E a práxis revolucionária é a atuação, o fato decisivo que permite iniciar as mudanças individuais e sociais imprescindíveis para avançar na direção da libertação de todas as dominações, e trabalhar para isso. A utopia da libertação humana operária como guia comum.

No fim do século o capitalismo parece vencedor; mas seu triunfo lhe custou caro demais. Diferentemente de suas reformulações anteriores – inclusive depois de crises muito profundas – agora ele oferece a todos um mundo sem valores, sem ideais, sem grandes histórias, sem comunidade, sem futuros a conquistar nem esperanças, desprovido de motivações, de atrativos e de reservas morais para a manutenção da ordem no caso de crises do sistema. Essas carências podem ser muito perigosas. O fascismo é uma opção, porém, muito arriscada e difícil: o sistema gastou também esse recurso nesse século, em um banho de sangue de uma crueldade e dimensões inesquecíveis. Diante das dificuldades de renovar a hegemonia capitalista, pode reaparecer o pedido de ajuda à esquerda para consegui-lo, como tem sido costumeiro. *É preciso um novo reformismo*, dizem certos anúncios pagos neste tempo de desemprego estrutural. Talvez uma nova campanha de centro-esquerda contra o neoliberalismo, na qual a esquerda pareça centro e o centro pareça esquerda, ajude a transitar da governabilidade à hegemonia. Isto é, dos perigos e incômodos da repressão e das dissidências à alternância consentida entre as políticas do sistema.

O esforço principal do capitalismo atual está na *guerra cultural pelo domínio da vida cotidiana*. Isto é, você pode dizer o que quiser e pode ou não gostar do anarquismo, das telenovelas, de ecologia, de Lezama Lima ou de Paulo Coelho, dos preços ao consumidor, do sexo seguro, da pós-modernidade ou dos comunistas, mas aceite que a única cultura possível da vida cotidiana é a do capitalismo. Os centros do sistema têm duas cartas formidáveis a seu favor: um poder imenso em muitas áreas, e o fato de que a natureza da cultura do capitalismo é universalizante. Porém, uma contradição monstruosa e recheada de perigos ergue-se de sua própria natureza atual: a gestão econômica e a obtenção de lucros do capital se centralizaram e se tornaram parasitárias em níveis sem precedentes. Grande parte das instituições, relações sociais e ideologias que acompanharam e facilitaram o triunfo e a expansão universal do capitalismo agora o atrapalham. A economia capitalista só necessita e abarca uma parte da população mundial; do resto, enorme, não necessita. Muito mais de um bilhão de pessoas que sobram recebem adjetivos como o de marginalizadas, "novos pobres", habitantes do "Quarto Mundo", imigrantes indesejáveis, "informais", indigentes, "desfavorecidos" etc.; sobre eles, o saber científico, os políticos, os ideólogos e o senso comum ensaiam suas linguagens hipócritas, "teorias" racistas e lugares comuns.[2]

A reprodução cultural universal de seu domínio é básica, portanto, para o capitalismo, para suprir os graus crescentes – e contraditórios – em que se separa da reprodução da vida de multidões em escala mundial, e se apodera dos recursos naturais e dos valores criados, nessa mesma escala mundial. Para ganhar sua guerra cultural, é necessário ao capitalismo eliminar a rebeldia e evitar as rebeliões; homogeneizar os sentimentos e as ideias, igualar os sonhos; é necessário obter o consenso da maioria, inclusive dos necessitados. O consumo amplo e sofisticado, presente em todas as áreas urbanas do mundo, porém ao alcance somente de minorias, é complementado por um complexo espiritual "democratizado", que é consumido por amplíssimos setores da população. Tende-se assim a unificar em sua identidade um número significativo de pessoas, muito superior ao das que se beneficiam materialmente, que respondem melhor à hegemonia capitalista. Serão eles a base social do bloco da contrarrevolução preventiva atual? Esse objetivo lhe será alcançável, se conseguirem fazer com que a linha divisória principal nas sociedades se estenda entre incorporados e excluídos. Os primeiros – reais e potenciais, patrões e serviçais, *bon vivants* e iludidos – se distanciariam dos segundos e os desprezariam, e fariam causa comum contra eles sempre que fosse necessário.

Nos países desenvolvidos é mais fácil dissimular que os beneficiários do sistema, na verdade, constituem uma minoria, cuja pro-

---

[2] Uma massa impressionante de dados oferecida por informes se trivializa em divulgações ingênuas, assépticas ou astutas. Um leque amplíssimo de palavras alude aos excluídos: pobreza e "luta contra a pobreza", "eficiência", "flexibilização", "pagar a dívida social", "fracassados", "ficar definitivamente do lado de fora", nova filantropia. Alguns sustentam em livros que os negros *são* menos inteligentes que os brancos; outros comentam que os desempregados poderiam ser vagabundos e drogados.

porção em comparação com a população total é menor do que há 30 anos. Mas, no terceiro mundo a maioria dos "incorporados" ao modo de vida mercantil capitalista são mais virtuais do que reais; na verdade, estão mais adequados à hegemonia do capitalismo central do que à hegemonia que o capitalismo e a classe dominante em seus países poderiam gerar de maneira autóctone. Isso implica um grave enfraquecimento potencial da capacidade de condução das classes dominantes locais em seus próprios países. No entanto, por não existir hoje um nível considerável de luta contra o sistema, as maiorias sobrevivem ou reproduzem suas vidas mediante estratégias e redes que formam uma espécie de "mercado dos pobres", no qual bens, serviços e pessoas são mercadorias que se oferecem e se realizam de acordo com as regras gerais do jogo do sistema, mesmo que esse mercado inclua atos não legais e delitos. Nessa situação controlada, a incorporação de amplas frações aos consumos materiais ou espirituais do capitalismo, o efeito de demonstração que eles alcançam, e a *imitatividade* – essa forma renovadora da igualdade no capitalismo – configuram um conjunto muito forte em favor da ordem burguesa. A luta cultural do capitalismo se propõe a assegurar o restabelecimento ideal da comunidade em um mundo ferozmente dividido e fragmentado, que inclua o máximo possível os seres individualizados, isolados, opostos, inseguros para sobreviver, paralisados, porém articulados em diversidades controladas e em instâncias de homogeneização que os tornam aparentemente semelhantes. O sentido dessa luta é alcançar a submissão voluntária das maiorias à manipulação política, econômica e espiritual. Se as maiorias do mundo, oprimidas, exploradas ou subordinadas à sua dominação não elaboram uma alternativa diferente e oposta a isso, chegaremos a um consenso suicida, porque o capitalismo não tem um lugar no futuro para nós.

Tiremos proveito de nossas desgraças sem medo: não nos salvará o refúgio funesto naquilo que é indefensável do passado, nem nos considerar fortes no exercício das formas de mandar e obedecer que nos são conhecidas, nem a doença dogmática dos clérigos sobreviventes. O projeto de socialismo para o século XXI terá que ser muito mais radical e ambicioso do que os que existiram. Um socialismo das pessoas e para as pessoas, dos grupos sociais e para eles. Mas, como seria factível esse socialismo? Sem organização não chegaremos jamais a lugar nenhum. Então, trata-se de não criar monstros e chamá-los de organizações, e reverenciá-las como ídolos. Criar instrumentos para que o homem e a mulher que querem ser livres caminhem, pensem e sintam.

A liberdade e o socialismo têm que ser muito amigos, e se for possível devem ter amores. Lutar para tornar realidade o projeto socialista, e nada menos, é imprescindível na minha opinião. Para isso, sempre será necessário construir um poder de transição socialista, e defendê-lo. O poder e o projeto terão que marchar unidos. Não se trata de um negar o outro, mas o primeiro tem que estar a serviço do segundo.

Sem política socialista não haverá futuro socialista. Mas, isso não significa que as organizações e o poder socialistas consigam evitar as debilidades e os perigos que supostamente o aportam o exercício da escolha e os sentimentos das pessoas, diversas conexões e inclinações dos grupos sociais. Trata-se de as organizações socialistas e do poder dos socialistas considerarem as escolhas, os sentimentos, a diversidade, as inclinações de suas pessoas, de sua gente, como o que isso tudo é potencialmente: a sua força, o seu veículo para a libertação.

E a sua necessidade suprema, *porque sem essa compreensão não haverá projeto factível, não haverá organização imbatível, não haverá socialismo.* E, mesmo assim, será preciso sermos criadores, e dessa vez não serão dois ou três iluminados criadores, nem uma pequena legião heroica de criadores, mas milhares ou milhões de criadores, porque só assim o socialismo existirá e se manterá, isto é, se reformará e se mudará a si mesmo uma e outra vez, e dará a si mesmo um conteúdo que hoje apenas podemos entrever ou sonhar.

O CARÁTER E A VIA DA REVOLUÇÃO[1]

1. Política de esquerda e reformismo

Entre os que se ocupavam de política e se consideravam de esquerda, a proposição contida no título deste texto, sintetizada de maneira mais breve, era uma das mais carregadas de sentido até os anos 1980. Para revolucionários como Julio Antonio Mella, José Carlos Mariátegui, Antonio Guiteras, Fidel, o Che, Miguel Enríquez, o caráter e a via eram espaços das alternativas cruciais e das criações imprescindíveis. Mas, como hoje a maioria não sabe o que isso quer dizer, eu preciso elaborar isso em suas interrogações: pode ser ou não de caráter socialista uma revolução que se faça em países como Cuba, da América Latina e do chamado terceiro mundo em geral? Que forma de luta será a mais acertada para que uma revolução possa triunfar nesses contextos?

Nós, que respondemos "socialista" para a primeira pergunta e "insurrecional" para a segunda, ou que colocamos nossa vida na balança, não alimentávamos dúvidas: existem questões que não as admitem. Talvez isso nos fez confiar muito no valor da práxis. Os

---

[1] Publicado em: Alfonso Parodi, R. e Rojas López, F. L. (comps.). 2015. *Ahora es tu turno Miguel. Un homenaje cubano a Miguel Enríquez* (Havana: ICIC Juan Marinello), p. 87-95.

que possuíam, sobretudo, sua decisão política e sua determinação pessoal acreditavam que tinham razão, porque consideravam muito factível arrastar mediante o exemplo da ação e do sacrifício os que ainda não haviam percebido que esse era o único caminho para as maiorias oprimidas do mundo colonizado e neocolonizado. Os que tinham certa formação mais intelectual também acreditavam, por ter a mesma entrega que os primeiros, mas além disso por saber que não havia outro caminho, porque a burguesia de cada país é antes de tudo exploradora de seu próprio povo e cúmplice subordinada dentro do sistema imperialista, e porque as classes dominantes jamais entregam pacificamente seu poder.

Na verdade, a questão não havia nascido no mundo colonizado. Desde que na Europa a hegemonia burguesa sobre as sociedades começou a incluir socialistas organizados e marxistas, se apresentou uma alternativa muito crua a eles: ser ou deixar de ser revolucionários. A maioria escolheu a segunda opção. Pedir, exigir e negociar reformas a favor de setores amplos e organizados da população europeia foi então sua ação mais radical, a sistematizaram e se tornaram socialistas reformistas. Não é desdenhável o que uma parte deles obteve, mas ao custo de apoiar a permanência do sistema, do bem-estar e dos direitos dos não incluídos, e da exploração e do domínio colonialista mais iníquo na maior parte do planeta. Ao mesmo tempo, os reformistas desenvolveram organizações políticas e sociais, fizeram estudos às vezes muito notáveis e divulgaram ideias socialistas e marxistas.

Foi abandonada a ideia marxiana da necessidade da insurreição e da violência revolucionária convencional como condição sem a qual não será possível a libertação das sociedades e das pessoas. Não haveria necessidade de confrontos revolucionários, porque a própria evolução econômica e civilizatória do capitalismo, o progresso que está obrigado a ir implantando, acabariam se virando contra ele. Essa seria a via pela qual a humanidade chegaria ao socialismo.

O triunfo da Revolução Bolchevique derrubou o edifício reformista e abriu caminho para uma nova época. As palavras e os fatos daquela época eram: comunismo como objetivo e luta de morte contra o capitalismo, revolução socialista, ditadura proletária, governos soviéticos, uma internacional de organizações comunistas. Não posso abordar aqui a história do que aconteceu depois, mas sim afirmar que a partir dos anos 1920, o bolchevismo e o comunismo que ele encorajou influenciaram fortemente em escala planetária a radicalização de representações, ideias e movimentos de resistência e de rebeldia contra as opressões coloniais e neocoloniais.

No entanto, a Revolução foi liquidada a partir do interior na União Soviética e se estabeleceu um Estado muito forte e muito isolado, que conseguiu vencer, em uma epopeia grandiosa, o fascismo alemão, mas não conseguiu criar as bases de uma nova cultura. Em seu lugar, foi assumindo traços do mundo que a revolução quis abater, entre eles o reformismo político. Ao mesmo tempo, implantou um regime ditatorial que não vacilou em assassinar uma parte dos militantes e impôs o mais absoluto controle da conduta e do pensamento políticos. E converteu a Internacional Comunista – nascida como instância de universalização combatente do socialismo marxista e expressão da grandeza internacionalista do bolchevismo – em uma camisa de força dos comunistas do mundo e seguidora das orientações do Estado soviético.

No terreno nas ideias, se criou a maior confusão da esquerda em escala mundial: o chamado marxismo-leninismo, que era de rigorosa observância para membros e simpatizantes, delimitava ferreamente a linha política a seguir, o verdadeiro e o falso, o correto e o incorreto, os fatos e o nada, o passado e o futuro. Tudo nele era apresentado como uma continuidade dos ideais e do pensamento de Marx, Engels e Lenin, encarnados na URSS e no magistério de seu líder e seus ideólogos.

O mais grave, no caso que analiso, é que depois de 1935, a orientação geral que se deu e se manteve foi reformista, inclusive em lugares e circunstâncias em que os comunistas enfrentavam com armas os piores inimigos. De 1945 em diante, os revolucionários dos lugares que logo seriam chamados de terceiro mundo tiveram que enfrentar, entre outras complexidades, uma cultura de esquerda acumulada a respeito dos problemas do caráter e da via da revolução que queriam.

Mesmo que a repressão, a coerção e inúmeras formas de violência sejam características das sociedades de dominação, quando elas estão bem estruturadas elaboram uma hegemonia capaz de impedir, neutralizar, prevenir, absorver ou incorporar as resistências ou as rebeldias que poderiam colocar em risco seu domínio como atos inócuos. Em sua mundialização, o capitalismo construiu hegemonia nas regiões colonizadas com características muito diferentes das dos seus países centrais; de outros modos, também foi assim nos países neocolonizados. Mas as ideias e os movimentos de independência ou de libertação foram ganhando terreno no século XX e se multiplicaram depois de 1945. Um aumento notável de influências externas modernizadoras ou revolucionárias favorecia essas pretensões. A mais profunda crise econômica e a mais abrangente guerra da história do capitalismo o obrigaram a colocar em prática novas políticas. Então, o reformismo adquiriu para as classes dominantes e o imperialismo uma importância muito maior como instrumento de controle hegemônico e arma antissubversiva. Ao mesmo tempo, boa parte de suas demandas podia ser justificada como necessidades e avanços a serem obtidos nos países colonizados e neocolonizados.

Nesses países, o reformismo, mesmo que tenha uma dimensão nacional que é fundamental e sem a qual não funcionaria, possui notáveis características que pertencem à mais pérfida e resistente forma de colonização: a da mente e dos sentimentos. O reformismo deve ser estudado para poder agir seriamente; é preciso abandonar o uso da expressão como uma depreciação ou um insulto, e as classificações "de esquerda" que sugerem que pertencimento a um determinado setor "econômicos" coincide com o pertencimento a uma classe social. Pesquisar, por exemplo, os modos práticos de sentir e ser reformista dos que vivem e atuam como tais. O peso enorme que a ordem vigente tem em uma sociedade apenas por existir como tal, o hábito de reconhecê-la como intangível e obedecer a tranquilidade que "o curso normal das coisas" produz. O respeito à ordem, e inclusive o amor a ela, não é de modo algum exclusivo dos dominantes enquanto não haver uma conjuntura de crise, e o comum é que a maioria espere confiante que se tomem decisões e medidas, às quais atribui uma entidade superior ou o fato de ser alheia a interesses parciais.

O pessoal se transfere à prática de muitas organizações sociais e políticas integradas por pessoas procedentes de setores de baixo e que postulam seus anseios e interesses. Ter atitudes e propósitos comedidos e "sérios" tornam alguém respeitável, "apesar de ser de esquerda, ou de ser pobre". Assim se pode afirmar sobre uma organização popular "que tem palavra". Na vida que vivem os de baixo, não é nada desdenhável o que se expressa em frases como "tiveram que se sentar para negociar conosco" ou "mais de uma vez arrancamos do capital/dos poderosos [...]".

Uma das maneiras de ser reformista é a conversão de uma das formas de luta e de conscientização, apta para um estágio do movimento ou para uma conjuntura muito específica, no modo geral de agir e pensar, em algo que é considerado, ao mesmo tempo, o factível e o correto.

2. Os desafios que os revolucionários enfrentam

Miguel Enríquez e o Movimento Esquerda Revolucionária (MIR) tiveram que enfrentar resolutamente a repressão e o reformismo burgueses, desde o nascimento da organização durante o governo democrata-cristão de 1964-1970 que – em evidente contraposição a Cuba – se autodenominou "revolução em liberdade". Esse reformismo tinha uma implementação e um peso extraordinários no sistema de dominação no Chile, e durante os seis anos do presidente Frei seu desempenho foi realmente notável. Sua função principal era impedir a identificação da natureza do sistema e a tomada de consciência que pudessem conduzir à insurgência e à organização populares; isto é, à capacidade das maiorias para empreender e levar a cabo de maneira autônoma as mudanças sociais de que o país necessitava.

O triunfo em 1970 de uma coalizão eleitoral que levou Salvador Allende à presidência e o governo da Unidade Popular implicaram, pela primeira vez na história do Chile, uma alternativa de gerar mudanças decisivas a favor do campo popular, se conseguisse consolidar-se como um poder autônomo e conseguisse mobilizar e organizar forças populares que fossem protagonistas e garantia das mudanças sociais a serem conquistadas. Porém, predominou a posição que acreditava factível conseguir essas mudanças sociais, que para a burguesia e o imperialismo eram funestas e inaceitáveis, mediante a institucionalidade e as regras e práticas políticas daquele mesmo sistema, por meio de uma evolução que seria singular, um "caminho chileno". Poderia se concluir que, ao se mostrar incapaz de romper os controles da ordem vigente, mudar a correlação de forças e acumular e desatar forças revolucionárias suficientes, o governo de Allende estava destinado a sucumbir diante de seus inimigos, que optaram pela via da implementação de uma ditadura militar criminosa em setembro de 1973.

No entanto, esse frio ditame deixaria de fora toda a matéria viva da história que aconteceu, o processo real ao qual tantos milhares de seres humanos contribuíram com suas ações, motivações, ideias, crenças, polêmicas, experiências, dúvidas, brigas, esperanças, angústias – suas vidas –durante três intensos anos. Os esquemas gerais sobre os fatos históricos – inclusive os mais acertados – não são mais do que guias parciais dentro das tarefas do estudioso.

Desde ontem, este colóquio está apresentando e debatendo com grande profundidade e riqueza alguns aspectos fundamentais daquele processo histórico, e o seguirá fazendo hoje. Isso me permitiu aproximar minha intervenção de alguns comentários a respeito do reformismo e seu contrário, a posição revolucionária socialista de libertação no pensamento de Miguel Enríquez, e as qualidades políticas e pessoais que ele desenvolveu em suas ideias e sua práxis.

Todas as pessoas vão sendo formadas pelo meio, ou os meios, em que se desenvolvem as primeiras etapas de sua existência, e depois a maioria deixa sua marca pessoal em sua vida, sem deixar de adequar-se a fatores que lhe são impostos. Acontece o mesmo, em suas primeiras etapas, às grandes personalidades revolucionárias, porém, elas quebram seu destino previsível ao voltar-se contra o cerco de suas circunstâncias, ao rompê-lo e ao impulsionar mudanças profundas, ou ao menos marcar com fogo a ordem vigente para facilitar que outros o façam. Suas propostas e seu projeto geral também transcendem em muito a reprodução esperável da vida de seu tempo, o que faz com que muitas vezes depois elas sejam louvadas sem serem compreendidas, e que alguns pretendam manipular sua memória.

Miguel Enríquez foi um desses. Converteu-se em um anticapitalista e anti-imperialista totalmente consequente, um insurrecto contra a ordem exploradora e opressora, um profundo pensador marxista e um dos mais destacados dirigentes revolucionários latino-americanos.[2]

3. Uma carta de Miguel, de 1968

Na fase inicial dos movimentos revolucionários há momentos quase mortais, e tudo se mostra extremamente difícil. Depois con-

---

[2] Escrevi uma parte das minhas opiniões e avaliações sobre Miguel em: Martínez Heredia (2010, p. 24-29; 2014, p. 3-7).

tinua sendo assim, mas já não é igual, e é mais factível sobreviver e avançar. Miguel teve que aprender a ser revolucionário ao mesmo tempo que postulava outra ação e outra concepção políticas diferente das usuais, uma posição revolucionária singular que parecia irreal – ou desatino juvenil – no Chile burguês democrático de predomínio democrata-cristão, mas também se considerava esquerdismo sem base por quem considerava o Chile uma exceção com relação à via insurrecional. Recordo quando ele me entregou um texto seu escrito a mão, que defendia a concepção revolucionária, e que ele intitulou "A violência no Chile".

Para dar a vocês uma mostra da fase inicial em que Miguel começa a ser dirigente, e sua jovem organização luta contra a corrente, decidi ler grande parte de uma carta que ele me enviou do Chile em 10 de julho de 1968. Compartilho com vocês um documento valioso que permaneceu inédito, e como uma homenagem ao amigo querido que jamais morrerá em mim.

Além de sua entrega sem limites para revolução, na carta se expressam as questões em detalhe e os condicionamentos, o terreno cotidiano em que se exercem as práticas e o pensamento dos revolucionários, as concretizações dos grandes temas em forma de problemas de todo tipo, atitudes pessoais, níveis de consciência, diferenças e conflitos, caminhos que são precisos limpar e muitos assuntos mais. Não esqueçam que esse tipo de comunicação tem suas regras, pelo que, por exemplo, dados relativos à preparação ou os elementos da luta armada não aparecem, ainda que haja menções gerais a ela, como o termo alusivo de "radicalização dos métodos".

Diz Miguel:

> Te envio também a revista *Revolución*. Já tem 6 anos de existência, e nela nos iniciamos; neste último número escrevem uma série de companheiros jovens, e mais novos. (Chamamos 'jovens' os da segunda geração, nós somos os 'velhos', da 'primeira'). Esta é a Revista do MIR universitário de Concepción; também te envio *Polémica*, que é a Revista da FEC (Federação de Estudantes de

Concepción); nela escrevem alguns dos 'velhos' (nem por isso melhores); te incluo um número do jornal mimeografado que se edita para os mineiros de carvão do Sul (*El Rebelde*) e outro para os operários do Sul em geral (Concepción) chamado *Barricada*, mais alguns panfletos que tenho à mão.

3) Estamos em geral bem; em grande crescimento e ganhando um enorme prestígio, quase já nos perfilando como alternativa revolucionária à esquerda tradicional. Estamos crescendo especialmente no setor comunitário e estudantil em Santiago, no sul o crescimento é mais uniforme entre operários, estudantes e comunidade; o que ainda não estamos impulsionando com suficiente força e solidez é o crescimento no setor camponês; evidentemente, estamos fazendo isso nos arredores de Santiago, no centro do país e especialmente no Sul; mas não na forma que precisamos. Recém tomamos as medidas orgânicas necessárias para solucionar isso.

No meio ano que estamos como direção progredimos muito, tanto no plano político quanto em todos os outros. Hoje, na verdade, vivemos quase uma crise de crescimento; a isso colocaremos um freio; a nossa tarefa agora é organizar e formar os setores que chegaram.

Mais de 5 organizações de jovens revoluções pediram ingresso no MIR; constituímos a ala de extrema-esquerda na luta universitária da Universidade do Chile em Santiago, e províncias, com um enorme crescimento.

Muitas questões estão para ser resolvidas; ainda não fomos capazes de fazer um jornal; nosso crescimento entre camponeses é fraco ainda, temos crescido demais etc., um pouco estamos fazendo experiência, o problema é que os prazos são curtos e cada vez ficam mais curtos.

Aqui a ascensão do movimento operário, a radicalização nos métodos etc., questão que, dada a crise econômica em perspectiva, nos abre toda uma perspectiva de impulsioná-los, aprofundá-los mais ainda, acirrá-los pelos métodos; impulsionando-os a romper a legalidade e a institucionalidade.

O outro processo político que se aproxima são as eleições, que os partidos tradicionais tratarão de utilizar para conter as lutas dos trabalhadores e sua combatividade crescente. Nós, categoricamente, não participaremos no processo eleitoral do ponto de vista de colocar ou apoiar candidatos (inclusive se são do P.S.); mas, por outro lado, nem por isso deixaremos de atuar no processo: combatendo, como Frente Popular, as candidaturas de direita e radicalizando a luta eleitoral introduzindo a violência nela; ao mesmo tempo que impulsionamos as lutas reivindicativas da classe operária para romper com a legalidade. Paralelamente penetramos no campo, nos organizamos no plano político e em tudo que é necessário; para poder de verdade lutar diretamente para conquistar o poder (isto é, tentamos encurtar os prazos para iniciar a luta armada).

Joga contra nós o problema da repressão, que estamos vivendo há três meses, por causa do problema do 'terrorismo'. Isso foi direcionado quase exclusivamente contra nós, na verdade obtiveram pouco, e para nós serviu para melhorar nossa segurança, e um pouco para nos colocar à prova como organização e como pessoas: uns 30 arrombamentos e mais de 20 detenções por parte da Investigações, sem nada positivo para eles. Outras organizações acabaram quebradas (FAR) ou ao menos implicadas.

É bastante difícil pretender preparar a luta armada com as tarefas que nós nos propusemos; isso de penetrar em algumas e muito bem escolhidas frentes operárias, estudantis e camponesas, com a organização de uma estrutura política prévia; e com o desenvolvimento ideológico e de propaganda suficiente; mesmo quando tudo isso estiver subordinado a uma estratégia de luta armada prolongada e guerrilheira, como única e definitiva arma política que nos permita ser, realmente, vanguarda revolucionária. Jogam contra nós os riscos de nos diluir nas frentes de massas; institucionalizar-nos como 'oposição de esquerda ao reformismo' ou, por último, sermos reféns da repressão policial. São riscos contra os quais temos direcionado nossas melhores forças neste período; achamos que na medida em que a direção esteja consciente de tudo isso, e em que esta e seus militantes estejam se forjando, nada disso vai ter importância. Por último tem o fato de que a classe dominante chilena e estadunidense, hoje mais do que nunca, está decidida a, caso sejam ameaçadas suas perspectivas de estar no poder, não vai vacilar em romper a legalidade (vou tratar de te enviar os acordos do Secretariado Nacional, levemente modificados e enriquecidos em um Congresso Regional, em que um dos nossos, meu irmão, foi eleito chefe regional de Santiago, quase parece nepotismo).

Nosso amigo em comum D. me diz que você pergunta se existem correções a fazer no trabalho que eu deixei lá; te envia o documento mais recente que atualiza a questão nacional, mas creio que se algo tem algum interesse são os três últimos capítulos: 'Possibilidades da...', 'Caráter da...' e 'Condições necessárias para o início da...'. Tenho certeza que deve haver repetições, erros de redação etc.; se servir para algo, pode modificá-lo e corrigi-lo como quiser, conservando, evidentemente, o fundamental.

Já sou um médico; recebi o diploma em maio; me casei em janeiro; vivo em Santiago desde junho; trabalho quatro horas por dia de médico, o que me permite viver, e o resto eu dedico a tratar de 'curar a sociedade'.
Sem mais, perdoa o tamanho da carta, espero receber notícias suas,
Miguel
P.S: 1) se sair a *Economia Política* de E. Mandel, ou *Acumulação do capital*, de R. Luxemburgo, por favor me manda, ou qualquer outro livro interessante. Saudações a todo mundo.
[E continua com mais P.S.]

4. Lutar abre as portas para o futuro

Nas experiências se colocam à prova as proposições e as teses teóricas, e de seus choques surgem modificações e certo número de ideias novas que, em tempos em que predominam acontecimentos transcendentes, podem ser decisivas para a teoria. Nada pode substituir o estudo em detalhe dessas experiências e as análises sobre elas, se queremos obter conhecimentos válidos e úteis. Lenin, o maior dos pensadores políticos da tradição revolucionária marxista, disse uma vez que o centro do marxismo é a análise da situação concreta. No Chile, aquele foi um tempo de práticas de conflito e de intensos e intermináveis debates, de extraordinária batalha de ideias na qual participaram por igual os doutos e os leigos, em assembleias, reuniões, meios de comunicação, lares e praças.[3]

Não vou ler aqui fragmentos de textos de Miguel Enríquez durante o governo da Unidade Popular, mas recomendo que vocês

---

[3] Uma amostra, tomada do terreno acadêmico, é o Programa do X Congresso da Associação Latino-americana de Sociologia (ALAS), celebrado em Santiago do Chile em agosto de 1972. Seus quatro temas eram: "A luta anti-imperialista na América Latina", "As experiências reformistas na América Latina", "As lutas pelo socialismo" e "Perspectivas na construção do conhecimento científico a partir da realidade social latino-americana". Os subtemas do Tema 2 eram: "O reformismo operário" e "O reformismo burguês" [Do original no arquivo do autor].

leiam, por exemplo, o Informe da Comissão Política ao Comitê Central Restrito, de 8 de setembro de 1972, que contém um tratamento exemplar daquele momento e uma formulação da estratégia revolucionária, bem como reflexões muito valiosas de alcance muito mais geral.

Me permito, pelo menos, duas citações de Miguel daquela etapa:

> [...] um marxista não deve guiar-se jamais por como ele gostaria que as coisas, instituições, partidos fossem, mas pelo que essas coisas verdadeiramente são na prática da luta de classes. (Enríquez, 1989, p. 215)

E a segunda:

> O problema real é como a vanguarda garante, mediante uma condução correta, que o proletariado e as massas possam vencer nos distintos enfrentamentos da luta de classes, e também na guerra civil a burguesia, se esta a desencadeia, como resposta de uma classe que vê serem ameaçados seus privilégios e interesses. Assim, é necessário colocar o foco na mobilização das massas e em sua organização em formas de poder independente para mudar favoravelmente a correlação de forças. (Enríquez, 1989, p. 217)

Seu chamado desafiador ao combate, um mês depois do golpe militar, vê muito além do desastre, da derrota e do sangue. "A luta será longa e dura – diz –, mas estamos certos de que venceremos". E anuncia que partindo da restauração de liberdades democráticas e da defesa do nível de vida das massas se percorrerá um caminho de luta, união, organização de massas, derrubada da ditadura, restaurações, que "abrirá a via para um poderoso processo revolucionário, operário e camponês, que culminará na revolução proletária e socialista" (Enríquez, 1989, p. 266).[4]

Suas palavras me lembram a de outro jovem revolucionário, Antonio Guiteras, para a imprensa cubana, cinco dias depois do golpe militar que derrubou o governo provisório revolucionário, em janeiro de 1934. Contra toda evidência, Guiteras anuncia que

---

[4] "Chamado aos revolucionários e aos trabalhadores", 11 de outubro de 1973.

é preciso preparar-se para enfrentar "em um futuro não distante a imensa tarefa da revolução social [...] rompendo todas as barreiras que a burguesia ergueu para impedir sua passagem". E promete que lutará "pelo estabelecimento de um governo em que os direitos dos operários e camponeses estejam acima dos desejos de lucro dos capitalistas nacionais e estrangeiros" (Martínez Heredia, 2007, p. 38).[5]

Eles, os comunistas guerrilheiros latino-americanos que trouxeram a parteira da história em forma de guerra revolucionária, que despojaram o progresso e a evolução civilizatórios de seus disfarces, que denunciaram e enfrentaram o colonialismo capitalista e imperialista e souberam que o único caminho é a revolução socialista de libertação nacional, eles são os professores de hoje. É a hora de estudá-los, de resgatar e tirar proveito de seu legado, colocar bem, com sua ajuda, os novos problemas, os novos conceitos e as vias e os métodos necessários. E, sobretudo, é hora de emulá-los, para tornar realidade as revoluções socialistas que virão.

Referências bibliográficas

ENRÍQUEZ, Miguel. La consecuencia de un pensamiento. Recopilación de escritos. edição clandestina, 1989.

MARTÍNEZ HEREDIA, F. La Revolución cubana del 30. *Ensayos*, Havana, Editorial de Ciencias Sociales, 2007.

_____. "Recuerdo de Miguel Enríquez", in: MARTÍNEZ HEREDIA, F. *Si breve... Pasajes de la vida y la Revolución*, Havana: Letras Cubanas, 2010.

_____. "Prólogo: Miguel Enríquez apunta al futuro", in: CASTILLO, C. *Un día de octubre en Santiago*, Havana: ICAIC, 2014.

---

[5] Declarações ao jornal *Luz* (Havana), 20 de janeiro de 1934.

PRIMEIROS PASSOS
PROJETOS PARA O PONTO DE PARTIDA[1]

1. Nota inicial

1) O problema geral mais grave para os anticapitalistas é o retrocesso que as lutas de classes e de libertação tiveram nas últimas décadas em escala global. Esse refluxo está ligado a:
a) O amadurecimento das capacidades do capitalismo relacionado: [...] à alta centralização para controlar seus opositores: repressivas, de eliminar espaços alternativos para países e setores burgueses não centrais, de conservadorismo no campo político e de uma efetiva dominação cultural que inclui a transformação dos tópicos antissubversivos como "naturais" e a desvalorização das rebeldias;
b) A quebra e a desaparição há 15 anos dos regimes que possuíam a representação mais importante do socialismo e seus ideais no mundo, que tinham capacidade militar dissuasiva na geopolítica de superpotências e que davam certos espaços alternativos a vários países;

---

[1] Texto preparado para o seminário *Reforma ou revolução? Para além do capitalismo neoliberal: concepções, atores e estratégias*, publicado em: *Reforma ou Revolução? Para além do capitalismo neoliberal: concepções, atores e estratégias* (São Paulo: Expressão Popular), p. 293-360.

c) O fim, no terceiro mundo, da segunda onda de revoluções do século XX e a chegada desses países a becos sem saída diante de sua debilidade econômica e incapacidade de satisfazer as necessidades sociais. No primeiro mundo, o esgotamento das organizações políticas e sociais capazes de se opor ao sistema com projetos próprios, e de exigir a realização de demandas de trabalhadores e cidadãos.

Esses três aspectos se influenciaram ou se condicionaram entre si, o que fez com que os resultados fossem mais negativos.

2) A falta de alternativas "econômicas" à política de domínio e saque atual, como efeito principal atribuído aos seus potenciais opositores, é um argumento secundário que somente tem algum peso por causa da realidade tão adversa expressa no ponto 1, já que nenhuma situação de conflito acentuado e de luta política aberta contra o sistema se caracteriza pelo fato de os opositores terem enunciado "alternativas" de política econômica que seriam "melhores" do que as aplicadas pelos que exercem o domínio. Na verdade, uma discussão nesses termos – que reduz o enfrentamento a um suposto debate sobre "economia" – permanece completamente dentro do discurso da dominação.

3) Me parece extremamente difícil, hoje em dia, que movimentos de esquerda que não estejam no poder possam formular projetos que cumpram ao mesmo tempo com as cinco condições enumeradas nas reflexões para este Seminário. No entanto, essas condições são um guia indispensável para o conteúdo dos projetos anticapitalistas atuais, já que na minha opinião esses projetos teriam que ser muito superiores ao que parece possível, e muito mais profundos e ambiciosos do que os elaborados até hoje, para que possam ser viáveis.

4) A América Latina e o Caribe expressam – já no próprio nome – uma extraordinária diversidade de situações. Elas são de numerosos tipos, seja nos diferentes aspectos das formações sociais de cada país ou nos acúmulos históricos, nas histórias contemporâneas e

nas conjunturas atuais, e até nos tamanhos e nos recursos naturais dos países. A região carece de uma força própria e de coordenações internas comparáveis às da Europa atual. Mas também existe um conjunto excepcional de fatores que lhe são comuns, e que não mencionarei aqui porque são muito conhecidos e porque nos motivam a fazer análises e reuniões como as deste Seminário. No entanto, quero chamar atenção para o grau de generalização arriscada que as nossas afirmações têm quando se referem à região como um todo, e para as dificuldades que essa diversidade comporta em matéria de análise e utilização de instrumentos.

É óbvio que o conteúdo de nossas quatro mesas tem diversos pontos em comum, ou de contato muito intenso. Isso reforçará a qualidade da pesquisa e dos debates. Eu me beneficio, então, ao me eximir de expor questões que me seriam indispensáveis, mas que terão sido tratadas antes. Passo a apresentar reflexões que possam contribuir ao debate sobre o problema crucial dos projetos e das ações que são necessários para que cresça e avance a estratégia contra o sistema capitalista mundial de dominação atual, ainda que eu o faça, naturalmente, referindo-me à América Latina.

2. Algumas interrogações

O social hoje equivale à miséria generalizada, como consequência da queda das possibilidades de se ganhar a vida e da decadência das políticas sociais (empobrecimento), causadas pelo domínio do sistema transnacional, do dinheiro especulativo e das políticas econômicas que este sistema exige. A política prática faz menção à miséria, mas não a considera realmente como parte de sua atividade: o sistema político conseguiu funcionar sem atentar para ela e sem correr verdadeiros riscos diante dela. As exceções são as revoltas populares que aconteceram nos últimos 15 anos, manifestações, protestos ou rebeliões por causas sociais, e quase nunca originadas por enfrentamentos políticos. Essas revoltas são capazes inclusive de derrubar governos, mas não de abrir passagem para novos processos de libertação ou de autonomia efetiva do campo popular. Isso é um dado básico para as análises de estratégia, porque nos mostra ao mesmo tempo um dos grandes potenciais de rebeldia e as maiores debilidades que a opção anticapitalista sofre. Por que as rebeldias sociais não são correspondidas por conquistas políticas consideráveis contra o sistema? Como evitar que a dominação continue se reformulando sempre, apesar do enfraquecimento das condições de sua hegemonia?

A linha prática que separa nas sociedades a vida dos incluídos da vida dos excluídos é hoje central para o funcionamento do sistema de dominação, porque lhe permitiu se livrar até agora do problema explosivo de que seu modo de ser atual fecha o caminho para o desenvolvimento e cria a marginalização de um quarto da população da região e um grave deterioramento da qualidade de vida de outra grande parte, quando os níveis escolares e de experiências sociais e políticas dos povos são muito superiores aos de 40 anos atrás e, portanto, também o são as expectativas e o potencial de rebeldia. Apesar de suas ideias e suas intenções, a política do campo popular não consegue superar seu âmbito social restrito e sua matriz limitada quanto aos problemas essenciais. Como os dominantes conseguem manter que a linha divisória seja entre incluídos e excluídos, como atuar contra ela e fazer com que mude a linha principal de identidades e se forme um bloco popular para lutar pelas mudanças contra o sistema?

A separação entre excluídos e incluídos é uma das causas da falta de união entre as lutas sociais e políticas, mas não é a única. Existem outras dimensões, dentro dos incluídos, em que essa união não funciona, nem está próxima. Neste terreno opera a antiga separação entre os setores dos dominados, devida a interesses, identidades, concepções, preconceitos, modos e ações diferentes, que às vezes os opõem entre si. Essa desagregação é alimentada e aproveitada pelas classes dominantes, que acrescentam à sua velha sabedoria uma nova vantagem: o retrocesso das lutas de classe e de libertação referido acima deixou os opositores extremamente frágeis quanto a organizações políticas, sindicatos, *associatividade*, autoconfiança, estratégias e projetos, enquanto a tremenda expansão da miséria e da marginalização modifica as condições de reprodução do sistema a favor dos exploradores dominantes, e sua conversão em fatos naturais reforça entre os incluídos uma cultura do medo, da indiferença, da resignação e da fragmentação. Como enfrentar a tendência ao *"salve-se quem puder" e ao desarme pelo que estão passando setores incluídos dominados que poderiam desempenhar papéis importantes na hora de colocar em marcha processos libertadores? Que tipo e que conteúdos de conscientização e de organização serão necessários?*

A participação subordinada no sistema democrático de dominação foi a linha predominante de atuação política dos que se opõem a ele. Apesar do profundo desgaste dessa democracia – ocasionado pelo desastre social, pela incapacidade de sustentar economias nacionais, políticas sociais e de satisfazer necessidades básicas ou níveis médios de vida, soberania e projetos autônomos, pela corrupção política e administrativa e pela simples alternância de grupos no poder –, os opositores às classes dominantes e ao imperialismo se limitam às regras do jogo dessa forma avançada de dominação que é a democracia, a qual parece combinar bem, na América Latina, a eficiência de sua proposta geral com a ineficiência extrema em suas práticas. O resultado é que não predominam os avanços quanto à convivência social, ao bem-estar geral, à fruição de direitos e à participação no governo que devem caracterizar uma democracia, mas não ocorre a deslegitimação dos que dominam – um elemento que tem importância crucial para que possam existir mudanças sociais radicais –, nem seus opositores parecem acumular forças como resultado de certos êxitos obtidos em níveis locais,[2] ainda que

---

[2] O caso do governo atual do Brasil certamente será analisado neste Seminário.

certamente acumulem, sim, experiências. É uma cilada insuperável, porém, inevitável essa participação que até agora não obteve êxito quanto a mudanças no sistema? É um nó górdio que precisa ser cortado, ou é preciso encontrar formas de se realizar mudanças radicais por essa via?

Durante toda a história das ideias e dos movimentos de libertação contra o capitalismo houve temas de discussão no interior deles que se tornaram centrais, e esses debates foram um sinal de vitalidade muito positivo para quem se impôs a tarefa de mudar tão profundamente o mundo e a vida. Nas difíceis condições atuais, os problemas da organização e do poder são os que têm recebido maior atenção. Na verdade, a primeira parte da profunda crise sofrida pelas organizações políticas de esquerda, e da avaliação muito crítica que se tem delas nas condições combinadas das derrotas dos movimentos populares, do grotesco final do socialismo real e do notável crescimento dos níveis de cultura política de milhões de pessoas. Uma nova geração cresceu alheia ao velho ambiente partidário e a maior parte dos ativistas não quer repetir os caminhos errados já conhecidos. A questão do poder também tem os mesmos referentes, mas nela incidem outras duas variáveis: a) o lugar e o prestígio que ganharam nas últimas décadas os movimentos sociais nas lutas por demandas, nas identidades e na atividade cívica em geral; b) a grande confusão que existe entre a crítica concreta aos Estados capitalistas subordinados que abandonaram a maior parte das funções sociais positivas que tinham e que estão nas mãos de quadrilhas cúmplices do imperialismo, por um lado, e a crítica abstrata a qualquer Estado e a qualquer poder como algo prejudicial em si para o campo popular. Chega-se, assim, a pedir a quem nunca teve em suas mãos os instrumentos de mudança que nunca queiram tê-los. Isso só beneficia os que já detêm o poder. Como levar as questões da organização política e do poder ao terreno do serviço às práticas populares, e de sua preparação para conquistar a direção dos processos sociais? É necessário desenvolver uma nova concepção da organização política e do poder, para que possam existir e obter êxito movimentos capazes de dirigir a sociedade e fazer as mudanças?

A pacificação da existência e a renúncia do recurso à violência é um dos ideais que faz parte das conquistas culturais do século anterior. O sistema capitalista nega a colocação em prática desse ideal, ao impor a uma parte da população mundial a miséria que desata a violência cotidiana da fome, da desnutrição, das doenças evitáveis ou curáveis e da falta de capacidades e oportunidades, fomenta a agressividade nas relações humanas, a delinquência e outros males sociais, e ao exigir ao resto do mundo o egoísmo como atitude básica em suas relações e colocar o dinheiro e o sucesso como centro da vida. A prática capitalista também nega a paz quando exerce sua dominação utilizando a violência de muitas maneiras em cada país, e como instrumento de poder do imperialismo em escala internacional mediante guerras sujas e abertas, e hoje em sua aberta escalada de guerra. No entanto, o sistema utiliza a seu favor o ideal da paz, execrando em abstrato qualquer violência, e, sobretudo, como parte da campanha global de "guerra contra o terrorismo" iniciada em setembro de 2001. Enquanto isso, as ideologias do campo popular atuam na defensiva nesse tema, entre os antigos tópicos da "luta pela paz" e a sujeição à prisão da linguagem do adversário, superadas pela guerra cultural imperialista. As mudanças profundas necessárias são possíveis sem apelar para violência revolucionária? Como voltar a analisar e debater os problemas da violência nos processos de libertação das pessoas e das sociedades?

Na etapa recente está sendo submetida ao esquecimento – ou ao desprestígio e à desvalorização moral – a memória das lutas, das vitórias e experiências derrotadas, as conquistas reais, a capacidade de negociar com êxito ou de pressionar, que as classes populares e os povos em rebeldia produziram em escala global durante o século

XX. Esse foi o século em que se colocaram em prática as ideias anticapitalistas desenvolvidas pelos pensadores e pelos lutadores europeus do século XIX, da generalização dos movimentos anticoloniais e antineocoloniais, das revoluções socialistas de libertação nacional, da internacionalização das ideias e dos movimentos. É verdade que foi também um século de grandes tragédias em todos esses campos, que mancharam os ideais e desqualificaram regimes, e que expressaram o primitivismo e os desacertos dos grandes desafiadores da dominação e da cultura capitalista. O desastre final da URSS e dos demais regimes do chamado "socialismo real" acrescentou um incrível desprestígio para o socialismo e um descrédito do marxismo. Poderia parecer mais prudente começar de novo do zero, mas isso – além de ser impossível – seria privar de um maravilhoso acúmulo cultural de libertação que pertence à humanidade os que tentam pensar e lutar. Como conseguir recuperar a memória histórica das ideias, dos sentimentos e dos movimentos práticos de libertação, sem cair em preconceitos, exclusões e ocultamentos, como fazer com que a memória gere autoconfiança, orgulho, experiências muito valiosas em todos os campos, concepções, motivações e fé de que um mundo diferente e melhor é alcançável, e na vitória?

Esta é só uma seleção de perguntas, mas acredito que contribuem às questões fundamentais para os objetivos do nosso Seminário.

3. Meus critérios gerais sobre o tema

Embora eu já tenha exposto alguns desses critérios nos parágrafos anteriores, gostaria de reproduzir aqui certas passagens de diversos textos meus para contribuir também na discussão mediante uma das tantas elaborações com que contamos sobre o tema. Como acontece nesses casos, meus critérios se sustentam a partir de uma organicidade com outros juízos e aspectos conceituais que não exponho, e com um determinado compromisso pessoal.

O crescimento impetuoso e desenfreado das desigualdades no mundo se torna público e se trivializa. Uma nova maneira de ocultar consiste em mostrar "tudo", na verdade de maneira controlada, com meios, modos e pessoas controladas. A forma atual de globalização capitalista se veste de "inevitável globalização", a democracia se submete a um reducionismo feroz e se anunciam "lutas globais" contra o narcotráfico ou a corrupção. O reino do determinismo econômico mais grosseiro quer reduzir o campo das atitudes e dos pensamentos possíveis, podar os sonhos, mas não o faz apenas porque a miséria, a exploração do trabalho e a marginalização são hoje demasiado escandalosas. Ao mesmo tempo, ocorreu nestas décadas um imenso aumento dos participantes na vida política e social, e um enorme crescimento da cultura política de muitos milhões de pessoas. A complexidade do envolvimento dessas multidões, e sobretudo o signo que o orientará – subordinação ou rebeldia – constituem os grandes desafios atuais. O capitalismo está obrigado a lutar para excluir a autoidentificação dos oprimidos, sua identificação do inimigo, suas tendências a unificar esforços, se organizar e projetar caminhos. Trata-se, enfim, de excluir a luta de classes (Martínez Heredia, 1999 [1998], p. 169).

A alternativa revolucionária socialista é a única capaz de: enfrentar com sucesso as necessidades de sobrevivência das populações; deter a entrega progressiva da economia, da soberania e das decisões nacionais para o capital transnacional e os Estados Unidos; reorganizar os países mediante a participação popular superior, que são os poderes populares, em função dos objetivos anteriores; desatar as forças que tem a América Latina, a força das pessoas, se elas se motivam, se organizam, se tornam solidárias, mudam a si mesmas e o seu entorno, se apropriam de sua memória histórica em busca de sua realização como seres humanos. É a única opção razoável e prática diante da grande quantidade de fatores que aniquilam as maiorias, diante da tendência de agravar-se essa situação conforme avance a transnacionalização subordinada, o caráter, externo à região e não influenciável por ela, dos poderes que dominam essa transformação capitalista, e a relativa debilidade que a dominação interna ainda tem.

A alternativa tem que ser revolucionária porque a classe dominante não tem força e consenso suficientes para administrar um projeto próprio que lhe dê base social e ao menos distribua esperanças, e a tendência provável diante de problemas sociais graves seria levar o autoritarismo ao extremo. Porque não há espaço para evoluções reformistas se elas não são apoiadas ou impostas por mobilizações e pressões massivas, e o reformismo muito respeitoso e legalista em países em que o Estado de direito não costuma estar completo dificilmente será levado em consideração por uns e por outros. A alternativa ao mesmo tempo tem que ser socialista porque é o único marco suficiente para tarefas tão ambiciosas como as que se vê obrigada a realizar, que implicam atividades e mudanças tão profundas das pessoas. Os valores socialistas são o referente humano contra a exaltação do interesse egoísta, do mercado e da moral fundada no custo-benefício, em um mundo em que a imensa maioria sequer tem oportunidade de tirar proveito, se comporta-se de acordo com essas normas.

Esta alternativa socialista não dará frutos se não levar em conta pelo menos o seguinte:

- alcançar a constituição progressiva de coalizões realmente representativas da cultura nacional popular de cada país. As formas organizativas e a liderança terão que ser, portanto, democráticas;
- apenas um longo processo levará à libertação socialista, e apenas comportamentos que desde o primeiro momento cresçam na direção desse horizonte garantirão a vitória;
- só o protagonismo popular dará forças suficientes e persistência ao processo e evitará sua desnaturalização. Isso con-

dicionará as organizações, a estratégia e táticas e a educação política;
- uma parte do movimento e do pensamento neorreformista será indispensável para que o processo revolucionário se desenvolva; a união de ambos negará os outros aspectos do neorreformismo. Por sua vez, o processo revolucionário realizará as reformas fundamentais.

[...]

Reforma e revolução, não reforma ou revolução, tem que ser a palavra de ordem. O espaço das reformas é aquele que o sistema não pode fechar hoje sem arriscar demais; se essas reformas se propõem a alcançar e aprofundar a democratização tenderão a afetar as próprias bases da dominação. Nesse espaço confluem também os setores e as pessoas que têm interesses ou ideias opostos à transnacionalização antinacional, à corrupção etc. O bloco popular possível na atualidade é aquele que reúne medidas e necessidades identificáveis com a emoção que mobiliza e os projetos de vida pelos quais as pessoas se motivam além de um interesse imediato. Para isso virar realidade são exigidos entendimentos e coordenações, e quando esse bloco popular se desenvolver se exigirá unidade entre os que compartilham interesses e ideais (Martínez Heredia, 1992).

A alternativa ao capitalismo atual é o socialismo. Pareço muito concludente, mas na realidade não existe alternativa dentro do sistema vigente para deter o avanço avassalador de sua natureza anti-humana e voraz, sem falar em reverter a situação que já criou. Mas, minha afirmação não é mais do que um postulado, que deve enfrentar um forte grupo de perguntas e desafios. O socialismo é uma opção realizável? É viável? Pode viver em países ou regiões do mundo sem controlar os centros econômicos do mundo? É um regime político e uma forma de distribuição ou está obrigado a desenvolver uma nova cultura diferente, oposta e mais humana do que a do capitalismo? Por sua história, não está incluído também o fracasso das ideias e das práticas modernas que se propuseram a aperfeiçoar as sociedades e as pessoas?

É imprescindível entrar a fundo nesses questionamentos, por uma razão muito prática: o socialismo vai emergir de novo como proposta para este mundo, isso o fará avançar como promessa e voltar a se apresentar como política e como profecia. Mas, não lhe será possível tentá-lo sem quitar suas próprias dívidas, sem radicalizar e transformar seus projetos, sem rediscutir e fazer avançar sua teoria, sem partir da situação real atual, dos seus dados desfavoráveis e favoráveis, e suas tendências, com o objetivo de mudá-la até a raiz. Este socialismo renovado precisará, entre outras coisas, de grande clareza e compromisso com os tempos passado, presente e futuro, uma grande audácia, ser atraente e conquistar para si a condução da esperança. Em síntese, deverá criar a alternativa (Martínez Heredia, 2001, p. 11-12).

Não tenhamos medo de tirar proveito das nossas desgraças: não nos salvará o refúgio suicida do que é indefensável do passado, nem a crença de que somos fortes no exercício das formas de mandar e obedecer que conhecemos, nem a sarna dogmática dos clérigos sobreviventes. *O projeto de socialismo para o século XXI terá que ser muito mais radical e ambicioso do que os que existiram.* Um socialismo das pessoas e para as pessoas, dos grupos sociais e para eles. Mas como será factível esse socialismo? Sem organização não chegaremos jamais a lugar algum. Então, trata-se de não criar monstros e chamá-los de organizações, e reverenciá-las como ídolos. Criar instrumentos para que o homem e a mulher que querem ser livres caminhem, pensem e sintam. A liberdade e o socialismo têm que ser muito amigos, e se for possível devem ter amores. Lutar para tornar realidade o projeto socialista, e nada menos, é na minha opinião imprescindível. Para isso sempre será necessário construir um poder de transição socialista, e defendê-lo. O poder e o projeto terão que

marchar unidos. Não se trata de um negar o outro, mas o primeiro tem que estar a serviço do segundo.
Sem política socialista não haverá futuro socialista. Mas isso não significa que as organizações e o poder socialistas consigam evitar as debilidades e os perigos que supostamente lhe trazem o exercício da escolha e dos sentimentos das pessoas, e as diversas redes e inclinações dos grupos sociais. Trata-se das organizações socialistas e o poder dos socialistas considerarem as escolhas, os sentimentos, a diversidade, as inclinações de suas pessoas, de sua gente, como o que isso tudo é potencialmente: sua força, seu veículo para a libertação. E sua necessidade suprema, *porque sem essa compreensão não haverá projeto factível, não haverá organização imbatível, não haverá socialismo*. E mesmo assim, será preciso sermos criadores, e dessa vez não serão dois ou três iluminados criadores, nem uma pequena legião heroica de criadores, mas milhares ou milhões de criadores, porque só assim o socialismo existirá e se manterá, isto é, se reformará e se mudará a si mesmo uma e outra vez e dará a si mesmo um conteúdo que hoje apenas podemos entrever ou sonhar (Martínez Heredia, 1999 [1998], p. 165-166).

As fraquezas de nossa oposição ao imperialismo são uma parte muito importante de sua força. O Fórum Social Mundial é uma expressão a mais da potência maior com que conta o movimento: um enorme acúmulo cultural, herdeiro de atividades muito diversas, fruto dos combates, das ideias e dos sentimentos de várias gerações que enfrentaram a dominação. Constitui um corpo inestimável de experiências, tradições, solidariedades, órgãos de pensamento e de luta, desejos, perguntas, inconformidade. O imperialismo se vê obrigado a reconhecer a existência desse potencial de rebeldia, tem isso sempre em conta e se empenha em neutralizá-lo, esterilizá-lo, induzir-nos a esquecê-lo. Antes, se beneficiou da nossa fraqueza e nossa ignorância. Agora, somos apenas fracos. Nós vamos permitir que o imperialismo nos prive da nossa cultura de rebeldia, adquirida com tantos sacrifícios?

O primeiro é o exercício da vontade de protestar, de denunciar, de adquirir cada vez mais consciência e melhor organização, de *coordenar os esforços de todos e formar uma internacional de vontades*. O desafio é forjar e converter em um fenômeno massivo a disposição de resistir, de confiar em nós mesmos, de pensar, falar e sentir com independência, criatividade e audácia, de maneira autônoma em relação ao poder deles, de deixar de ser uma parte subalterna do próprio corpo da dominação. No princípio está a vontade de lutar; o desafio é construir bem essa disposição e generalizá-la. A partir desse ponto de partida é preciso contrastar sempre a decisão de agir com a análise séria dos problemas essenciais e os dados reais, mas estes devem ser buscados e formulados com independência, por nós mesmos, e não dentro do terreno dos problemas, dados e crenças que eles organizam para nosso consumo. Como denominador comum temos um campo de ideais que compartilhamos com centenas de milhões de pessoas, que é também fruto do século XX, formulado em ideias que passaram a fazer parte da sensibilidade e das convicções, e que é muito difícil rechaçar ou desprezar. Entre elas está a repulsa a que se causem sofrimentos e de que se criem situações de falta de defesa de pessoas e grupos humanos, porque já não se aceita que essa seja uma ordem natural, e inclusive se colocam em relação essas situações com os privilégios e interesses dos ricos e poderosos; também as exigências de democracia e a condenação ao uso da violência.

É preciso liberar a linguagem e o pensamento das prisões da dominação. Foram abolidas as palavras que expressavam os anseios, as conquistas e lutas das maiorias, substituindo-as por uma *nova linguagem* que nos desarma ao nos impedir de pensar e de sentir com autonomia, que confunde e distorce as relações entre as pessoas, grupos e países, e confunde a identificação dos fatos e dos símbolos, que converte a iniquidade social em fatos naturais. Urge rechaçar em todos os lugares esses instrumentos do sistema, divulgar suas funções e defender o uso do idioma que o pensamento social elaborou para conhecer as sociedades, e promover a criação dos novos conceitos que sejam necessários. Para realizar essa tarefa, que não pode esperar, não é necessário ter uma correlação de forças propícia, nem grandes recursos. Um aspecto central da indispensável democratização dos meios de comunicação é lutar para que, em vez de servir de ponte para a aceitação progressiva da submissão ao imperialismo, sejam veículos de uma linguagem e um pensamento favoráveis às necessidades da sociedade.

O capitalismo deixou de oferecer ao mundo as promessas do progresso, do desenvolvimento econômico e da democracia, porque já não lhe é possível sequer invocá-las. Em vez disso, ele apela para a força de suas finanças, seus recursos materiais e armamentos; induz todos a acreditarem que o mundo se divide em incluídos e excluídos, e que cada um deve lutar para ser incluído; utiliza a violência criminosa em uma suposta guerra mundial "contra o terrorismo", organizada pelos maiores terroristas da história; exige que os países se submetam e abandonem qualquer projeto nacional; desmoralizam e desalentam resistências promovendo a aceitação geral de que são invencíveis; e a fabricar e induzir consensos com sua incrível máquina cultural. Explicar, divulgar e condenar essa estratégia da dominação é um passo no caminho de enfraquecê-la e começar a desmontá-la.

Mas nós não conseguiríamos nada se não empreendermos desde já a mudança de nós mesmos. É preciso fazer com que o vigor e o entusiasmo com que se participa nas atividades de protesto, denúncia ou rebeldia, se estendam a práticas de alcance mais profundo e com tendência à permanência, que nos eduquem para sermos capazes de criar outro mundo diferente e oposto – e não apenas oposto – ao mundo em que vivemos. Essas transformações subjetivas serão as que vão contribuir de modo decisivo para o desenvolvimento de uma força suficiente para mudar a sociedade.

Livrar-se da dominação cultural é o mais difícil e será um longo trajeto. Mas nada substitui a primazia da ação. Objetivos muito concretos e perspectivas de mudanças muito radicais, e trabalhar em ambos os campos ao mesmo tempo: esse é o caminho. Os milhões que se manifestam contra a guerra, junto com os que organizam veículos sociais e políticos para a resistência, os que constroem a reforma agrária e se propõem abolir a fome em países como o Brasil, nós que defendemos um futuro humano para a Humanidade em Cuba, os que resistem e combatem de mil maneiras em tantos lugares do mundo, podemos e devemos redobrar e coordenar nossos esforços. A conscientização e os protestos deverão ir criando suas próprias formas políticas e suas ideias, porque se aproxima um conflito mortal com o inimigo da vida. Se chegarmos a ser capazes de nos unir, tornaremos a vitória possível e começaremos a torná-la realidade (Martínez Heredia, 2003, p. 109-111).

4. Interesses nacionais, nacionalismo e lutas sociais

Um tema importante para essa mesa é a emergência de governos que consigam ser mais autônomos em vários países da região, e a possibilidade de que coordenem entre si ações de política internacional e o fomento de mais relações econômicas mediante "mercados comuns". Por um lado, são mencionados como uma alternativa à Alca, e em um plano mais geral como fatores para o fomento de uma integração realmente latino-americana. A instância mais ampla a que poderiam se referir é a de países do chamado terceiro mundo que são identificados como Grupo dos 20 (G-20), a partir da reunião da OMC em Cancun; se espera que negociem e pressionem juntos e que cultivem certos campos de interesses comuns quanto a intercâmbios econômicos. Essa dimensão implica que certo número de países "grandes" considerem preferível a associação entre eles, em vez de suas possibilidades em negociações bilaterais com os centros do capitalismo mundial, e que essa posição, baseada em seu cálculo econômico, lhes resulte viável. No âmbito latino-americano, o referente internacional instituído mais visível para governos em busca de autonomia parece ser o Mercosul. Como é usual, as relações bilaterais são decisivas nas fases iniciais de tais processos; seria o caso, por exemplo, das coordenações entre Brasil e Argentina. Chamo atenção para as relações entre Venezuela e Cuba – que não tinham importância menos de uma década atrás e hoje são profundas –, ou para a possibilidade de maiores relações entre Venezuela e Argentina.

Existem diferentes aproximações a essa questão. Enquanto, do campo popular, se vê com esperança cada fato ou cada gesto que aponta em direção à existência desses governos autônomos, nossa análise não pode se limitar a constatar e se prevenir contra ingenuidades, em nome de claros princípios. Mas tampouco a identidade, os interesses e os objetivos do campo popular podem se descuidar sem sofrer graves consequências. Portanto, sobre essa complexa alternativa – que não é nada nova na América Latina –, exige-se um pensamento profundo que utilize bem seus marcos teóricos e que lide com todas as variáveis significativas, chegando a uma boa integração de seus resultados. Entendo que, além disso, é urgente contar com as contribuições de nossas ideias, se vamos ter incidência real sobre o processo atual.

Apontarei apenas algumas questões para o debate. É claro que, em qualquer análise da situação, para caracterizar o bloco no poder estatal são decisivos os laços reais que ele tem com o modo dominante das relações sociais por meio das quais se mantém e se reproduz a vida material em seu país, e com os poderes econômicos e políticos internacionais envolvidos. No entanto, isso é insuficiente se se trata de pesquisar o modo como a dominação exerce e reformula sua hegemonia sobre a sociedade. Entre as melhores páginas da literatura política marxiana estão as que tratam desse tema, precisamente pela compreensão que Marx tinha de que o político seria o terreno decisivo da ação revolucionária. Para conhecer as realidades e possibilidades dessa hegemonia é necessário compreender a fundo a composição cultural e ideológica da própria sociedade, seu acúmulo histórico e, sobretudo, sua conjuntura atual. Muitas ações, esforços e organizações opostos ao sistema carecem dessa compreensão e padecem de antigos preconceitos e dogmatismo – os quais, no entanto, mais de uma vez as ajudaram a se sustentar em situações muito adversas –, agravados pela enorme influência atual do economicismo no campo das ideias, e pelos problemas de luta por níveis de vida ou pela sobrevivência enfrentados pelos setores sociais que foram mais ativos no campo popular.

Sobram razões para não aceitar e para denunciar o velho conceito de burguesia nacional e suas funções reais. Mas, isso não pode nos deixar cegos frente a duas realidades: a) existem contradições de interesses dentro de um capitalismo que é cada vez mais centralizador e excludente, e algumas delas podem passar pela dimensão nacional ou fazer com que a invocação dela seja conveniente para uma parte implicada; b) o nacionalismo é um dos aspectos fortes nos acúmulos culturais em toda a América Latina, e pode ser convocado e mobilizado a partir de posições políticas e ideológicas muito diferentes. Essas certezas têm que fazer parte das análises e das políticas dos que se opõem ao sistema. Em termos de hegemonia, e de luta contra ela, o nacionalismo é um elemento básico neste tema. E a questão é muito complexa porque, na América Latina, a nação e o nacionalismo têm relações profundas com o centro mais abarcador da política revolucionária ao longo de sua história: as lutas de libertação contra as dominações coloniais e neocoloniais do capitalismo central. O Estado nação e sua forma republicana foram concretizações dessas lutas, entendidas como grandes conquistas, e inclusive como uma dimensão central na identidade regional. Colonialismo e anticolonialismo são, portanto, uma parte fundamental na consciência, nas ideias e nas práticas latino-americanas, e isso nos diferencia muito profundamente do pensamento europeu.

Estou fazendo referência a um lugar de extremas tensões dentro de nossas ideias e nossas práticas. O peso da matriz europeia do marxismo clássico tende a fazer com que se priorize a compreensão a partir das classes e da luta de classes em detrimento da dimensão nacional, que naquele continente é identificada com a ascensão da burguesia, e tem uma longa história de usos hegemônicos burgueses. Mas, ao mesmo tempo, o marxista latino-americano tem toda a razão quando acredita que não haverá nunca uma revolução contra o sistema enquanto permanecermos sujeitos à hegemonia burguesa, e esta, muitas vezes, funciona e tem sido reformulada na dimensão nacional. Portanto, não podemos ser ingênuos, porque assim perderíamos a identidade e o objetivo válido de mobilizar e lutar, nem podemos ser dogmáticos, porque assim perderíamos a oportunidade de mobilizar e lutar. Existe na região uma longa história de recriminações aos que fizeram oposição "de esquerda" a experiências falidas que tiveram a inimizade do imperialismo, embora seja equilibrada pelas duras reprimendas feitas às direções dessas experiências, por terem se negado a realizar as mudanças que teriam lhes dado uma base de confiança e apoio popular real e um sentido para as lutas e os sacrifícios. Hoje, não devemos nos limitar a acrescentar novos capítulos a esse equilíbrio. O imperialismo, por sua vez, se superou muito em matéria de controlar, cooptar ou asfixiar experiências que contenham alternativas a seu domínio. Se o político é o campo decisivo, a disjuntiva não pode ser abster-se ou fazer concessões cúmplices.

Abre-se assim um leque de interrogações que deve ser abordado. Na América Latina e no Caribe, *que fatos e que possibilidades têm – a favor ou contra – a opção de um capitalismo nacional mais ou menos autônomo? Em alguns países é possível e em outros não?* O G-20, o Mercosul, são ou podem chegar a ser veículos de coordenação internacional eficazes? Os nexos e as subordinações da economia em cada país com os centros do capitalismo deixam espaço para que as contradições entre os centros e os setores econômicos locais *contribuam para a formação de posições que estejam de acordo com lutar pela autonomia?* A homogeneização ideológica projetada e controlada em cada país pelo centro imperialista e a guerra cultural em curso dão espaço para a formação de uma classe burguesa nacional com projeto próprio e política própria? Os sistemas políticos reais atuais da região, isto é, democracias eleitorais de dominação com estados de direito deficientes, sem controle cidadão nem contrapesos consideráveis ao poder que exerce, em Estados que em geral perderam seus setores e controles no campo econômico e suas políticas sociais, servem para propósitos que exigiriam uma grande concentração de poder e de consenso, ou deverão ser substituídos por outras formas de governo e de sistemas políticos?

Este campo exige um trabalho duplo e urgente: analisar, debater e oferecer uma compreensão marxista e ajudar a política popular imediata. Como revisar as vertentes teóricas e conceitos como formação econômica e social, dominação, hegemonia, luta de classes, classes, nacionalismo, nação, *burguesia nacional, bloco histórico e outros – usualmente independentes de sua matriz teórica –, e obter novas sínteses que sejam ao mesmo tempo instrumentos úteis? Que bloco político e que bloco social integrados seriam necessários para que seja viável uma opção autônoma? Quais são as tarefas imediatas para os movimentos sociais e as organizações políticas quanto a atuação, conscientização, divulgação e posturas públicas?* Que relações teriam, por um lado, a estratégia e as táticas, a linha, os objetivos e os princípios que se defendem e, por outro, as decisões imediatas, os apoios e as denúncias? Quando acompanhar, marchar junto, e quando enfrentar? E, finalmente, mas não em último lugar, o que fazer, concretamente, diante de governos atuais como os do Brasil e da Argentina?

Em um plano mais geral de formulação destes problemas:

Surgirão na América Latina e no Caribe nacionalismos contrários ao imperialismo, capazes de formar governos e blocos sociais fortes, de ganhar legitimidade pelos seus atos e encontrar força na memória e na cultura de rebeldia, de se expressar por meio de políticas, ações e ideologias nas quais as coletividades participem?

Esses nacionalismos serão capazes de compreender a necessidade de coordenações internacionais anti-imperialistas como uma forma central de serem factíveis, de poder lutar e avançar, e de torná-las realidade?

O que predominaria, se isso acontecesse: os interesses de setores minoritários mas com influência decisiva na economia, nas instituições e na hegemonia sobre a sociedade, ou os interesses da sociedade, por meio das mobilizações e conscientizações populares opostas ao imperialismo e aos sistemas de dominação?

Ou será que hoje em dia só pode avançar uma ou outra opção caso se coordenem, ou inclusive caso se unam?

Mas é possível esse tipo de relação? Ou uma opção deverá governar a outra? (Martínez Heredia, 2004).

Mesmo que eu peça que se leve muito em conta para qualquer questão específica os quatro pontos enumerados na primeira seção, quero reiterar aqui que a grande diversidade presente na região faz com que as generalizações sejam arriscadas: nada poderá substituir a análise das realidades concretas de cada país e cada situação.

Nota final

Tinha o propósito de desenvolver outras quatro seções, cujos temas seriam: 5. Conscientização e organização: duas tarefas básicas; 6. Movimentos e ações contra o sistema. A questão do poder; 7. Demandas e objetivos gerais. Conjunturas, estratégias e projetos; e 8. O internacionalismo no século XXI. Porém, considerando a extensão alcançada pelas quatro primeiras, e a falta de tempo, continuar talvez prejudicasse mais do que ajudasse os objetivos que estamos buscando. Por isso prefiro parar por aqui, confiar que já tenha me referido – em diferentes medidas – a vários dos temas que eu ia tratar nessas últimas seções e, sobretudo, que o caráter do nosso Seminário privilegie os debates que teremos, de modo que minha apresentação será apenas um dos instrumentos para propiciá-los.

Referências Bibliográficas

MARTÍNEZ HEREDIA, F. "Dominación capitalista y proyectos populares en América Latina". *América Libre*, Buenos Aires, n. 1, dez, 1992.

_____. "Anticapitalismo y problemas de la hegemonía", *in*: MARTÍNEZ HEREDIA, F. *En el horno de los noventa*, Buenos Aires: Ediciones Barbarroja, 1999 [1997].

_____. "Manifiestos, ¿comunistas?", *in:* MARTÍNEZ HEREDIA, F. *En el horno de los noventa*, Buenos Aires: Ediciones Barbarroja, 1999 [1998].

_____. "La alternativa cubana", *in:* MARTÍNEZ HEREDIA, F. *Corrimiento hacia el rojo*, Havana: Letras Cubanas, 2001.

_____. "Imperialismo, guerra y resistencia. Acápite 4: Atreverse a luchar", apresentado no III Fórum Social Mundial, Porto Alegre, janeiro. *Temas*, Havana, n. 34-35, p. 109-111, abr-set, 2003.

_____. "Aspectos políticos de la integración latinoamericana". Conferência na mesa de abertura do *Congresso Internacional "Políticas culturais e integração regional"*. Faculdade de Filosofia e Letras, Universidade de Buenos Aires (UBA), 30 de mar, 2004.

SOCIALISMO[1]

1. Socialismo, socialistas

O conceito de *socialismo* foi carregado de significado desde uma ampla gama de orientações ideológicas e políticas, durante mais de um século e meio. Sem dúvida, isso dificulta o trabalho com ele da perspectiva das ciências sociais, mas é preferível partir dessa realidade, quase impossível separar do conceito, a ficar se lamentando com relação a isso. O mais importante é que desde o século XIX e no decorrer do século XX a noção de socialismo auspiciou um amplo campo de demandas e anseios de melhoria social e pessoal, e depois de 1917 chegou a associar-se com as tentativas de transformação social e humana mais ambiciosas e profundas que a humanidade viveu, constituindo ao mesmo tempo a mais grave ameaça que a existência do capitalismo sofreu, em todas as suas variantes, em escala mundial.

O socialismo também está vinculado à questão crucial desta época: a multiplicação acelerada de avanços técnicos e científicos em vários campos, e das necessidades associadas a eles; do conhecimen-

---

[1] Escrito em 2005, a pedido de Pablo González Casanova e publicado em: *Autocriticas, un dialogo al interior de la tradición socialista*. La Habana: Editorial de Ciencias Sociales/ Ruth Casa Editorial. Cuadernos de Pensamiento critico, n. 1.

to cada vez mais profundo dos seres humanos; e do desenvolvimento das subjetividades e das relações interpessoais, quer dizer, o rápido crescimento das potencialidades e as expectativas da humanidade desembocará em uma agudização da dominação mais completa e impiedosa sobre as pessoas e a maioria dos países, e da pauperização da grande parte de sua população, além de um deterioramento irremediável do meio em que vivemos? Ou será o prólogo de movimentos e ideias que consigam transformar o mundo e a vida para colocar esses avanços imensos a serviço das maiorias e da criação de uma ordem social e humana em que primem a justiça, a liberdade, a satisfação de necessidades e desejos e a convivência solidária?

Socialismo e socialista são denominações utilizadas por partidos e movimentos políticos muito diferentes entre si, além de Estados, correntes ideológicas e estruturas de pensamento, para definir-se a si mesmos ou para adjetivar outros. As posições que se autodenominam socialistas podem considerar o capitalismo sua antinomia e trabalhar para sua eliminação, ou limitar-se a ser um adversário legal dele e tentar mudá-lo de maneira evolutiva, ou ser apenas uma consciência crítica da ordem social vigente. Por outro lado, a tônica predominante ao tratar o conceito nos meios de comunicação de massa, na literatura de difusão – incluindo as enciclopédias – e em grande parte das obras especializadas tem sido uma sistemática desvalorização intelectual do socialismo, simplificações, distorções e acusações morais e políticas de todo tipo. Poucos conceitos enfrentam tanta hostilidade, que aqui registro somente como um dado a se levar em conta.

As relações entre os conceitos de socialismo e comunismo – às quais me referirei mais adiante – não pertencem apenas ao campo teórico e às experiências práticas socialistas; o quadro de hostilidade mencionado tem levado muitas vezes a preferir-se o uso exclusivo da palavra socialismo, para evitar as consequências de falta de comunicação ou mal-entendidos que surgem sempre que se utiliza também a palavra comunismo. Essa desvantagem foi agravada durante uma grande parte do século XX pela conotação que "comunismo" ganhou ao ser identificado com a tendência mais forte que houve entre as experiências, organizações e ideias socialistas, quer dizer, aquela composta pela União Soviética, o chamado movimento comunista internacional e a corrente marxista que chamaram de marxismo-leninismo.

Não pretendo criticar, ou sequer comentar, as tão diversas definições e aproximações que o conceito de socialismo registra, nem o mar de bibliografia com que o tema conta. Apenas tentar essa tarefa erudita ocuparia todo o espaço deste ensaio, e não seria apropriado. Só por exceção coloco algumas notas de rodapé, para que estas não estorvem o ar do texto e sua intenção. A meu ver, devo expor aqui de maneira positiva o que entendo ser básico no conceito de socialismo, os problemas que enfrenta e a utilidade que pode oferecer para o trabalho intelectual, tanto de minha perspectiva, quanto daquela de nosso tempo e do mundo em que vivemos.

Duas observações prévias que são questões de método. Uma, todo conceito social deve ser definido também em relação com sua história como conceito. Em alguns casos pode parecer mais óbvio ou proveitoso fazê-lo e em outros mais dispensável, porém entendo que em todos os casos é necessário. A outra, nos conceitos que se referem a movimentos que existem e disputam nos domínios públicos da atividade humana, é necessário distinguir entre os enunciados teóricos e as experiências práticas. Levarei em conta ambos os requerimentos neste texto.

2. História e conceito, práticas e conceito

O socialismo está ligado ao estabelecimento de sociedades modernas capitalistas na Europa e no mundo, se prescindimos de uma vasta história que se remonta às mais antigas sociedades com sistema de dominação. Esta inclui rebeliões dos de baixo contra as opressões, pela justiça social, a igualdade pessoal ou a vida em comunidade, atividades de reformadores que tiveram mais ou menos poder, e também crenças e ideias que foram formuladas como destinos ou profecias, e construções intelectuais de pensadores, baseadas na igualdade das pessoas em uma ordem social coletivista, usualmente atribuídas a uma idade passada ou a uma era futura *sine dia*. Na Europa da primeira metade do século XIX, chamavam-se de socialismo diferentes teorias e movimentos que postulavam ou buscavam sobretudo a igualdade, uma justiça social e um governo do povo, e iam contra o individualismo, a concorrência e o afã pelo lucro nascidos da propriedade privada capitalista, e contra os regimes políticos. Prefiguravam sociedades mais ou menos perfeitas ou favoreciam a ideia de que predominassem os livres produtores.

Em geral, esses socialismos deviam muito da sua linguagem e do seu mundo ideal aos radicalismos desenvolvidos durante e como consequência das revoluções burguesas, especialmente a francesa, porém encontraram base social entre os contingentes crescentes de trabalhadores industriais e suas constelações sociais. Uma parte desses trabalhadores costumava lutar por algumas reformas que os favorecessem e potencializavam suas identidades por meio de movimentos sociais; em certas conjunturas encontravam espaço ou recebiam apoio de organismos políticos. Porém surgiram também outros ativistas e pensadores que aspiravam a muito mais: mudanças radicais que implantassem a justiça social, ou que levasse a liberdade pessoal muito mais longe do que seus horizontes burgueses. Socialistas, comunistas e anarquistas pensaram e atuaram em alguma medida durante as grandes convulsões europeias conhecidas genericamente como a Revolução de 1848.

Na Europa, na segunda metade do século XIX, se desenvolveu a maior parte das ideias centrais do socialismo, e ocorreram algumas experiências muito radicais, mas sobretudo se impôs a adequação da maioria dos movimentos socialistas à hegemonia da burguesia.

O triunfo do novo tipo de desenvolvimento econômico capitalista, ligado à generalização do mercado, do dinheiro, da grande indústria e dos bancos, das novas relações de produção, distribuição e consumo, do mercado mundial e do colonialismo, junto com a queda do antigo regime e as novas instituições e ideias políticas e ideológicas criadas a partir das revoluções burguesas e as reformas do século XIX, tinham transformado profundamente as sociedades em uma grande parte do continente. Mas então foi possível entender também essas profundas mudanças como os processos de criação de condições imprescindíveis para que a humanidade contasse com meios materiais e capacidades suficientes para abolir com êxito a exploração do trabalho e a propriedade privada burguesa, as opressões sociais e políticas, o próprio poder do Estado e a alienação dos indivíduos.

Essa concepção estava ligada à convicção ou à confiança na atuação decisiva que teria um novo sujeito histórico. O próprio processo de auge do capitalismo na Europa estava criando uma nova classe – o proletariado –, capaz de levar a cabo um novo trabalho revolucionário e destinado a isso pela sua própria natureza; seu trabalho, assim como o da burguesia, teria alcance mundial, mas com um conteúdo oposto, libertador de todas as opressões e de todos os oprimidos. O nacionalismo, política e ideal triunfante em grande parte do continente e que parecia próximo a se generalizar, seria superado pela ação do proletariado pan-europeu, que conduziria finalmente o resto do mundo a uma nova ordem na qual não haveria fronteiras. As ideologias burguesas do progresso e da civilização podiam ser aceitas pelos proletários porque eles as usariam contra o domínio burguês: o socialismo seria a realização da racionalidade moderna. Mais ainda, o auge e o império da ciência, com seu positivismo e seu evolucionismo vitoriosos, podiam fornecer a chave da evolução social, se se tornasse ciência a partir da classe proletária.

Uma concepção abriu espaço entre as ideias anticapitalistas, em franca polêmica com o anarquismo em torno dos problemas da ação política e do Estado futuro, mesmo que coincidindo com ele quanto à oposição radical ao sistema capitalista e à abolição da propriedade privada. Esta foi a concepção de Karl Marx (1818-1883), que em sua vida outros começaram a chamar de marxismo. Ela foi a principal adversária do capitalismo desde então até hoje, como corpo teórico e como ideologia; além disso, inumeráveis movimentos políticos e sociais anticapitalistas e de libertação em todo o mundo se proclamaram marxistas, e praticamente todas as experiências socialistas também o fizeram. A produção intelectual, sua história de mais de um século e meio e as diferentes tendências do marxismo estão profundamente vinculadas a qualquer abordagem que se faça do conceito de socialismo. Não me é possível sintetizar esse conjunto, portanto me limito a apresentar um sucinto repertório do marxismo originário, tão abreviado que não leva em conta a evolução das ideias do próprio Marx. Mais adiante acrescentarei alguns comentários muito parciais.

Karl Marx tentou desenvolver sua posição teórica através de um plano extremamente ambicioso, que só em parte pôde realizar; mas, além disso, é errôneo crer que ele elaborou um sistema filosófico acabado, como tinha sido comum no meio intelectual em que ele se formou inicialmente. Marx foi um pensador social, o que acontece é que ele colocou as bases e construiu em boa medida um novo paradigma de ciência social, em minha opinião o mais idôneo, útil e de maiores potencialidades entre os existentes até hoje. Também entendo que existe ambiguidade em certos pontos importantes de sua obra teórica, e além disso ela padece de ausências e contém alguns erros, exageros e tópicos que hoje são insustentáveis. Apesar de sua novidade radical, a concepção de Marx não podia estar alheia às influências do ambiente intelectual de sua época, mesmo que tenha sido capaz de manter sua identidade diante dele e de contradizê-lo. Não se pode dizer o mesmo de seus seguidores, o que teve consequências muito negativas. Em geral, a posição revolucionária de Marx era por demais chocante, e o conjunto formado pela qualidade de conteúdo e o caráter subversivo de sua teoria, sua intransigência política e seu ideal comunista provocou simplificações, rechaços, distorções e exclusões. Aponto as características de seu pensamento que considero básicas:

1) o tipo capitalista de sociedade foi seu objeto de estudo principal, e à sua luz é que ele fez postulações sobre outras realidades ou elaborou perguntas sobre delas. Tanto pelo seu método quanto por meio da pesquisa da especificidade do capitalismo, Marx produziu um pensamento não evolucionista, quando essa corrente estava triunfando em todas as frentes. Para ele, o social não é um corolário do natural;

2) enfrentou resolutamente o positivismo, que em seu tempo estava se transformando na direção principal do pensamento social, e propôs uma concepção alternativa;

3) superou criticamente os pontos de partida dos sistemas filosóficos chamados materialistas e idealistas, e a especulação filosófica em geral, colocando-se em um terreno teórico novo;

4) produziu uma teoria do modo de produção capitalista, capaz de servir como modelo para estudar as sociedades "modernas" como sistemas de relações sociais de exploração e de dominação entre grandes grupos humanos. Essa teoria permite investigar as características e os instrumentos da reprodução do sistema de dominação, as contradições internas principais dessas sociedades, seu processo histórico de origem, desenvolvimento e apogeu, e suas tendências previsíveis;

5) para Marx, a dinâmica social fundamental vem da luta de classes moderna. Mediante ela, se constituem totalmente as classes sociais, se desenvolvem seus conflitos e tendem a se resolver mediante mudanças revolucionárias. As lutas de classes não "emanam" de uma "estrutura de classe" deter-

minada à qual as classes "pertencem". A teoria das lutas de classes é o núcleo central da sua concepção;

6) a história é uma dimensão necessária para sua teoria, considerando seu método e suas perguntas fundamentais. Como funcionam, por que e como mudam as sociedades, pergunta-se Marx. Sua concepção da historicidade e do movimento histórico das sociedades trata de conjugar os modos de produção e as lutas de classes, mas os seus estudos do capitalismo são a base das suas afirmações, hipóteses e sugestões sobre outras sociedades não europeias ou anteriores ao desenvolvimento do capitalismo, das perguntas que se faz sobre elas, e as interrogações que formula a respeito da ampliação de sua teoria a outros âmbitos históricos;

7) sua concepção unitária das ciências sociais, e sua maneira de relacionar a ciência com a consciência social, a dominação de classe e a dinâmica histórica entre elas, inauguraram uma posição teórica que é muito diferente da especialização, das perspectivas e do cânone de "objetividade" das disciplinas e profissões que se estavam constituindo na época, como a Economia, a História e a Sociologia. Esse é um dos sentidos principais da palavra "crítica", tão usual nos títulos de suas obras. Marx colocou as bases da sociologia do conhecimento social;

8) Marx é alheio à crença de que a consequência feliz da evolução progressiva da humanidade seja a passagem inevitável do capitalismo ao socialismo. Este esclarecimento é muito necessário, por dois tipos de razões: a) como ideologia da libertação, a proposta de Marx era mais do que tudo uma profecia, diante do imenso poder burguês e da incipiência do seu movimento. Para se reafirmar e avançar, os marxistas começaram a se atribuir o respaldo da história, da ciência e da própria ideologia burguesa do progresso: eles eram a

promessa de que o futuro seria do socialismo; b) na época de Marx, a atividade científica estava muito ligada ao determinismo. Numerosas passagens suas sugerem que o modo de produção capitalista contém características e tendências que o levariam à própria destruição, porém isso se deve a questões de método em sua pesquisa e de exposições parciais de sua concepção. A própria expressão "socialismo científico" reúne ideologia e ciência, que se reforçam mutuamente. Porém, Marx sempre postulou muito claramente que a derrocada do capitalismo só aconteceria mediante a revolução proletária, ou revoluções proletárias que conquistem o poder político em escala mundial e estabeleçam a ditadura revolucionária da classe proletária;[2]

9) segundo Marx, só através de um prolongado período histórico de transformações revolucionárias muito profundas – do qual ele apenas esboçou algumas características – se avançará da abolição da exploração do trabalho e da apropriação burguesas para a abolição do tempo de trabalho como medida da economia, a extinção dos sistemas de dominação e a formação de uma sociedade comunista de produtores livres associados, novas formas de apropriação, novas pessoas e uma nova cultura. O poder público perderá seu caráter político, e junto com o antagonismo e a dominação de classe serão extintas as classes: "surge uma associação em que o livre desenvolvimento de

---

[2] "[...] a revolução não é só necessária porque a classe dominante de nenhum outro modo pode ser derrubada, mas também porque a classe que a derruba só numa revolução consegue sacudir dos ombros toda a velha porcaria [*Dreck*] e tornar-se capaz de uma nova fundação da sociedade" (Marx e Engels: La *ideología alemana*, Edición Revolucionária, La Habana, 1966, p. 78. [Citado conforme a edição brasileira: Marx, K.; Engels, F. *A ideologia alemã*. São Paulo: Expressão Popular, 2009, p. 57].

cada um é o pressuposto para o livre desenvolvimento de todos".[3]

O ápice dos movimentos anticapitalistas do século XIX foi a Comuna de Paris, em 1871, primeira experiência de um poder proletário. Mesmo que efêmera e aniquilada a sangue e fogo, a Comuna deixou um legado extremamente valioso: seus próprios feitos e os ensinamentos que trouxeram, uma identidade rebelde que no fim teve materializações próprias, insurreição heroica com democracia participativa, e a Internacional, uma canção que alcançou significado de símbolo em escala mundial. Até pouco antes, as repressões e a negação de cidadania plena ao povo tinham sido armas comuns dos príncipes e dos políticos liberais europeus, enquanto que a autonomia local, a democracia, a soberania popular e as questões de gênero eram bandeiras dos socialistas. Mas, em 1871 já estavam em marcha reformas que levaram à construção de um novo sistema nos Estados nacionais, com direito geral ao voto dos homens, constituições, Estado de direito, parlamentos e predomínio da instância nacional, uma nova ordem que cedeu em matéria de cidadania e representação, e em direitos de organização social e política, em uma Europa que desenvolvia o imperialismo e renovava o colonialismo.

Os movimentos socialistas encontraram um lugar nesse sistema; o socialismo colaborou, assim, na elaboração da hegemonia burguesa, reduzindo-se progressivamente de oposição a possibilidades dentro do capitalismo. Partidos de trabalhadores e federações sindicais que se declaravam socialistas e marxistas alcançaram êxitos notáveis dentro da legalidade que se abriu já nos anos 1970, deram mais impulso a seus interesses corporativos e às lutas por democracia em seus países, e se associaram em uma Segunda Internacional. Porém,

---

[3] Marx y Engels: *Manifiesto Comunista*, palavras finais do capítulo II. [Citado conforme a edição brasileira: Marx, K; Engels, F. *Manifesto do partido comunista*. São Paulo: Expressão Popular, 2008, p. 44-45].

se afastaram definitivamente dos ideais e da estratégia revolucionária e assumiram o reformismo como guia geral de sua atuação. Estavam divididos entre os ritos de sua origem e sua adequação ao domínio burguês, que chegou a fazê-los cúmplices do colonialismo em nome da civilização e da missão mundial do homem branco. Seu pensamento também se dividiu entre uma "ortodoxia" e um "revisionismo" marxistas, que apesar de sustentar controvérsias constituíam as duas caras de uma mesma moeda.

As pessoas comuns que se sentiam socialistas viviam o ativismo sindical ou a participação política como formas de obter melhorias na qualidade de vida, superação pessoal e satisfações em seu pertencimento a um ideal organizado; ou admiravam o socialismo como ideal dos trabalhadores e dos pobres, incentivo para adquirir educação e crença que assegurava que o progresso levaria a um mundo futuro sem capitalismo.

3. Socialismo e revoluções anticapitalistas de libertação

A *"belle époque"* do imperialismo desembocou na horrível guerra mundial de 1914-1918. Mas em 1917 a abalada Rússia tsarista entrou em revolução. O Partido Operário Socialdemocrata Russo (bolchevique) – dirigido por Vladimir I. Lenin e contrário à posição da Segunda Internacional – que tinha passado a se chamar Partido Comunista desde abril, conseguiu tomar o poder e converter aquele processo em uma revolução anticapitalista. O bolchevismo desenvolveu um gigantesco trabalho prático e teórico que transformou ou criou numerosas instituições e relações sociais a favor dos povos da Rússia Soviética-URSS, e multiplicou as capacidades humanas e políticas de milhões de pessoas.

Esse evento histórico afetou profundamente o conceito de socialismo. As ideias sobre a mudança social e o socialismo foram postas à prova, tanto as anteriores quanto as novas que surgiram naquela experiência. Em vez da crença na evolução natural que levaria do capitalismo ao socialismo, e dos debates anteriores sobre a "derrubada" pela força do capitalismo em consequência de suas próprias contradições, o bolchevismo colocou em discussão a natureza do poder operário, a atualidade da revolução, os problemas da organização estatal e partidária, a política econômica, a nova educação e os novos valores, a criação de formas socialistas de vida cotidiana, as características e os problemas fundamentais da transição socialista, as perspectivas do socialismo. O objeto da teoria marxista se ampliou. O campo conceitual e político do socialismo foi submetido a uma alternativa, entre a revolução e o reformismo, entre o comunismo e o reformismo social-democrata; a separação entre ambas as posições foi categórica e cada uma tendeu a negar a outra.

O impacto e a influência da revolução bolchevique em escala europeia e mundial foram imensos. A existência e as conquistas da URSS davam crédito à possibilidade de alcançar o socialismo em outros países, elevaram muito o prestígio e a divulgação das ideias socialistas e permitiram que as ideias internacionalistas fossem postas em prática. Depois de 1919, a criação e o desenvolvimento da Internacional Comunista e sua rede de organizações sociais foi o veículo para formar um movimento comunista que atuou em numerosos lugares do mundo. Pretendeu-se que uma só forma organizativa e um mesmo corpo ideológico-teórico fossem compartilhados pelos revolucionários anticapitalistas de todo o globo, e que a linha da Internacional se tornasse determinante nas políticas e nos projetos de mudança em todos os lugares. Os partidos comunistas que foram sendo criados em dezenas de países deviam ser os agentes principais desse trabalho. Em escala muito diversa e adequada às mais diversas situações, a influência do socialismo soviético esteve presente nas experiências de criação de sociedades socialistas ao longo do século XX.

O conceito de socialismo do marxismo originário sofreu adaptações a práticas que estiveram mais ou menos distantes de seus postulados teóricos, por duas razões principais:

a) para Marx, a revolução anticapitalista e o novo regime previsto deviam ser vitoriosos em escala mundial, quer dizer, na escala alcançada pelo capitalismo. Como isso não ocorreu, ambos os tipos de sociedade acabaram como poderes que se enfrentavam em uma inimizade mortal. Porém, no interior dos regimes de transição socialista estiveram presentes cada vez mais instrumentos, relações, formas de reprodução da vida social e de dominação do capitalismo; e

b) o predomínio de interesses parciais e a apropriação do poder por certos grupos nessas sociedades em transição, com a subsequente expropriação dos meios revolucionários, da participação democrática e da liberdade necessárias para a formação de pessoas e relações socialistas.

O processo da transição socialista devia ser diferente e oposto ao capitalismo – e não somente oposto a ele –, e, sobretudo, devia ser um conjunto e uma sucessão de criações culturais superiores, obra de contingentes cada vez mais numerosos, mais conscientes e mais capazes de dirigir os processos sociais. Em vez disso ocorreu uma história de deformações, detenções, retrocessos e inclusive abusos. Durante esse processo, o socialismo foi referido como necessidades e interesses do poder na URSS – "o socialismo em um único país" –, convertido em sinônimo de metas civilizatórias ou demagógicas – "construção do socialismo", "regime social superior" –, referido como uma competição entre superpotências – "alcançar e superar" – e inclusive chegou a ser um apelativo de consolo: "o socialismo real". Em 1965, Ernesto Che Guevara escreveu um texto clássico sobre o socialismo: "[...] o escolasticismo que freou o desenvolvimento da filosofia marxista e impediu o tratamento sistemático do período".[4] A grande expe-

---

[4] "O socialismo e o homem em Cuba". *In*: Ernesto Che Guevara. *Obras* 1957-1967. Casa de las Américas. La Habana, 1970, t. II, p. 377. [Citado conforme a edição Brasileira: Guevara, E. O socialismo e o homem em Cuba. *In:* Sader, Eder (org.) *Che Guevara – política*. São Paulo: Expressão Popular, 2011, p. 259].

riência da URSS e de outros países da Europa degenerou em um bloco de poder que asfixiava suas próprias sociedades e participava da geopolítica de uma época. Depois de sofrer processos de corrosão paulatina, finalmente aquele socialismo das forças produtivas e da dominação de grupos foi vencido pelas forças produtivas e pela cultura do capitalismo. A queda desses regimes, tão súbita quanto indecorosa, infligiu um dano imenso no prestígio do socialismo em todo o mundo.

Seria um grave erro, no entanto, reduzir a história do conceito e as experiências do socialismo ao âmbito daqueles poderes europeus. Na própria Europa a questão do socialismo registrou numerosas experiências e contribuições intelectuais; algumas dessas – como as de Antonio Gramsci – foram muito importantes para a teoria. Na América Latina e no Caribe, as necessidades e as ideias relacionaram a liberdade e o anticolonialismo com a justiça social, desde os primeiros movimentos autóctones. A questão social foi pensada por radicais durante as façanhas independentistas e nas novas repúblicas; o socialismo, como outras concepções, foi avaliado sobretudo em relação com os objetivos e as posições que se defendiam ou promoviam. O caso de José Martí (1853-1895) é paradigmático. O cubano foi, em minha opinião, o pensador e o político mais subversivo de seu tempo na América, frente ao colonialismo, às classes dominantes do continente e do nascente imperialismo estadunidense. Martí conheceu ideias marxianas e anarquistas e admirou Marx e os lutadores operários dos Estados Unidos, porém fixou sua distância política e ideológica frente a eles. Sua luta e seu projeto eram de libertação nacional, uma guerra revolucionária para conseguir a formação de novas capacidades em um povo colonizado e a criação de uma república democrática em Cuba, a detenção do expansionismo estadunidense no Caribe e o início de um novo ciclo revolucionário que mudasse o sistema então vigente nas repúblicas latino-americanas.

Faz mais de um século que existem na América as ideias socialistas e organizações que as proclamam ou tratam efetivamente de realizá-las. Uma grande corrente foi a que se inscreveu, fundada ou influenciada pela Internacional Comunista e suas sucessoras nesse movimento. Outras foram as de pensadores e organizações, muito diversos entre si, porém identificáveis pela sua inspiração nos problemas, nas identidades e nas situações latino-americanas, que tiveram que ser anti-imperialistas para conseguir ser anticapitalistas e socialistas; entre seus líderes houve pessoas extraordinárias como Augusto César Sandino e Antonio Guiteras.[5] O socialismo segue vivo no pensamento latino-americano atual – que é tão vigoroso –, e em movimentos sociais e políticos cuja capacidade de projeto acompanha sua atividade cotidiana.

A história do conceito de socialismo na Ásia e na África esteve ligada à realização das revoluções de libertação nacional e social e à emergência e afirmação de Estados independentes. Foram muito valiosas as contribuições da China e do Vietnã, mas também as da Coreia, os lutadores das colônias portuguesas e da Argélia, e outros africanos e asiáticos. Na África, certo número de Estados se definiram como socialistas nas primeiras décadas de sua existência como tais, e também movimentos políticos que desejavam unir a justiça social à busca da libertação nacional.

---

[5] Como exemplo, um fragmento de José Carlos Mariátegui (1894-1930): "O socialismo não é, certamente, uma doutrina indoamericana. Mas nenhuma doutrina, nenhum sistema contemporâneo o é nem pode ser. E o socialismo, ainda que tenha nascido na Europa, como o capitalismo, não é tampouco específico nem particularmente europeu. É um movimento mundial [...] Não queremos, certamente, que o socialismo seja na América nem decalque nem cópia. Deve ser criação heroica. Temos que dar vida, com nossa própria realidade, em nossa própria linguagem, ao socialismo indoamericano. Eis aqui uma missão digna de uma geração nova." Em "Aniversário e balance", *Amauta*, Ano III, n. 17, Lima, setembro de 1928.

4. Experiências e dever-ser, poder e projeto, conceito de transição socialista

A história das experiências de socialismo no século XX tem sido satanizada nos últimos 15 anos e tende a ser esquecida. É vital impedir isso se se quer compreender e utilizar o conceito, porém, sobretudo para examinar melhor as opções que a humanidade tem diante dos graves perigos, misérias e dificuldades que a afligem na atualidade. O balanço crítico das experiências socialistas que existiram e existem é um exercício indispensável para lidar com o conceito de socialismo. Contribuo a esse exame com algumas proposições.

Poderes que aspiravam ao socialismo organizaram e desenvolveram economias diferentes das do capitalismo, baseadas em sua origem em satisfazer as necessidades humanas e a justiça social; os Estados as articularam com políticas sociais muito amplas e com certo grau de planejamento. Povos inteiros se mobilizaram na defesa e na implementação dessas sociedades, o que aumentou suas capacidades, a qualidade de vida e a condição humana. Essas experiências e as lutas de libertação e anticapitalistas envolveram centenas de milhões de pessoas; elas, e a acumulação cultural que produziram, constituem o evento social mais transcendente do século XX. Porém, apesar de suas enormes conquistas, os poderes socialistas acumularam descalabros e graves falhas no que toca a elaborar um tipo próprio de democracia e enfrentar os problemas de seu próprio tipo de dominação, não deram cada vez mais espaço e poder à sociedade e, em síntese, se mostraram incapazes de criar as bases de uma nova cultura, de libertação humana e social. A vitória do capitalismo frente a esse socialismo foi reabsorvê-lo a médio ou longo prazo, o que faz parte de sua extraordinária qualidade de absorver os movimentos e as ideias de rebeldia dentro de sua corrente principal. Apesar de ser essa a linha geral, Cuba, um pequeno país do Ocidente, conseguiu manter seu tipo de transição socialista durante quase meio século.

Quando se fala de socialismo aparece a necessidade de distinguir entre as propostas e o dever-ser do socialismo, por uma parte, e as formas concretas em que existiu e existe em países e regiões, a partir das lutas de libertação e as mudanças profundas nas sociedades que as transições socialistas empreenderam. As ideias, a prefiguração, os ideais, a profecia, o projeto, constituem o fundamento, a alma e a razão de ser do socialismo, e contemplam as metas que inspiram seus seguidores. As experiências são, no entanto, a própria matéria da luta e a esperança; mediante elas avança ou não o socialismo; e ele pode ser medido por elas.

Essa distinção é básica, porém, não é a única importante quando se reflete sobre o socialismo. Quando se aborda uma experiência socialista, se encontram dois problemas. Um é interno ao país em questão: como são as relações entre o poder que existe e o projeto enunciado; e o outro é externo: se refere às relações entre aquele país em transição socialista e o resto do mundo. Na realidade ambos os problemas estão muito relacionados: as práticas que se têm em relação a cada um deles afetam o outro, e em alguma medida o condicionam.

As questões colocadas pelas experiências socialistas não existem separadas, nem em estado "puro". É preciso enfrentá-las todas de uma vez, ou estão mescladas ou combinadas, ajudando-se, atrapalhando-se ou confrontando-se, exigindo esforços ou sugerindo omissões e preposições que podem ser fatais. Suas realidades próprias e certo número de situações e eventos alheios condicionam cada processo. Enumero algumas questões centrais. Cada transição socialista deve conseguir mudanças "civilizatórias" na escala de sua população, não de uma parte dela, e debater-se entre esse dever e o complexo formado pelos recursos com que conta; mas ao mesmo tempo se debaterá com a exigência de mudanças de libertação que deve ir conquistando, ou todo o processo se desnaturalizaria. As correlações entre os graus de liberdade que tem e as necessidades que o obrigam são cruciais, porque a criação do socialismo depende basicamente da elaboração da atividade qualificada que seja superior às necessidades e constrições. Como combinar mudanças e permanências, relações sociais e ideologias que vêm do capitalismo – e que são muito capazes de refazer ou gerar capitalismo – com outras que estão destinadas a formar pessoas diferentes, novas, e a produzir uma sociedade e uma cultura novas. Como aproveitar, estimular ou modificar as motivações e atitudes dos indivíduos – que são os que podem tornar o socialismo realidade –, quando o poder socialista é tão abarcador na economia, na política, na formação e na reprodução ideológica e na vida cotidiana das pessoas, e tende a se tornar permanente. Como fazer com que prevaleça o projeto sobre o poder, quando este soma aos assuntos referidos a defesa do país diante do imperialismo e os inimigos internos. Fazer que prevaleça o internacionalismo acima da razão de Estado. E existem muitos mais dilemas e problemas.

É necessário que o pensamento se ocupe dos problemas centrais, como os citados e outros, porque ele deve cumprir uma função crucial na realização prática do socialismo. Não existe retórica nesta afirmação, é que *em todo o período da transição socialista o fator subjetivo deve ser determinante*, e para tal deve se desenvolver e deve ser muito criativo. Algumas questões teóricas mais gerais, ligadas aos problemas que citei acima, são de utilidade permanente no trabalho com esse conceito. Também possuem esse valor proposições estratégicas do marxismo originário, como a da necessidade da revolução em escala mundial – diante do âmbito nacional de cada experiência socialista e de um capitalismo que tem sido cada vez mais profundamente globalizado –, ou o problema de decidir o que é fundamental desenvolver nas sociedades que empreendem o caminho de criação do socialismo.

Passo a expor meu conceito de *transição socialista*, que tenta precisar e tornar mais útil para o trabalho intelectual o conceito de socialismo.[6] A transição socialista é o período que consiste em mudanças profundas e sucessivas das relações e instituições sociais, e dos seres humanos, que vão se alterando mutuamente enquanto vão se tornando donos das relações sociais. É muito prolongada no tempo e acontece em escala de formações sociais nacionais. É antes de tudo um poder político e ideológico, para realizar o projeto revolucionário de elevar a sociedade toda e a cada um de seus membros acima das condições existentes, e não para se adequar a elas. O socialismo não surge da evolução progressiva do capitalismo; este foi criador de premissas econômicas, de individualização, ideais, sistemas políticos e ideológicos democráticos que permitiram postular o comunismo e o socialismo. Mas de sua evolução só surge mais capitalismo. O socialismo é uma opção e existirá a partir da vontade e da ação capazes de criar novas realidades. É o exercício de comportamentos públicos e não públicos de massas organizadas que tomam o caminho de sua libertação total.

A prática revolucionária dos indivíduos das classes exploradas e dominadas, agora no poder, e de suas organizações, deve ser idônea para transformar profundamente as funções e resultados sociais que até aqui a atividade humana teve na história. Nesse processo deve predominar a tendência de que cada vez mais pessoas conheçam e dirijam efetivamente os processos sociais, e seja real e eficaz a participação política da população. Sem essas condições o processo perderia sua natureza e seria impossível culminar em socialismo e comunismo.

---

[6] Seleciono aqui elementos que me parecem principais, porém forçosamente são parciais em relação a uma argumentação que venho elaborando há três décadas. Se é preciso escolher uma referência, sugiro ver F. Martínez Heredia: "Transición socialista y cultura: problemas actuales", em *Casa de las Américas*, n. 178, Havana, janeiro/fevereiro de 1990 (reproduzido em: *En el horno de los noventa*, Ediciones Barbarroja, Buenos Aires, 1999, p. 182-194; *En el horno de los noventa. Edición 2005*, Ciencias Sociales, Havana, 2005, p. 247-262; e *Socialismo, liberación y democracia*, Ocean Sur/Ocean Press, Melbourne, 2006, p. 227-242).

A transição socialista é um processo de violações sucessivas das condições da economia, da política, da ideologia, o mais radical possível à ação consciente e organizada, se ela é capaz de se tornar cada vez mais massiva e profunda. Não se trata de uma utopia para amanhã mesmo, mas de uma longuíssima transição. Seu objetivo final deve servir de guia e de juiz da procedência de cada tática e cada política, uma vez que estas são as que especificam, concretizam, sujeitam a maneiras e etapas as situações que afetam e movem os indivíduos, as instituições e suas relações. Portanto, não basta ter eficiência ou utilidade para ser procedente: é obrigatório sujeitar-se a princípios e a uma nova ética, socialista. Suas etapas se identificam pelo grau e pela profundidade com que se enfrentam as contradições centrais do novo regime, que são as existentes entre os vínculos de solidariedade e o novo modo de produção e de vida, por um lado, e, por outro, as relações de enfrentamento, de mercado e de domínio.

A transição socialista deve partir rumo ao comunismo desde o primeiro dia, mesmo que seus atores consumam suas vidas apenas em suas primeiras etapas. Beneficia-se de um grande avanço internacional: a consciência e as ações que seus protagonistas consideram possíveis são superiores às que poderia gerar a reprodução da vida social na escala do desenvolvimento existente em seus países. É um erro grave esperar que o suposto "desenvolvimento de uma base técnico-material", em um grau inquantificável, permita "construir" o socialismo e, portanto, crer que o socialismo possa ser uma locomotiva econômica que carregue atrás de si os vagões da sociedade. O socialismo é uma mudança cultural.

Nascida de uma parte da população que é mais consciente, e exercitada por meio de um poder muito forte e centralizador no material e no ideal, a transição socialista começa substituindo a luta viva das classes por um poder que se exerce sobre inumeráveis aspectos da sociedade e da vida, em nome do povo. Portanto, sua factibilidade e seu êxito exigem complexas multiplicações da participação e do poder do povo, que serão muito diferentes e superiores às conquistas prévias em matéria de democracia. Desatar uma e outra vez as forças reais e potenciais das maiorias é a função mais alta das vanguardas sociais, que vão preparando assim sua desaparição como tais. O predomínio do projeto sobre o poder é a bússola desse processo de criações, que deve ser capaz de revolucionar sucessivamente suas próprias relações e invenções, ao mesmo tempo que torna permanentes as mudanças e as vai convertendo em hábitos. Todo o processo depende de tornar massivas a consciência, a organização, o poder e a geração de mudanças: o socialismo não pode ser criado espontaneamente, nem pode ser doado.

O conceito de transição socialista se refere mais ao movimento histórico, enquanto o de socialismo é mais "fixo"; entendo que isso lhe propicia indubitáveis vantagens para a análise teórica e para o acompanhamento das experiências. Além disso, o âmbito da transição socialista abarca todo o período entre o capitalismo e o comunismo, pelo que facilita a recuperação deste último conceito. Socialismo é certamente uma noção mais inclusiva que comunismo, o que tem facilitado que se possa pensar em um leque muito amplo de situações e possibilidades não capitalistas. Porém, como seu sentido verdadeiro é a criação de uma sociedade cuja base e realização são opostos e diferentes do capitalismo, o socialismo necessita da noção de comunismo, por duas razões. Uma, a dimensão mais transcendente, o objetivo – a utopia, inclusive – das ideias e dos movimentos socialistas é o comunismo, uma proposta que não está atada à conjuntura, à tática, à estratégia de cada caso e momento, mas serve para discernir atitudes e fixar o rumo. A segunda, a referência comunista é útil para a recuperação da memória histórica de mais de um século e meio de ideias, sentimentos e ações revolucionárias, e também o é para pensar a partir de outro ponto de partida ético e epistemológico os grandes temas da transição socialista.

5. Duas concepções de socialismo

Entre tantos problemas que o conceito de socialismo carrega, selecionei apenas alguns para esta exposição.

A vertente interpretativa do marxismo originário que privilegiou a determinação dos processos sociais pela dimensão econômica foi a mais influente ao longo das experiências socialistas do século XX. Entre seus corolários teóricos, foram centrais os da "correspondência obrigatória entre as forças produtivas e as relações de produção", a quantificação "técnico-material" das bases da "construção do socialismo" e a suposta lei de "satisfação crescente das necessidades". A chamada Economia Política do socialismo chegou a codificar em um verdadeiro catecismo esses e outros preceitos de maior ou menor generalidade. Mas o tema do desenvolvimento, que floresceu e teve um grande auge no terceiro quarto do século XX, reelaborou a questão ao pensar a relação entre socialismo e desenvolvimento a partir da situação e dos problemas dos países que se libertaram no chamado terceiro mundo.

Entre polêmicas e contribuições, se avançou no conhecimento do formidável obstáculo ao desenvolvimento constituído pelo sistema imperialista mundial, o neocolonialismo e o chamado subdesenvolvimento. Quanto à relação desenvolvimento-socialismo, a concepção que aplicava os princípios citados entendeu que o primeiro devia preceder o segundo, quer dizer, que o desenvolvimento da "base econômica" seria a base do socialismo. Fidel Castro e Che Guevara estiveram entre os opostos a essas ideias, a partir da experiência cubana e como parte de uma concepção da revolução socialista que articulava a luta em cada país, a especificidade do terceiro mundo e o caráter mundial e internacionalista do processo.[7] Guevara elaborou uma análise crítica do socialismo da URSS e

---

[7] "Marx concebeu o socialismo como resultado do desenvolvimento. Hoje, para o mundo subdesenvolvido, o socialismo já é inclusive condição de desenvolvi-

seu campo, e de sua produção teórica, como parte de uma posição teórica socialista baseada em uma filosofia marxista da práxis, e em experiências em curso.[8] Houve duas maneiras diferentes de entender o socialismo no mundo do século XX. Elas estiveram muito relacionadas entre si, frequentemente afirmaram ter a mesma origem teórica e não foram excludentes. Exponho, entretanto, as características principais que permitem afirmar que se trata de duas entidades distintas.

A primeira é um socialismo que pretende mudar totalmente o sistema de relações econômicas, mediante a racionalização dos processos de produção e de trabalho, a eliminação do lucro, o crescimento sustentável das riquezas e a satisfação crescente das necessidades da população. Se propõe a eliminar o caráter contraditório do progresso, cumprir o sentido da história, consumar a obra da civilização e o ideal da modernidade. Seu material cultural prévio foram três séculos de pensamento avançado europeu, que oferece-

---

mento. Porque se não se aplica o método socialista – colocar todos os recursos naturais e humanos do país a serviço do país, encaminhar esses recursos na direção necessária para alcançar os objetivos sociais que se perseguem –, se não se faz isso nenhum país sairá do subdesenvolvimento." Fidel Castro aos 244 graduados do Instituto de Economia da Universidade de Havana, 20/12/1969. Em *Pensamiento Crítico*, n. 36, Havana, janeiro de 1970, p. 133-184.

"Não pode existir o socialismo se não se operar na consciência uma mudança que seja capaz de provocar uma nova atitude fraternal pela humanidade, tanto enquanto caráter individual, que se propõem a construir o socialismo, como de caráter mundial com relação a todos os povos que sofrem da opressão imperialista. [...] O desenvolvimento dos países subdesenvolvidos deve custar aos países socialistas. Concordo, mas também deve colocar em tensão as forças dos países subdesenvolvidos e tomar firmemente o caminho da construção de uma nova sociedade." Ernesto Che Guevara: Discurso no Seminário Econômico de Solidariedade Afro-Aasiática, Argel, 24/2/1965. Em *op. cit.*, t. II, p. 572-583.

8   Nos últimos anos foram publicados mais textos do Che. Chamo atenção para uma obra recente de grande valor, Ernesto Che Guevara: *Apuntes críticos a la Economía Política*, Ciencias Sociales / Ocean Press / Centro de Estudios Che Guevara, Havana, 2006.

ram os conceitos, as ideias sobre as instituições guardiãs da liberdade e da equidade, e a fonte de crenças cívicas do Ocidente. Este socialismo propõe realizar a promessa não cumprida da modernidade, introduzindo a justiça social e a harmonia universal. Para conseguir isso, necessita de um grande desenvolvimento econômico e uma grande libertação dos trabalhadores, até o ponto em que a economia deixe de ser medida pelo tempo de trabalho. Sob esse socialismo a democracia seria colocada em prática em um grau muito superior ao alcançado pelo capitalismo, inclusive pelos seus projetos mais radicais. Liberdades individuais completas, garantidas, instituições intermediárias, contrapesos, controle cidadão, extinção progressiva dos poderes. Em uma palavra, toda a democracia e toda a proposta comunista de uma associação de produtores livres. Seu pressuposto é que não é possível ao capitalismo a realização desses fins tão elevados: somente o socialismo pode torná-los realidade.

A outra maneira de entender o socialismo foi a de conquistar em um país a libertação nacional e social, derrotando o poder estabelecido e criando um novo poder, dar fim ao regime de exploração capitalista e seu sistema de propriedade, eliminar a opressão e acabar com a miséria, e efetuar uma grande redistribuição das riquezas e da justiça. Suas práticas têm outros pontos de partida. Suas conquistas fundamentais são o respeito à integridade e à dignidade humana, a obtenção de alimentação, serviços de saúde e educação, emprego e demais condições de uma qualidade de vida decente para todos, e a implantação da prioridade dos direitos das maiorias e das premissas da igualdade efetiva das pessoas, para além de sua posição social, gênero, raça e idade. Garante sua ordem social e certo grau de desenvolvimento econômico e social mediante um poder muito forte e uma organização revolucionária a serviço da causa, honestidade administrativa, centralização dos recursos e seu direcionamento aos fins econômicos e sociais selecionados ou urgentes, busca de relações econômicas internacionais menos injustas e planos de desenvolvimento.

Esse socialismo deve percorrer um duro e longo caminho a fim de garantir a satisfação de necessidades básicas, a resistência eficaz diante de seus inimigos e das agressões e atrativos do capitalismo, e enfrentar as graves insuficiências emergentes do chamado subdesenvolvimento e dos defeitos de seu próprio regime. Ao mesmo tempo que realiza todas essas tarefas – e não depois – deve fundar instituições e cultura democráticas, e um Estado de Direito. Na realidade é obrigado a criar uma nova cultura, diferente e oposta à do capitalismo.

No ambiente do primeiro socialismo se privilegia a significação burguesa do Estado, a nação e o nacionalismo são condenados como instituições da dominação e da manipulação. No ambiente do segundo, a libertação nacional e a plena soberania têm um peso crucial, porque a ação e o pensamento socialistas tiveram que derrotar o binômio dominante nativo-estrangeiro, libertar as relações e as subjetividades de suas colonizações e recuperar da burguesia o controle do nacionalismo e do patriotismo. Para o segundo socialismo é vital combinar com êxito os anseios de justiça social com os de liberdade e autodeterminação nacional. O poder do Estado lhe é indispensável, suas funções aumentam fortemente e sua imagem cresce muito, às vezes até graus desmedidos. As profundas diferenças existentes entre o socialismo elaborado em regiões do mundo desenvolvido e o produzido no mundo que foi avassalado pela expansão mundial do capitalismo conduziram durante o século XX a grandes desacertos teóricos e políticos, e a graves desencontros práticos.

A exploração do trabalho assalariado e a missão do proletariado têm lugares prioritários na ideologia do primeiro socialismo; para o segundo, o central são as reivindicações de todos os oprimidos, explorados, marginalizados ou humilhados. Este é outro espaço de tensões ideológicas, contradições e conflitos políticos entre as duas vertentes, na compreensão do socialismo e em estabelecer seus campos de influência, com uma longa história de confusões, dogmatismos, adaptações e híbridos. No entanto, as construções intelectuais influenciadas pela centralidade da exploração capitalista e da atuação proletária contribuíram sensivelmente para o entendimento do necessário caráter anticapitalista das lutas das classes oprimidas em grande parte do mundo colonizado e neocolonizado. Mas para o segundo modo de socialismo a mudança das vidas das maiorias é o fundamental e não pode esperar, qualquer que seja o critério que se tenha sobre as estruturas sociais e os procedimentos utilizados para transformá-las, ou os debates que com toda razão se produzam sobre os riscos implicados em cada posição. E isso é assim *porque a força deste tipo de revolução socialista não está em uma racionalidade que se cumpre, mas em potenciais humanos que se libertam.*

A liberdade social – coloco o destaque no "social" – é priorizada neste socialismo como uma conquista obtida pelos próprios participantes, mais do que as liberdades individuais e a trama conquistada de um Estado de Direito. É uma liberdade que se desfruta, o que traz exigências a seu próprio poder revolucionário nos planos sociais, e é a que gera melhores autoavaliações e mais expectativas cidadãs. A legitimidade do poder está ligada à sua origem revolucionária, a um grande pacto social de redistribuição das riquezas e às oportunidades que estão na base da vida política e às capacidades que esse poder demostre em campos diversos, como encarnar o espírito libertário que se deixou enquadrar por ele, guiar-se pela ética revolucionária e por princípios de equidade no exercício do governo, manter o rumo e defender o projeto.

O segundo modo de socialismo não pode depreciar o esforço civilizatório como um objetivo que seria inferior a seu projeto libertador. Deve proporcionar alimentação, roupa, sapatos, paz, emprego, atenção de saúde e instrução a todos, mas logo todos querem ler jornais e até livros, e quando se dão conta que existe internet querem navegar nela. Surgem formidáveis contradições ligadas intimamente ao próprio desenvolvimento dessa sociedade. Cito só algumas. A disciplina capitalista do trabalho é abominada muito antes de que uma cultura produtiva e uma elevada consciência do papel social do trabalho possam substituí-la. A humanização do trabalho e o auge da qualificação das maiorias não são respaldadas suficientemente pelos níveis técnicos e as tecnologias com que se conta. Os frutos do trabalho empregado, a perseverança e sacrifícios conscientes e o uso planejado de recursos podem reduzir-se muito pelas imensas desvantagens do país nas relações econômicas internacionais. Os indivíduos são impactados em suas subjetividades por um mundo de modernizações que mudam suas concepções, necessidades e desejos, e estão dedicados conscientemente a trabalhos cuja retribuição pessoal é mais indireta e de origem impessoal.

O sistema pode aparecer diante deles, então, como um poder externo, que dispensa benefícios e dono do timão da sociedade, que conduz com benévolo arbítrio. Porque a cultura "moderna" implica também individualismo exacerbado, e cada um deve viver em solidão a concorrência, os prêmios ou castigos, o interesse e o afã de lucro, o êxito ou o fracasso. A globalização do aumento das expectativas – entre outras tendências homogeneizadoras sem bases reais suficientes, que não posso tratar aqui – é muito rápida hoje, e costuma se constituir em uma arma da guerra cultural mundial imperialista.

A transição socialista dos países pobres desvela então o que à primeira vista pareceria um paradoxo: o socialismo que está a seu alcance e o projeto que pretende realizar *são obrigados a ir muito além* do cumprimento dos ideais da razão e da modernidade, e de início devem mover-se em outro terreno. Seu caminho exige negar que a nova sociedade seja o resultado da evolução do capitalismo, negar a ilusão de que basta a expropriação dos instrumentos do capitalismo para construir uma sociedade que o "supere" e negar-se a "cumprir etapas intermediárias" supostamente anteriores ao socialismo. Quer dizer, a este socialismo é inevitável trabalhar pela criação de uma nova concepção da vida e do mundo, ao mesmo tempo que se empenha em cumprir suas práticas mais imediatas.

6. Necessidades e problemas atuais da criação do socialismo

E, então, aparece também outra questão principal. Do mesmo modo que todas as revoluções anticapitalistas triunfantes desde o fim dos anos 1940 aconteceram no chamado terceiro mundo, quer dizer, fora dos países com maior desenvolvimento econômico – sem levar em conta a doutrina que postulava o contrário –, o socialismo factível não depende da evolução progressiva do crescimento das forças produtivas, sua "correspondência com as relações de produção" e um desenvolvimento social que seja consequência do econômico, mas de uma mudança radical de perspectiva.

A transição socialista se depara aqui com um duplo inimigo. Um é a persistência de relações mercantis em escala internacional e nacional que tende a perpetuar os papéis das nações e dos indivíduos baseados no lucro, na vantagem, no egoísmo e no individualismo, e seus consensos sociais sobre a economia, do dinheiro, do consumo e do poder. O outro é a insuficiência de capacidades das pessoas, relações e instituições, resultante da sociedade preexistente, para realizar as grandes e complexas tarefas necessárias. O subdesenvolvimento tende a produzir um socialismo subdesenvolvido; o mercantilismo, um socialismo mercantilizado. As combinações de ambos são capazes de produzir frutos piores. É necessário que neste tipo de transição socialista as "leis da economia" não sejam determinantes; ao contrário, a dimensão econômica deve ser governada pelo poder revolucionário e este deve ser uma conjunção de forças sociais e políticas unificadas por um projeto de libertação humana.

É preciso identificar, a partir dessa perspectiva, os fatores necessários para empreender a transição socialista e avançar nela, e lidar com eles de maneira apropriada. Ofereço exemplos. Derrubar os limites do possível acaba sendo um fator fundamental, e a confiança de que não existem limites para a ação transformadora consciente e organizada deve se tornar um fenômeno massivo. Dentro do possível, que se consigam modernizações, mas a transição que se conforma com elas só obtém ao final modernizações da dominação e novas integrações ao capitalismo mundial. Os processos educativos tampouco podem "corresponder" ao nível da economia: devem ser, precisamente, muito superiores a ela e muito criativos. Esta educação socialista não se propõe a formar indivíduos para obedecer a um sistema de dominação e interiorizar seus valores; ao contrário, deve ser um território antiautoritário ao mesmo tempo que um veículo de absorção de capacidades e de conscientização, uma educação que é obrigada a ser superior às condições de reprodução da sociedade, precisamente porque deve ser criadora de novas forças para ir mais longe no processo de libertação.

Sintetizo perguntas sobre questões principais: o desenvolvimento econômico é um pressuposto do socialismo, ou o socialismo é um pressuposto do que até agora chamamos de desenvolvimento econômico? Que objetivos pode e deve ter realmente a "economia" dos regimes de transição socialista? Que crítica socialista do desenvolvimento econômico é necessária neste século XXI? Como pode ser conduzido com efetividade os conflitos das relações com os recursos e o meio cultural por uma posição ambientalista socialista? Em outro campo de perguntas: através do aprofundamento da democracia se caminha até o socialismo, ou através do crescimento do socialismo se caminha para o aprofundamento da democracia? Como passar da ditadura revolucionária que abre caminhos para a libertação humana para formas cada vez mais democráticas que com seus novos conteúdos e procedimentos asseguram a preservação, a continuidade e o aprofundamento desses caminhos? Como evitar que o subdesenvolvimento, as relações mercantis, o burocratismo, os inimigos externos teçam a rede na qual o processo seja capturado e desmontado? Como conseguir e garantir que a transição socialista inclua sucessivas revoluções na revolução?

Não gostaria de terminar sem expressar a minha posição, reconhecendo a difícil situação em que se encontra o ideal socialista, e portanto seu conceito, na conjuntura atual. A palavra socialismo se utiliza pouco, inclusive em meios sociais avançados; alguns preferem aludir ao seu conteúdo sem mencioná-la expressamente, sobretudo quando querem ser persuasivos. Uma pergunta pertinente é: o que o socialismo tem a ver conosco hoje? Opino que a única alternativa prática ao capitalismo realmente existente é o socialismo, e não a desaparição ou o "melhoramento" do que chamam de globalização, que costuma ser uma vaga referência ao grau com que o capitalismo transnacional e de dinheiro parasitário exerce sua dominação no mundo contemporâneo. Tampouco considero uma alternativa suficiente o fim do neoliberalismo, palavra que hoje serve para descrever determinadas políticas e a principal forma ideológica que o grande capitalismo adota. Esses conceitos não são inocentes, a linguagem nunca o é. Quando se aceita que "a globalização é inevitável" se está ajudando a escamotear a consciência das formas atuais da exploração e a dominação imperialista, quer dizer, o ponto a que chegou em sua longa história de mundializações, em uma gama de modalidades que vai da pilhagem aberta até domínios sutis. Ao mesmo tempo, considera-se fenômeno natural uma impiedosa forma histórica de aniquilar as maiorias, como se se tratasse do clima.

Em sua guerra cultural mundial, o capitalismo tenta impor a todos – incluídos aqui seus críticos – uma linguagem que condena os pensamentos possíveis a permanecer sob sua dominação. O rechaço ao neoliberalismo expressa um avanço muito importante da consciência social, e pode ser uma instância unificadora para ações sociais e políticas. Porém o capitalismo é muito mais abarcador do que o neoliberalismo; inclui todas as vantagens "não liberais" que ele obtém de seu sistema de espoliação e opressão econômica, seus poderes sobre o Estado, a política, a informação e a formação de opinião pública, a escola, o neocolonialismo, seus instrumentos internacionais, sua legalidade e seu terrorismo, a corrupção e a "luta" contra ela etc. É pela sua própria natureza que este sistema é funesto para a maioria da população do planeta e para o planeta mesmo, e não pelas suas supostas aberrações, uma malformação que pode ser extirpada ou um erro que possa ser consertado.

O capitalismo chegou a um momento de seu desenvolvimento em que implementou todas as suas capacidades com um alcance mundial, porém sua essência segue sendo a obtenção de seus ganhos e o afã pelo lucro, a dominação, a exploração, a opressão, a marginalização ou exclusão da maioria das pessoas, a transformação de tudo em mercadoria, a destruição do meio ambiente, a guerra e todas as formas de violência que lhe servem para se impor ou para dividir e contrapor os dominados entre si. O mais grave é o caráter parasitário do seu tipo de expansão, centralização e dominação econômica atual, e o domínio dos Estados Unidos sobre o sistema. Eles estão fechando as oportunidades de competição e de iniciativa que eram inerentes ao capitalismo, a sua capacidade de empregar as pessoas; estão esvaziando de conteúdo sua democracia e liquidando seu próprio neocolonialismo. Estão fechando as oportunidades de mais de um quarto da população mundial de satisfazer suas necessidades básicas, e com a oportunidade de a maioria dos países exercer sua soberania plena, de ter vida econômica e social próprias e ter projetos nacionais.

É verdade que no período recente as lutas populares sofreram numerosos prejuízos no mundo, e o capitalismo tem parecido mais poderoso do que nunca, embora em realidade carregue grandes debilidades e esteja acumulando elementos contra ele. O maior potencial adverso à dominação é a enorme cultura acumulada de experiências de lutas sociais e políticas – e de avanços obtidos pela humanidade –, cultura de resistências e rebeldias que fomenta identidades, ideias e consciência e deixa estabelecidas inconformidades e exigências formidáveis e urgentes. Tudo isso favorece a opção de sentir, necessitar, pensar e lutar por avanços e criações novas. Os principais inimigos internos das experiências falidas de transição socialista foram a incapacidade de ir formando campos culturais próprios, diferentes, opostos e superiores à cultura do capitalismo – e não somente opostos –, e a recaída progressiva dessas experiências em modos capitalistas de reprodução da vida social e a dominação.

Enquanto isso, o sistema implementou seu paradoxo: conseguir um colossal e muito cativante domínio cultural, e ao mesmo tempo ser cada vez mais centralizado e mais excludente, produzir monstruosidades e monstros, afogar seus próprios ideais em um mar de sangue e lodo e perder sua capacidade de promessa que foi tão atraente. Por isso trata hoje de consumar o escamoteamento de qualquer ideal e qualquer transcendência e reduzir os tempos ao presente, sem passado nem futuro, para nos impedir de recuperar a memória e formular novos projetos, essas duas poderosas armas nossas.

Só a eliminação desse poder poderá salvar a humanidade, e um trabalho criador, abarcador e muito prolongado contra a sobrevivência de sua natureza. A única proposta capaz de impulsionar tarefas tão incontornáveis e prodigiosas é o socialismo.

Mas essa afirmação do socialismo é um postulado, que deve enfrentar um forte grupo de perguntas e desafios. O socialismo é uma opção realizável, é viável? Pode viver e persistir em países ou regiões do mundo sem controlar os centros econômicos do mundo? É um regime político e de propriedade e uma forma de distribuição de riquezas ou é obrigado a desenvolver uma nova cultura, diferente, oposta e mais humana que a cultura do capitalismo? Pela sua história, não está incluído também o socialismo no fracasso das ideias e das práticas "modernas" que se propuseram a aperfeiçoar as sociedades e as pessoas? Não se pode esquecer nem dissimular nenhum desses desafios, precisamente para dar um solo firme à ideia socialista, tirar proveito de suas experiências e ter mais possibilidades de realizá-la.

NO ANIVERSÁRIO DE LENIN: UTOPIA E PRÁTICA POLÍTICA EM *O ESTADO E A REVOLUÇÃO*[1]

Os conjuntos orgânicos de ideias e dos movimentos políticos organizados que buscam a realização de mudanças sociais de envergadura são obrigados a articular suas visões mais gerais de objetivos supremos e transcendentes com as estratégias e táticas que orientem suas ações concretas nas mais diversas situações e fases que envolvam suas práticas. As razões são óbvias.

Por um lado, suas ideias não constituem exercícios intelectuais desinteressados sobre as incidências, os interesses e as paixões das vidas humanas e das sociedades, e seus movimentos não são órgãos sociais de existência circunstancial ou esporádica, formados para exercer pressão, negociar ou amotinar-se a respeito de questões concretas ou conjunturas, sem aspirar a derrotar a ordem vigente e substituí-la por outra nova. Por outro lado, devem romper a tendência de seus próprios membros e simpatizantes de não avançar muito além da reprodução habitual da vida social e devem prefigurar em medida considerável um mundo e uma vida novos que possam ser atrativos e cheguem a ser sentidos e pensados, em altos níveis.

---

[1] Intervenção no Seminário "Lenin: *das Teses de abril a O Estado e a revolução*", Instituto Cubano de Pesquisa Cultural Juan Marinello, 21 de abril de 2016.

Por conseguinte, os bolcheviques também tiveram que cumprir esses requisitos. Sua origem esteve no pertencimento às correntes europeias opostas ao capitalismo e assumiram a identidade dos trabalhadores do sistema capitalista como base social de sua organização política. Aquelas correntes tinham uma longa história de elaboração de ideias sobre a sociedade, vinculada intimamente com o conjunto do pensamento social europeu que chamamos de moderno. Essas correntes davam grande importância ao papel dos fundamentos intelectuais como uma guia necessária quando se quer colocar em prática os ideais com efetividade. Na verdade, eram muito influenciados pelos princípios da comunidade intelectual europeia quanto à análise, às concepções e aos temas de debate sobre as sociedades, e pelas revoluções contra o antigo regime no que concerne às suas práticas. Viam a relação entre teoria e prática de maneira simples, reduzida a pensar acertadamente e agir em consequência. Seus atos intelectuais eram orientados ou animados pelas ideias de perfectibilidade e de racionalidade a respeito da ordem existente, mais do que pelas ideias de conflito antagônico e subversão completa do sistema, que devem ser inerentes a uma atitude comunista.

O marxismo era a concepção que atuava como base e como aparente unificadora de várias organizações opostas ao capitalismo europeu criadas a partir dos anos 1870. Nelas, todos se referiam ao fundador, Karl Marx, como guia superior do pensamento e da atuação. Mas, ao constituir e desenvolver sua prática política, haviam subordinado suas ideias a um cânone ideológico principal do conhecimento dentro do sistema de dominação europeu, o cientificismo, e atribuíram ao marxismo um caráter científico. Acreditavam que isso dava uma infalibilidade aos seus axiomas e certeza para suas estratégias, e, embora isso não fosse verdade, fortalecia a confiança dos seguidores em suas organizações. É natural que assumissem também outra base fundamental ideal do sistema capitalista, o evolucionismo.

O conteúdo da teoria, as teses fundamentais e a proposta de Marx tinham um âmbito universal, e o pressuposto universal era central em sua compreensão das relações e instituições essenciais do capitalismo, sua expansão em escala planetária, a contradição antagônica que se desenvolveria, as características principais da consciência e da organização de classe proletárias e a revolução proletária mundial que deviam desencadear. Se se quer conhecer bem o marxismo de Marx e sua transcendência, é imprescindível lidar com isso, que aqui posso apenas mencionar.

Mas as práticas políticas marxistas foram cada vez mais particulares e se sujeitaram ao nacionalismo e aos Estados nacionais, o que gerou um distanciamento dos ideais originários do socialismo europeu. Organizados em partidos legais e em federações sindicais, a maioria abandonou os princípios revolucionários, se subordinou ao domínio da burguesia e seus Estados, praticou o reformismo e foi cúmplice do colonialismo europeu. O marxismo foi despojado de sua essência e exposto em formas politicamente corretas. Alguns entendiam a teoria marxista como fundamento ideal do reformismo e a convertiam em um corolário perfeccionista da cultura e da sociedade capitalista; outros simplesmente a usavam como unificador ideológico de suas atuações imediatas, políticas e sociais. Suprimido o fundamento, o constitucionalismo socialista estava em desvantagem em relação ao novo constitucionalismo liberal.

A base das ideias e dos movimentos socialistas havia estado nas resistências e nas rebeldias das pessoas do povo, exploradas ou excluídas, que aprenderam na terrível escola da modernidade que a esperança não estava no passado, mas no futuro. Ao longo do século XIX, desejaram acabar com a propriedade privada, a opressão estatal, a religião como ópio do povo, o desvalimento e a ignorância, e a construir um socialismo de autoadministração comunal, soberania local, feminismo, ação democrática popular, federações e sufragismo. Os sociais-democratas renegaram a utopia e deixaram de pé somente frases e rituais vazios. Até 1917, sentir-se socialista na Europa se limitava a praticar o ativismo sindical e algumas atividades políticas, mobilizar-se por "demandas imediatas" e melhorias na qualidade de vida – por exemplo, o urbanismo da época inventou o bairro operário –, e buscar satisfações a partir do pertencimento a um ideal organizado. Ou admirar o socialismo como ideal dos trabalhadores e dos pobres, necessário para adquirir educação e alguma ascensão social, e crença que garantisse que o progresso levaria a um mundo novo sem capitalismo.

O jovem Ulianov se uniu à corrente marxista russa seguidora da formulação universalizante de Marx, que postulava que o país estava desenvolvendo o capitalismo e a contradição fundamental logo seria a da classe operária contra a burguesia, apesar do predomínio evidente do campesinato no país. Sem dúvida, Ulianov teve que se valer do paradigma marxiano diante do legado revolucionário tremendo de seu irmão Alexander, que o impressionou tão profundamente, e frente ao mundo em que vivia, o da cultura russa. Depois de 12 anos de ativismo, militância, prisão e desterro, ao sair da Sibéria em 1900, era um grande conhecedor da teoria de Marx e tinha alguma relevância como autor de um livro de título expressivo: *O desenvolvimento do capitalismo na Rússia*. Mas, foi sua prática política que o impulsionou a criticar tanto o populismo quanto as variantes legalistas e economicistas dentro do marxismo russo. E a inventar uma nova forma de passagem da propaganda para a agitação revolucionária: *Iskra*, um jornal organizador de células clandestinas e orientador ideológico proletário.

A contribuição decisiva de Lenin a respeito da teoria de Marx nessa etapa não foi desenvolvê-la, mas interpretá-la em um sentido revolucionário. É verdade que a fase capitalista é inevitável, pensava ele, mas é preciso introduzir na classe proletária que está crescendo a consciência e a organização que comece a capacitá-los, desde o início, para conseguir derrotar o capitalismo, não a se transformar em seu ajudante de esquerda. A Rússia tem um regime autocrático e um atraso enorme em seu sistema capitalista; de acordo, mas o movimento revolucionário deve ser dirigido pela organização proletária, embora a revolução que triunfe tenha que realizar ainda as tarefas do desenvolvimento capitalista. Para resolver esses paradoxos não se pode depender das chamadas leis objetivas, é preciso criar órgãos que as enfrentem e as subvertam. Esse é o sentido final do partido bolchevique: transformar o impossível em possível e torná-lo realidade, forçar a realidade e obrigá-la a parir fatos, condutas e visões revolucionárias de verdadeira libertação humana e social.

Desde sua origem, o partido revolucionário de Lenin encarnou a união entre a utopia do socialismo libertador e as tarefas mais imediatas, entre a determinação pessoal do militante que enfrenta um eterno trabalho, riscos e sacrifícios a partir dos grandes ideais, e a organização e a disciplina que servem como meios para que essa determinação do indivíduo e esses ideais do coletivo sejam eficazes. Uma revolucionária do nível de Rosa Luxemburgo fez contribuições ao advertir Lenin sobre os riscos implícitos naquele modo de ser e de agir, mas a organização que ele criou não tem nada a ver com o partido em que se degenerou, instrumento político e de mando de uma nova dominação de grupos erigida em nome do socialismo, com um sistema ideológico baseado em imposições e obediência. Um jovem clandestino georgiano de pouca instrução escreveu em dezembro de 1901, feliz em seu fervor pelo novo partido que lhe permitirá lutar com organização e consciência: "Só um grande objetivo pode gerar uma grande energia".

Lenin reiterava a necessidade de uma vinculação íntima entre a política e a teoria. Mas, não foi nessas declarações que residiu seu acerto, mas em ter se transformado em um professor permanente da prática política, que cuidava das pessoas, dos detalhes, da estratégia e da tática e do essencial de cada conjuntura, e que analisava sempre as situações concretas, sem perder nunca de vista o movimento em seu conjunto e seus objetivos mediatos e transcendentes, e sem ceder jamais nas questões de princípios e nos ideais revolucionários.

Não encontrei melhor elogio daquela legião revolucionária do que um atributo de profissional feito por um inimigo, este fragmento de um informe interno da polícia tsarista: "Os elementos, as organizações e os homens que circundam Lenin são os mais enérgicos, os mais audazes e os mais capacitados para a luta sem descanso, para a resistência e organização permanentes".

São 15 anos entre *Que fazer?* e 1917, e não se pode entender nem a obra nem a vida de Lenin nesse meio tempo se são estudados separadamente. Permitam-me recordar uma tentativa modesta, porém lúcida: o seminário "O pensamento de Lenin e as revoluções", que realizamos no Departamento de Filosofia da rua K, há quase meio século. Todas as semanas durante dois anos discutimos os materiais que estávamos estudando e nossos critérios, os escritos e os acertos de Lenin, mas também escritos e atos dos demais implicados na história da Rússia do primeiro quarto do século XX; as ideias e as paixões, os conflitos, os interesses, os ideais, os grupos, ao mesmo tempo que os acontecimentos, os processos e as etapas discerníveis.

O bolchevismo não teve participação na queda do tsarismo, mas o seu líder marchou rapidamente pela Rússia, tratando de ensinar algo para a revolução. Ontem comentamos o modo tão radicalmente revolucionário com que Lenin uniu a prática política e a teoria em suas *Teses de abril*, um verdadeiro escândalo para os quadros bolcheviques que não conseguiam tirar a camisa suja da social-democracia. E ao longo do seminário apresentamos e debatemos sobre o Lenin daquele ano de 1917. Vimos o líder entregue como nunca antes às urgências da prática política revolucionária. Então me pergunto: por que ele escreveu, escondido na Finlândia, *O Estado e a revolução?* O que queria com aquele ensaio inconcluso? Que lugar ele queria que isso tivesse em relação à pulsante prática política do momento? Por que resgatar, nessa precisa circunstância, o detalhe da teoria do Estado de Marx, colocá-la no centro da polêmica e defender seu caráter revolucionário comunista? Será que Lenin desconfiava de um excesso imediatista? Para que abordar o programa máximo quando dentro de sua própria direção estão acusando sua política como aventureira? Ele está dobrando a aposta? Ou é muito mais do que isso?

Deixo essas perguntas como um insumo a mais para os debates, porque meu tempo logo vai acabar. E me conformo com um breve comentário sobre uma das aproximações que se pode fazer a essa obra.

O prefácio brevíssimo de *O Estado e a revolução* começa afirmando que "a guerra imperialista acelerou e avivou [...] o processo de transformação do capitalismo monopolista em capitalismo monopolista de Estado". Mas, na situação criada, acrescenta, "a revolução proletária universal está em maturação".[2] A atualidade, em sentido histórico, ligará ambas as conclusões e, por conseguinte, é vital questionar-se o que a revolução proletária fará com o Estado para que seu poder seja realmente proletário anticapitalista – Lenin reitera que a questão do poder é a questão central na política – e para que o processo libertador avance realmente na conquista de seus fins.

Assim como Bolívar, Martí ou Fidel, Lenin pode ter parecido um iludido aos seus contemporâneos, e pode parecer ilógico ou chocante a quem fica na superfície ao lê-lo hoje em dia quando, encontrando-se em condições sumamente desvantajosas, ele expunha os aspectos e os problemas do grande cenário futuro e garantia, assim, que esse tempo chegaria. Na verdade, esse livro é um exemplo destacado da união entre a utopia e as tarefas mais imediatas, entre a política e a teoria, e do valor e da procedência práticos e teóricos que

---

[2] Citado conforme a edição brasileira Lenin, V. I. *O Estado e a revolução*. São Paulo: Expressão Popular, 2010, p. 19 (N.E.).

possui. Isso me lembra o Karl Marx de 1875, da *Crítica do Programa de Gotha*, apenas no início do longo caminho da social-democracia, advertindo aos marxistas que de agora em diante seu inimigo principal será a república democrática capitalista, e deixando-lhes um esboço singular do processo que poderia levar a humanidade para o comunismo.

Nós teremos que lidar com o Estado, diz Lenin a seus companheiros e aos que virão, quando o poder parece algo muito distante: o Estado da nova era, a era do imperialismo e das revoluções socialistas. Vamos ter que lidar com o Estado e, sem o poder sobre ele, não sobreviveremos; mas teremos que aprender a usá-lo como instrumento de libertação ou naufragaremos nele; desde o início o Estado já não poderá ser o que foi, ou no fim fará parte da ruína da revolução.

Quase 50 nos depois, Ernesto Che Guevara, escondido em Praga, voltará a estudar e a anotar *O Estado e a revolução*. Está empenhado na missão que assumiu a respeito da necessidade urgente de fazer a crítica e empreender a elaboração da teoria revolucionária, ao mesmo tempo que, de arma na mão, tenta impulsionar a revolução no mundo para ajudar a forçar a situação a favor do campo popular e da causa cubana. Che havia publicado sua síntese da utopia e da prática política, seu manifesto comunista, *O socialismo e o homem em Cuba*, vinte dias antes de partir. Finalmente foram disponibilizadas ao alcance de todos essas anotações suas, quatro anos atrás. Convido a levar em conta o tema que estou abordando ao ler para vocês o comentário final que Che fez naquela leitura:

> Este livro é como uma Bíblia de bolso para os revolucionários. A última e mais importante obra teórica de Lenin, onde aparece o revolucionário integral e ortodoxo. Algumas das receitas marxistas não pôde realizar em seu país e teve que fazer concessões que ainda hoje pesam sobre a URSS. Mas os tempos não permitiam experimentar a longo prazo: era preciso dar de comer a um povo e organizar a defesa contra possíveis ataques. Ante a realidade de

hoje, *O Estado e a revolução* é a fonte teórico-prática mais clara e fecunda da literatura marxista. (Guevara, 2007 [1965])

Lenin e o bolchevismo triunfante, realmente subversivos e criadores, inauguraram a recuperação do legado político e teórico de Marx, a etapa do apogeu do comunismo dentro do movimento e das ideias anticapitalistas e de libertação humana e social, e a primeira onda de revoluções socialistas do século XX. Considerados em seu conjunto, os movimentos revolucionários socialistas e de libertação nacional do século passado ampliaram em escala mundial e elaboraram a fundo os modos singulares de assumir e utilizar a teoria revolucionária marxiana e, em muitos casos, o conjunto resultante dela e do complexo de ideias e experiências do marxismo bolchevique. Mas, para realmente ser, pensar e agir como revolucionários, seus pontos de partida e seus elementos fundamentais tiveram que ser os da própria cultura, seus modos de sentir e entender e a atuação autônoma de cada um. A partir de perspectivas que já não eram a de Marx nem a dos marxistas europeus do meio século depois da sua morte, os revolucionários combinaram a prática política e a teoria.

A desastrosa fase final do século XX incluiu um retrocesso geral das lutas de classe e de libertação nacional anticapitalistas, e um conservadorismo da política e de aspectos da vida cotidiana, entre outras perdas importantes. Mas não pôde apagar tudo que a humanidade avançou. Até agora neste século, na América Latina segue se mantendo a Cuba socialista, como realidade concretizada, fator influente e exemplo, e em boa parte do continente se desenvolveu a autonomia de países em relação ao controle dos Estados Unidos, processos políticos com grandes avanços quanto ao fomento dos interesses das maiorias e sua participação política – em alguns casos francamente revolucionários –, e um amplo movimento de coordenações estatais que busca avançar no sentido de integração econômica e política. Aumentou o papel dos Estados na região. Mas hoje está em curso uma grande contraofensiva dos Estados Unidos e de setores burgueses da América Latina, que pretende derrotar e desmontar esses processos e restabelecer o domínio completo do imperialismo e do capitalismo.

Em um plano mais geral e mais funesto, o imperialismo apela para os imensos recursos e as múltiplas maneiras de agir de seu sistema – desde as finanças até os bombardeios – para se impor em escala planetária. A arma privilegiada entre tantas é o domínio cultural, voltado para obter o consenso das maiorias, submetidas a sistemas de idiotização em seus consumos, informações, necessidades e desejos. Pretende-se que o futuro e o passado desapareçam, limitar todos a um mesquinho e eterno presente, anular os potenciais de resistência e de rebeldia e controlar ferreamente a vida cotidiana e a vida cidadã. Um corolário desse sistema é a exclusão da utopia. Os meios de comunicação não devem aludir a ela e nenhum político sério a menciona. Supõe-se que a prática política deve se limitar a uma engenharia da governabilidade, à facilitação de um curso econômico determinado mediante as políticas econômicas que correspondam a ele, o funcionamento de estruturas administrativas e mais ou menos o estado de direito, o aparato tradicional de poderes do Estado – muito reduzido na prática – e sistemas eleitorais cheios de eventos periódicos, publicidade, corrupção, promessas, trocas de favores, pactos, disputas e outros detalhes.

A perda do horizonte utópico seria letal para o campo popular e teria consequências funestas, tanto para o pensamento quanto para a prática política. Renunciar à política dos fatos, lúcida, criadora, valente e atraente para cumprir os requisitos da ordem burguesa e parecer respeitável a quem nunca respeitou os povos nem as pessoas dóceis é suicida. No nosso continente, o enfrentamento prático e decidido até derrotar os inimigos é o fundamental, e nenhum tipo de atuação deve ser excluída para alcançá-lo. Mas, também será indispensável um salto adiante no terreno das ideias. O acúmulo cultural de experiências, consciência, valores e pensamento estruturado que o campo revolucionário tem é enorme, mas hoje é muito pouco conhecido e muitos sequer sabem que existe. É preciso recuperar e divulgar, compartilhar e discutir, e será imprescindível criar, como tiveram que fazê-lo as gerações anteriores.

Lenin nos convida a escrever de novo *O Estado e a revolução*. Seria uma homenagem digna ao centenário de Outubro, um tributo grande e útil. Aqui está Lenin, com sua velha boina, que na vitória ou na pior situação não para de pensar e lutar, continua apontando o caminho e iluminando o futuro.

Referências Bibliográficas

GUEVARA, E. *El socialismo y el hombre en Cuba*. Havana: Ocean Sur, 2007. [Primeira edição: GUEVARA, E. Ch. 1965 "Desde Argel para *Marcha*. La Revolución cubana hoy" em *Marcha* Montevidéu, março.

LENIN, V. I. *El desarrollo del capitalismo en Rusia*. Moscou: Ediciones en Lenguas Extranjeras, 1950 [1899].

_____. "¿Qué hacer?" em Lenin, V. I. *Obras escogidas* Moscou: Ediciones en Lenguas Extranjeras, 1961 [1902], t. I.

_____. *Obras completas*. Havana: Editora Política, 1963.

_____. *Tesis de abril*. Buenos Aires: Anteo, 1973 [1917].

_____. *El Estado y la revolución*. Buenos Aires: Nuestra América, 2004 [1917].

MARX, C. "Crítica del Programa de Gotha" em Marx, C. y Engels, F. *Obras escogidas*. Moscou: Ediciones en Lenguas Extranjeras, 1959 [1875], t. II.

INCENDIAR OCEANOS
AMÉRICA LATINA E AS LUTAS
POR LIBERTAÇÃO NACIONAL

NOSSA AMÉRICA E A ÁGUIA TEMÍVEL[1]

Penso que me pediram para fazer uma das conferências deste ciclo porque se deseja incluir uma visão cubana da América Latina na seleção apertada que se veem obrigados a fazer. Uma visão cubana tem vários referentes que lhe são específicos. Antes de tudo, procede de um país da nossa América que há 45 anos está vivendo um processo revolucionário cheio de grandes mudanças espirituais e materiais das pessoas, das relações sociais e das instituições, de esforços, projetos e esperanças, de combates pela justiça e pela liberdade, de resistência a forças que parecem cada vez mais todo-poderosas; um país que parece estranho e é ao mesmo tempo muito familiar. Segundo, venho de um dos países da chamada América atlântica, de cuja composição étnica e cultural faz parte nitidamente a contribuição de origem africana – eu mesmo sou exemplo disso – e onde a escravidão, como no Brasil, foi uma instituição massiva e terrível, colocada no próprio centro da construção da riqueza econômica e do povoamento. Um país, o meu, extremamente sensível para a economia capitalista do Ocidente durante todo o longo período de sua expansão americana, formado em seus interesses, suas encruzilha-

---

[1] Conferência no Ciclo *Oito visões da América Latina*, convocado pelo Centro Cultural do Banco do Brasil. Rio de Janeiro, 2004.

das, seus dinamismos e suas guerras, e profundamente influenciado pela sua cultura.

Cuba é também um país desta América que teve vínculos antigos e muito estreitos com a outra América, desde a conquista europeia, com a colônia britânica e, depois, com os Estados Unidos. Este último estreou o neocolonialismo no mundo conosco, há pouco mais de um século, e se transformou em um adversário declarado de Cuba há quase meio século, por termos nos libertado daquela subordinação e do domínio de uma minoria nativa que era sua cúmplice, exploradora e carente de projeto nacional. A nação cubana não nasceu somente do acúmulo e da sedimentação lentos de uma comunidade e um complexo cultural determinado – como é comum –, mas, sobretudo, da subversão revolucionária popular contra a escravidão e o colonialismo, e de uma guerra de massas que virou um holocausto, ocorrido uma geração depois do holocausto no Paraguai, mas que se mostrou vitorioso enquanto criador do Estado e de intensos vínculos espirituais que até hoje constituem o núcleo da nação.

Quanto aos vínculos com o que hoje nós chamamos de América Latina, eles foram muito fortes desde o início da colonização europeia do continente, e tão emblemáticos que a metrópole hispânica chamava Cuba de "antemuro das Índias e chave do Novo Mundo", dois adjetivos que eram referência direta ao seu papel militar e de comunicações do império. Enquanto a América lutava pela sua independência política, entre 1791 e 1824, Cuba vivia as primeiras décadas do seu grande *boom* de exportação de açúcar e café – e era conhecida então como a colônia mais rica do mundo –, e por isso sua poderosa classe dominante *criolla*[2] optou por continuar fiel à Espanha e ter comércio livre com a Europa e os Estados Unidos. Embora a nova realidade que se criou na região estivesse em seu

---

[2] Descendentes de europeus, mas nascidos em Cuba. (N.E.)

pensamento, a agenda dessa classe mirava as metrópoles. Mas a América em revolução estava nas ideias e nos desejos de uma série de opositores e resistentes durante aqueles anos. Não houve uma guerra de independência na ilha, porém milhares de escravos depositaram sua esperança na vitória e no exemplo haitianos, e houve rebeldia e conspirações das pessoas humildes; não faltaram conspiradores *criollos* nem voluntários da ilha nos exércitos americanos. As novas repúblicas americanas foram um polo de atração durante 40 anos, e, quando em 1868 começou a primeira revolução pela independência e a abolição da escravidão na ilha – a Guerra dos Dez Anos –, a bandeira inicial dos insurgentes era como a chilena, com as cores em outra posição.

Nos 90 anos após 1868, no entanto, se repetiu em Cuba um paradoxo latino-americano. Por um lado, existia sensibilidade, um interesse enorme e permanente pela América Latina e um pertencimento espiritual inegável; mas, contra isso, as relações externas fundamentais eram mantidas com o mundo desenvolvido, em nosso caso sobretudo com os Estados Unidos. Apesar de centenas de combatentes internacionalistas latino-americanos e caribenhos terem lutado nas revoluções cubanas entre 1868 e 1898, estas contaram com muito pouco apoio dos Estados do continente. Desde a concepção patriótica republicana e o projeto de libertação continental de José Martí até os anos 1950, esta região teve sempre um lugar privilegiado no mundo dos projetos cubanos de mudança, porque, nas condições do domínio neocolonial e do desenvolvimento do imperialismo, a identidade nacional buscava ser completada por um referente maior que afirmasse em si mesmo um projeto de libertação continental.

O triunfo revolucionário de 1959 produziu um salto portentoso na relação entre Cuba e a América Latina e o Caribe. Os impactos e a influência da Revolução Cubana foram extraordinários em todo o continente e, por meio de uma história que registra mudanças e permanências, persistem até hoje. Cuba se sentiu iniciadora da segunda independência que havia sido preconizada por Martí e tem cumprido com consequência rigorosa seu dever internacionalista. Por outro lado, hoje existe uma visão cubana da América Latina e ela é um aspecto importante da cultura nacional. Além disso, na política exterior de Cuba essa é uma região de máxima importância.

As visões atuais sobre o nosso continente – quaisquer que sejam seu assunto e sua perspectiva – estão sempre cercadas pelo grau de globalização a que chegou o capitalismo imperialista no período recente. A homogeneização induzida dos processos de pensamento é uma das formas de um processo mundial de recolonizações que está em curso. A importância de manter e aprofundar essa colonização mental é crucial para a ínfima minoria que domina no planeta, porque, ainda que os poderes centralizadores e o alcance global do capitalismo atual sejam incomparavelmente maiores do que os dos séculos XVI ao século XIX, é falso que na América Latina se pode encerrar sem mais nem menos um ciclo de dois séculos de esforços, experiências e elaborações autônomas e voltar a um ponto de partida de um tipo colonial de domínio. E é verdade que a heroica e tenaz resistência do povo iraquiano contra os ocupantes estrangeiros demonstra que não apenas na América Latina se constituíram povos que amam a sua soberania e não voltarão a ser colônias e, sobretudo, que o imperialismo estadunidense não é onipotente.

A partir da diversidade de critérios que certamente temos quanto aos modos de acabar com a pobreza nas sociedades, de garantir a liberdade e a justiça às pessoas, e quanto às formas mais convenientes de organização política e de governo, além de outras questões, um dos motivos fundamentais que nos reúnem aqui é um pertencimento a essa identidade particular que é a América Latina, e a consequente vocação de pensar entre todos nós, com autonomia e para a liberdade, um presente e um futuro nossos.

Não é possível narrar histórias nem detalhar dados em uma atividade como esta: é preferível colocar problemas e ideias e fazer comentários que possam ser úteis. A dimensão histórica nos é essencial, assim como para todas as comunidades que foram vítimas de colonizações, porque nesses casos a especificidade: deve ser demonstrada reiteradamente; é objeto de angústia e desconfianças de si – como acontece sempre aos de baixo, por exemplo nas construções raciais –; e deve competir sempre com a necessidade de assumir o que procede da constante difusão e do prestígio do estrangeiro, que é tão natural. Então, a identidade depende, em boa medida, de ter uma história própria. Mas, o que quer dizer esse "própria"? De quem e para que é essa história? Assim que nos aproximamos das identidades nas comunidades humanas, aparecem os grupos sociais que existem em cada uma, suas conciliações e conflitos ou, para ser mais franco, as classes sociais e os conflitos, relações e subordinações de classe. Isto é, as identidades não existem fora da constituição social íntima de cada povo, nem fora das dominações que se estabelecem. Isso acontece com a história que se elabora, com os pensamentos sobre a América Latina, assim como com quase todo o resto.

Valho-me do pensamento e dos ideais de José Martí para situar a dimensão histórica do nosso problema, não porque Martí era cubano – embora isso seja algo mais do que um feliz acaso –, mas porque este pensador produziu a primeira concepção orgânica e abarcadora dos principais problemas sociais da América Latina e do Caribe, a partir de uma perspectiva ao mesmo tempo moderna e radicalmente anticolonial. Martí identificou os elementos básicos e os problemas fundamentais deste continente e distinguiu completamente os processos civilizatórios dos processos de libertação; tudo isso o levou a avançar muito em uma crítica da modernidade. A produção do pensamento martiano coincidiu no tempo com o apogeu de processos modernizadores em grande parte dos Estados independentes formados meio século antes na América espanhola e no Brasil, com economias baseadas na exportação de produtos primários, com o fim da escravidão e a passagem de Império a República no Brasil, com o rápido crescimento dos Estados Unidos depois de sua Guerra Civil, com uma nova fase de auge na colonização europeia no mundo afro-asiático, com o nascimento da época imperialista do capitalismo e com os triunfos do evolucionismo e do racismo "científico" nas interpretações da vida social e da condição humana.

O cubano era um jovem oriundo de uma família de brancos pobres de Havana, capital de uma das duas colônias remanescentes da Espanha na América. Em Cuba tinha sido maturada uma formação econômica baseada na grande exportação cada vez mais crescente de açúcar para centros do capitalismo mundial e a escravidão massiva de africanos e seus descendentes. Tecnologia, comércio, consumo e cultura material e espiritual de minorias eram elementos extremamente modernos e estavam sendo priorizados os vínculos econômicos com os Estados Unidos. Revolucionário ativo desde adolescente, Martí viveu exilado quase toda sua vida adulta na Espanha, no México, na Guatemala, na Venezuela, mas sobretudo nos Estados Unidos. Foi um dos maiores poetas da língua espanhola, e também orador, pensador social, literato e jornalista, mas dedicou seu gênio e sua vida à causa da liberdade com justiça para Cuba e a América Latina. Organizou um partido político ilegal e uma revolução democrática e de base popular, com o fim de libertar Cuba da Espanha, fechar o caminho à pretensão dos Estados Unidos de dominarem a ilha e o continente, e iniciar o que ele chamou de "a segunda independência" da América Latina. Morreu em combate em Cuba, em maio de 1895, três meses depois de iniciada a guerra revolucionária que havia incentivado. Ainda em vida o chamavam de "o apóstolo".

A elaboração conceitual de Martí nos incita, por um lado, a conhecer através de que meios e em que circunstâncias o pensamento deve cumprir seu primeiro dever, que é ser superior ao meio social em que é produzido, e não uma mera reprodução mais ou menos elaborada de suas condições de existência. Por outro lado, a concepção de Martí é um instrumento intelectual muito valioso hoje, porque coloca os problemas centrais latino-americanos a partir de uma posição independente da corrente principal, colonialista ou colonizada, porque seus temas e as perguntas que desperta se mostram atuais em um nível perturbador, e por ser um marco na história da construção de interpretações latino-americanas da América e uma visão do mundo a partir daqui.

O conhecimento do essencial latino-americano foi a base do alcance assombroso da obra de maturidade intelectual e política de Martí. Menciono as teses de seu famoso ensaio *Nossa América*, para ilustrar a posição martiana: a) as estruturas coloniais permaneceram nas repúblicas; b) o liberalismo não é a opção de progresso que "civilizará" a América Latina; c) o perigo maior para a América Latina são os Estados Unidos; d) nossa América só se salvará com soluções próprias e com participação da massa de oprimidos; e) a unidade dos que vão lutar não pode ser abstrata. Ela deve servir para uma ação ("a marcha unida"); conquistar a segunda independência; levantar os humildes para uma luta popular que mude a vida de todos. Sem esse terceiro aspecto da unidade, a libertação não poderia vencer, porque não teria força suficiente, e porque, se não fosse para o bem de todos, não valeria a pena.

Em Martí, as necessidades práticas e conceituais da revolução cubana têm nexos profundos com sua compreensão da América Latina e seu projeto de libertação. Diferentemente de quase toda a América, Cuba não tinha um Estado próprio no fim do século XIX, mas era, em vários sentidos, tão ou mais "moderna" que a maioria da América Latina no que diz respeito à dinâmica econômica, aos níveis técnicos, aos serviços, às comunicações, à integração ao capitalismo mundial e às relações com os Estados Unidos. Sua formação social combinava a continuidade da submissão colonial e de uma sociedade que vivia um século de escravidão massiva e castas com a descontinuidade gerada a partir dos anos 1960 por radicais mudanças econômicas, sociais, ideológicas e de vínculos internacionais. Suas contradições eram potencialmente muito agressivas. A possibilidade de que a revolução cubana fosse o início de uma segunda revolução continental tinha fundamentos verdadeiros.

Lutar por uma independência nessas condições específicas apresentava problemas que Martí soube compreender e colocar, e que tentou resolver: a) saber que Estado e que nação deveriam ser fundados, e em que meio internacional real se devia lutar, negociar e fazer acordos; b) apresentar um programa anticolonial benéfico e atrativo para o povo, pois sem sua participação massiva era impossível realizar o projeto; c) organizar instrumentos democráticos de combate armado e trabalhar na própria guerra revolucionária "de maneira que, ao depormos as armas, surja um povo"; e d) elaborar um projeto factível de Estado-nação de base e objetivos populares, dados os fins de seu projeto, que eram a libertação nacional mais do que a independência; eliminação *social*, e não apenas político-estatal, do colonialismo; início da luta contra o neocolonialismo.

A concepção de Martí orientou as visões cubanas sobre a América Latina durante mais de um século, até hoje. Aponto três características de sua influência transcendental: a) associa fortemente o nacionalismo cubano com um compromisso latino-americanista, um aspecto não muito frequente entre os nacionalismos da região; b) exige uma vinculação permanente do patriotismo com a justiça social, as classes populares e uma combinação incomum de militância e democracia; c) situa Cuba e a América Latina como teatros de projetos revolucionários a serem completados e de ideais não realizados ainda, isto é, apresenta o futuro como tempo fundamental do político.

A primeira característica se opõe ao chauvinismo em geral e à fragmentação da região, tão convincente para a dominação, e postula que é a união continental que tornará viável a liberdade cubana e que multiplicará sua força. A segunda pede que os movimentos e as ideias independentistas respondam aos oprimidos de cada país e não apenas à autodeterminação nacional, e sejam o espaço em que se formem cidadãos capazes de protagonizar os modos de governo e as decisões. A proposta martiana só podia ser posta em marcha por uma revolução socialista de libertação nacional. A terceira característica coloca o mito da América e as utopias europeias em outro terreno: enquanto aqueles mortos devem enterrar seus mortos, a utopia americana tem que se criar a si mesma e ligar as formulações ideais com os projetos políticos, com a estratégia e inclusive com as táticas, isto é, deverá ser conquistada. A América que ele prefigura não será a realização de uma racionalidade, o triunfo da civilização e da ciência, nem uma regeneração concebida especulativamente; será a criação de uma nova comunidade humana, fusão dos mais diversos povos e culturas, capaz de utilizar o existente e inventar modos de viver e instituições, de se defender em um mundo hostil e chegar a constituir, pelo peso que alcançará, um fator de equilíbrio mundial.

Eu trouxe Martí como um exemplo destacado de que a América Latina foi capaz, desde cedo, de produzir concepções de si mesma, que reúnam visões, análises, diagnósticos, previsões, projetos e profecias.

Setenta anos depois de Bolívar e dos radicais de sua época, já tinha se afirmado, sem dúvida, a existência dos latino-americanos e de uma região específica do mundo, com seus Estados independentes. Mas as reformas a favor da justiça social e a unidade regional continuavam sendo sonhos. O capitalismo em cada país dava passos contínuos, mas seus vínculos fundamentais não eram com sua região, mas com centros europeus e os Estados Unidos, e o continente era inserido frequentemente como parte subalterna no desenvolvimento do capitalismo mundial. Na América Latina se elaborou o modo neocolonial de universalização capitalista.

Durante o século XX, a profunda inconformidade latente se tornou atuante em escala mais geral, ao menos em duas ondas revolucionárias que são identificáveis como aquela "dos anos 1930" e a "dos anos 1960". Na primeira floresceram movimentos e personalidades que puseram novos problemas na ordem do dia. Os elementos anteriores de seus contextos se enriqueceram com a Revolução Mexicana iniciada em 1910, com os efeitos da Revolução Bolchevique e o surgimento de um movimento comunista, e com o desgaste moral do imperialismo, iniciado com a Primeira Guerra Mundial e acentuado pela mais profunda crise econômica do capitalismo, o auge do fascismo e o plano inclinado que levou o mundo a uma segunda e mais terrível guerra mundial. Nesse contexto aumentou de maneira relativa a autonomia dos grupos econômicos da região, processo favorecido pela substituição de importações, e se produziram notáveis mudanças econômicas, sociais, políticas e ideológicas.

Até os primeiros 15 anos do século XX, a parte decisiva do pensamento latino-americano se sentia mais próxima da Europa que dos fatores componentes de seus próprios países. Ela entendeu a "civilização" como o modelo a ser alcançado, praticou o racismo "científico" e confiou no crescimento econômico dependente, em Estados fortes e na educação concedida pelas elites como canais sociais apropriados para completar a ordem republicana, sem enfrentar a subordinação ao capitalismo mundial nem a gritante injustiça social em seus países. Essa América Latina teve que enfrentar a época de crise com um espírito que se debatia entre a Europa, o sistema político estadunidense e as culturas autóctones; entre os dogmas e as criações; entre a defesa da ordem, a modernização da dominação e o anseio de autodeterminação. Titubeava em reconhecer os desafios e as mudanças, e valorizar as atitudes da plebe e os diversos saberes.

Os cruciais anos 1920-1930 não culminaram com a libertação plena de nenhum povo latino-americano, apesar de esforços maravilhosos realizados e da difícil situação dos imperialistas e da ruína de velhos grupos dominantes locais. Porém, deixaram conquistas extraordinárias, como a inclusão da diversidade étnica e racial americana no pensamento e nas artes, o auge dos movimentos operários organizados, a democratização do nacionalismo, a naturalização das ideias socialistas e um novo campo de experiências e ideias sobre os fatores reais das sociedades visando processos combinados de libertação nacional e social. A identidade latino-americana se tornou mais dona de si, no sentido de sua diferença e sua especificidade, avanços na identificação de seus inimigos e novos elementos que enriqueceram suas práticas simbólicas. Os pactos sociais respaldados pelos Estados, embora renovadores da hegemonia burguesa, geraram certo bem-estar, sobretudo a setores urbanos e espaços mais amplos a expansões e progressos da cultura política.

Aproveito que a segunda onda revolucionária – "os 1960" – está mais perto no tempo para não alongar essa conversa tentando fazer um balanço dela. Tampouco posso comentar aqui o tempo transcorrido entre ambas as ondas, no qual aparentemente "não acontece nada", que costuma ser esquecido pelas simplificações históricas que atentam apenas para os períodos de revolução. Faço somente dois comentários. Primeiro, nos "anos 1960", a identidade latino-americana foi associada ao fato de acontecerem mudanças muito profundas, ao fato de deixarmos de ser o que éramos. Podia ser a realização de um destino, libertar-se do imperialismo, passar ao socialismo, transformar estruturas insuportáveis, realizar reformas radicais ou moderadas; existia todo uma série de projetos, enunciados e posições, e praticamente todos os implicados queriam mudanças ou reconheciam sua inevitabilidade.[3] Segundo, é que a América Latina se desapegou do

---

[3] A Revolução Cubana, com seus feitos e formulações, as ideias de Che Guevara, os projetos de libertação das organizações insurrecionais, mas também a ambiciosa tentativa transformadora da Unidade Popular do Chile, as reformas de diferentes alcances e propósitos empreendidas por governos no Peru, na Bolívia, no Panamá e em alguns outros países. Inclusive os que se opuseram a

espelho de seu passado para acabar de se assumir como era, tentou dotar-se de instrumentos para entender e lidar com esse seu presente e, sobretudo, exigiu um futuro. Um dos sentidos que a repressão aberta teve, e sobretudo o conservadorismo dos espaços públicos que veio em seguida, foi realizar o retrocesso dessas duas afirmações latino-americanas e reduzir a consciência a um tempo único mesquinho, o presente, e a uma descrença imobilizadora.

Entre os anos 1940 e os 1980, em termos gerais, as ideias e as práticas associadas ao sistema vigente nos países da América Latina tiveram suas máximas expressões de desenvolvimento relativamente autônomo, depois se sujeitaram mais ao capitalismo central e, por fim, entraram em decadência. Os regimes que protagonizaram a expansão tinham sido em geral hegemônicos em seus países – embora com níveis bastante altos de autoritarismo –, mas foram desafiados por quatro processos coincidentes no período, ainda que diferentes entre si: o domínio irrestrito dos Estados Unidos, que empregou todos os meios para alcançá-lo; ampliações econômicas efêmeras, diante da nova fase econômica centralizadora, parasitária e excludente do capitalismo, que teve efeitos muito negativos para a região; um grande ciclo de protestos e revoltas populares que chegaram a propor a libertação nacional e social, e uma repressão terrível e sistemática; e a Revolução Cubana.[4]

Como nos situar hoje diante da identidade latino-americana e caribenha? A posição de compreendê-la e defendê-la a partir da

---

mudanças profundas se declaravam a favor de "reformas agrárias" inspiradas pela Aliança para o Progresso, ou de uma "via não capitalista de desenvolvimento", como a Democracia Cristã chilena. David Rockefeller reconhecia que na América Latina era inevitável a revolução, pelo que era necessário fazer com que "não seja feita contra nós". Na Nicarágua dos anos 1960, Luis Somoza Debayle tentava "civilizar" o somozismo, pegar o PRI mexicano como modelo político e fazer com que o Estado se ocupasse em alguma medida da economia.

[4] Me refiro mais amplamente a esses quatro processos no texto "Política revolucionaria e integración latinoamericana".

cultura está enraizada e tem ganhado um espaço legítimo. Na dimensão pessoal – que é tão fundamental – expressa sua realidade e sua riqueza de mil maneiras, aquelas em que cada um sente. Em uma ocasião, expus isso com as seguintes palavras:

> [...] é uma paragem íntima, um lugar do amor mais transcendente – no geral, platônico –, a esperança mais limpa, nunca maculada e sempre lavada com sangue. Um longo triângulo escaleno na ponta dos pés e, em cima, uma fumaça que se adensa e se interrompe bruscamente para não ser os Estados Unidos. As brincadeiras e disfarces das nossas crianças, certos palavrões, as canções, as promessas. O peso de uma cultura, a possibilidade de que a emoção presida o pensamento, a força misteriosa que nos legitima contra tanta modernidade racionalista que nos exige com seu domínio, que nos deprecia por nunca chegarmos a ser como ela e nos seduz com seus encantos, que são reais, e suas mentiras, que são grandes. (Martinez Heredia, 1997)

No entanto, ao passarmos para as dimensões dos conhecimentos úteis, ou das ideias para trabalhar pela nossa identidade, seria preciso reconhecer que – diferentemente, por exemplo, da francesa ou da estadunidense – a identidade latino-americana se encontra em risco. Outra característica perceptível é que persiste a propensão a nos atribuir um destino, ou a assumir a América Latina como um projeto, e isso se deve à junção de necessidades urgentes e de uma cultura política acumulada. A necessidade de se defender e a necessidade de projeto encontram na especificidade regional uma força própria, e encontram na cultura a expressão por excelência do que lhes pertence e do que buscam. Mas há outra razão, obviamente: a defesa da identidade a partir da cultura parece ser a única possível. Diante dos desígnios de exploração, saque e domínio que se impõem em tantos terrenos aos países da América Latina, e diante das consequências terríveis que suas sociedades sofrem, talvez a maior vitória cultural do capitalismo central atual seja o incrível retrocesso que se considera possível. Os que assumem funções e os que propõem cursos de ação ante a situação costumam desconfiar demais das próprias forças, ou chegam a não conseguir identificá-las, e é extremamente difundida a ideia de que é impossível mudar qualquer aspecto importante do sistema vigente.

Assim, se torna ambígua a afirmação da defesa da identidade de nossa região a partir da cultura, e pode até ser contraditória. É verdade que ela fortalece a noção imprescindível de uma especificidade segura de si; contribui para mitigar a urgente necessidade de autoconfiança e pode fornecer material para resistências culturais contra a guerra cultural global que o capitalismo está travando. Também pode ser útil para a acumulação de forças próprias e para a busca de caminhos que permitam avançar na resistência e propor opções viáveis e atraentes contra a dominação e a sua implementação. Mas essa identidade cultural pode não ser útil, e inclusive se revelar enganosa, se reduz seu âmbito e suas expectativas a autorreconhecimentos, autoctonia e diversidades, e oposição a ir além do que parece espontâneo e próprio. O cultural deve integrar o mundo real em que vivemos e, assim, tornar-se consciente das conflitividades e dominações – ideológicas, sociais, econômicas, políticas –, e da necessidade de criar consciência e organização popular, para enfrentá-las com possibilidades de triunfar. Se não o fizer, será muito fraco diante do imperialismo e dos que dominam em cada país, ou será uma função do predomínio deles. Devo repetir aqui que, para os povos que estão em nossas circunstâncias, a rebeldia é a fase adulta da cultura.

Apenas como uma aproximação que quer contribuir com um conhecimento da América Latina que está em construção, eu diria que ela é um complexo social resultante de: a) culturas autóctones destroçadas, subjugadas, exploradas, dissolvidas ou separadas, dominadas durante séculos, mas persistentes e vivas em diferentes maneiras e níveis de relação social e institucional, que hoje são mais conscientes e estão em melhor posição para lutar por seus direitos; b) sociedades formadas a partir da colonização ibérica – exceto uma parte do Caribe –, para serem exploradas e dominadas pelo capitalismo mundial, à imagem do Ocidente e em grande parte com elementos próprios, mas que depois de lentos acúmulos conseguiram criar realidades sociais novas, e que por volta do século XIX conseguiram eliminar a condição colonial por iniciativas próprias, sobretudo através de façanhas nacionais; c) uma região geográfica muito definida do mundo em comparação com o resto do planeta, reunida primeiro pelas ações europeias e pela acumulação capitalista, depois pelas necessidades dessas comunidades de serem efetivamente autônomas e pela compreensão e os sentimentos de que a união era indispensável para alcançar a vitória, ou era o caminho para se manter e ser viáveis. E em seguida desagregada pelos particularismos e as rivalidades de seus países, pela geopolítica mundial e a orientação de cada economia para centros extrarregionais que as subordinaram; d) Estados republicanos e processos de modernização com uma longa história de esforços, conquistas e revezes, mas sempre presos na incongruência entre seus fundamentos e suas práticas, seus objetivos e seus meios, seus regimes representativos e suas ideologias de liberdade, por um lado, e suas maiorias sem necessidades básicas satisfeitas, sem controle cidadão e nem suficientes direitos garantidos; e) representações compartilhadas pelas quais a maioria dos latino-americanos se identifica como pertencente a uma identidade supranacional não confundível com nenhuma outra, cujo caráter específico lhe é familiar, e que considera sujeita ao aperfeiçoamento ou à realização; uma parte deles relaciona essas representações com a identificação dos inimigos de sua identidade.

Este último aspecto se torna principal no início do século XXI, porque a combinação das profundas limitações estruturais do capitalismo atual e a ofensiva mundial do poder estadunidense não deixa nenhum espaço para que a América Latina aproveite conjunturas favoráveis ou negocie com alguma vantagem. As relações bilaterais de saque e domínio, extremamente reforçadas pelas ações do FMI e do Banco Mundial, chegaram a tal ponto que, em vez de se debaterem os problemas concretos de desigualdade nas relações, um tema principal de discussão atual é se se devem estabelecer ou não subordinações multilaterais maiores da região aos Estados Unidos. E não tem sido formado um bloco defensivo latino-americano que priorize ações que levem em conta a consciência do perigo de sermos cada vez mais fracos e impotentes. A identificação do inimigo é essencial para defender a vida das populações desta região e a soberania de seus países.

O imperialismo estadunidense é, sem dúvida, a "Águia temível" que faz da América Latina sua presa. De fato, mas a América Latina está somente diante da Águia temível? Na verdade, as sociedades latino-americanas passam hoje por uma profunda e íntima intervenção do sistema imperialista. Estão desaparecendo os espaços reais conquistados por uma região que teve maior capacidade do que outras para resistir ao neocolonialismo, e de transculturação com o chamado primeiro mundo com proveito e eficácia. Perde-se a possibilidade de defender os projetos nacionais, os recursos naturais, as riquezas criadas, a autodeterminação dos povos – alcançada e proclamada aqui mais de um século antes de que a ONU finalmente a aceitasse e impusesse aos colonialistas –, e também se perde a soberania dos Estados, que nos declarava donos irrestritos dos territórios e sujeitos plenos do Direito Internacional. Não é possível separar essas violações dos retrocessos das economias – desde as capacidades produtivas até o lugar no comércio internacional –, e, sobretudo, dois traços funestos delas: sua extrema funcionalidade para o sistema internacional capitalista, e não para a vida nacional; e seu estrangulamento pelas instituições e mecanismos financeiros internacionais, realmente parasitários e criminosos.

Os países estão sendo submetidos à tarefa de Sísifo de tratar de pagar os juros da dívida externa enquanto se empobrecem. As políticas sociais acabam ou se tornam completamente insuficientes diante do empobrecimento generalizado e a exclusão que fez a Cepal prognosticar para este ano 220 milhões de pobres, sendo que destes 95 milhões são de indigentes. Pagar e exportar, enquanto decai o emprego, as oportunidades – já não se fala de ciclos – e a capacidade negociadora dos que estão empregados, se reforça a exploração e se precariza o trabalho: o salário dos de baixo se retrai, indiferente aos êxitos ou aos fracassos da macroeconomia. As maiorias não podem exercer a maior parte de seus direitos cidadãos e, em muitos casos, não saberiam como fazê-lo. O modelo educativo que incluiu tantos milhões de pessoas há três décadas, ampliando bastante a preparação geral, está hoje em uma crise que é compreensível se a olhamos a partir dos interesses da dominação. Se não vai haver mais autonomia, se o desenvolvimento e o moderado crescimento com equidade que se pedia há 15 anos são impossíveis, para que preparar tantos jovens? De suas promessas políticas, a democracia só cumpriu a de manter a alternância eleitoral e um relativo respeito ao Estado de direito, mas já nem se fazem mais promessas sociais. Se Alexander von Humboldt escreveu em 1814: "O México é o país da desigualdade", até Vicente Fox teve que dizer, em 2000: "É preciso distribuir a riqueza. Da forma que está, qualquer crescimento beneficiaria somente alguns poucos".

Esta situação exigiu a internacionalização da dominação em cada país. Quando as políticas econômicas e sociais respondem às necessidades e exigências da transnacionalização e do dinheiro parasitário, e a gestão pública em geral não pode satisfazer o interesse nacional nem o popular, é necessário que a hegemonia tenda a se desnacionalizar. O próprio neocolonialismo "ortodoxo" está decaindo, porque o imperialismo apela cada vez mais para os seus próprios meios e arbítrios, em um franco processo de recolonização seletiva do mundo.

Uma guerra cultural planetária pretende fazer com que as maiorias – até uma grande parte dos excluídos – deem seu consentimento para a dominação, para ocultar a realidade de que, para a natureza atual do capitalismo, acaba sobrando uma parte dos trabalhadores e uma grande parte da população mundial. A dominação cultural trabalha com meios fabulosos em sua grande tarefa de homogeneizar o consumo – ou o desejo – dos produtos, das informações, da opinião pública, das ideias e dos sentimentos que a interessam, e generalizar uma cultura do medo, da indiferença, da resignação e da fragmentação. Ela tenta prevenir as rebeliões e igualar os sonhos, equilibrar a gigantesca e crescente fratura social do mundo por meio de um complexo espiritual "democratizado" que transforme as iniquidades sociais em algo natural, que meça com o "êxito" e o "fracasso" as pessoas e os países, que faça com que a linha divisória social principal passe entre os incluídos e os excluídos, e ao mesmo tempo tolere, encoberte ou manipule todas as diversidades, sob o princípio unificador de que a maneira de viver do capitalismo é a única factível na vida cotidiana e o único horizonte possível para a vida cidadã.[5]

Mas, uma dominação imperialista tão abrangente – exercida diretamente em tantos terrenos e que introduz tantos elementos externos ao complexo cultural da dominação de cada país – coloca os sistemas latino-americanos em um plano inclinado. Porque não se enfraquece somente a capacidade de reprodução da vida e da convivência social, também decaem a legitimidade de cada regime e os meios com que se cumpre um requisito hegemônico fundamental: expressar a identidade do próprio país e ser reconhecido como representação institucionalizada da nação, inclusive pelos que estão em

---

[5] "A produção cultural de homogeneização conforma todo um sistema global voltado para a neutralização, canalização e manipulação do potencial de rebeldia contido em avanços obtidos pela Humanidade, tais como a crescente consciência de tolerância – política, étnica, de gênero etc. –, a existência de formas democráticas, o rechaço à existência da miséria, a consciência ecológica e outros, com o fim de que eles não se voltem contra o domínio do capitalismo." (Martínez Heredia, F.: "Nación y sociedad en Cuba", em *Contracorriente*, n. 2, Havana, out/dez. 1995).

desacordo com seu desempenho. A forma democrática de governo que se generalizou na região há uns 20 anos foi um avanço notável em comparação com os retrocessos brutais das ditaduras que se chamaram "de segurança nacional", e abriu um campo promissor para a evolução política das sociedades. Mas hoje, quando enfrenta uma crise muito séria por todos os problemas que apontamos e outros, ela se encontra ao mesmo tempo na contramão da corrente principal do capitalismo global, que com sua atitude recolonizadora destrói as bases da democracia na América Latina, e com sua ofensiva cultural debilita essa dimensão nacional que deve estar na base da hegemonia de suas classes dominantes.

Se essa tendência não for combatida, a democracia e os que governam em cada país perderão credibilidade e sua política se verá reduzida a buscar governabilidade. Talvez os governantes dos Estados Unidos acreditem que os da América Latina podem ser rebaixados a meros administradores seus, mas nós temos que ver mais profundamente, e em outra direção.

O colonialismo, o capitalismo e o imperialismo foram e são instâncias unificadoras da América Latina, mas também o foram e o são as suas identidades – as autóctones e as criadas pelos contingentes étnicos e suas combinações e fusões –, suas façanhas contra os colonialistas e os invasores, e suas tenazes e abnegadas lutas sociais e políticas populares contra as opressões e a exploração, e pela liberdade, a justiça social e uma democracia do povo. As nações e os nacionalismos, as comunidades, os grupos sociais mais diversos, criaram valores e forjaram instrumentos e representações próprios, protagonizaram resistências e rebeldias. O conjunto constitui um incrível acúmulo cultural latino-americano, uma imensa força potencial que a meu ver pode ser o fator decisivo para levar adiante as mudanças radicais e muito profundas de que a América Latina necessita, essa que é a região do mundo mais carregada de contradições capazes de quebrar e modificar a ordem atual.

Estamos em um momento crucial. Como nos tempos de José Martí, a questão nacional e a questão social se levantam, cada uma com sua especificidade, e inclusive com tensões e conflitos entre ambas, mas a salvação e a libertação latino-americanas podem depender de um encontro e de uma feliz combinação entre elas. Existe, além disso, uma enorme diferença entre o tempo de Martí e o nosso, nas circunstâncias e nas experiências acumuladas.

À primeira vista, o mundo de hoje se parece perigosamente ao mundo de 1904. Como há um século atrás, o imperialismo está impondo abertamente sua moeda, sua língua, seus consumos, suas modas, sua força bruta, seu racismo, seus modelos e seus temas de pensamento. Se olhamos com mais atenção, porém, há diferenças que poderiam ter um peso decisivo. O imperialismo atual já não tem um projeto de civilização nem faz promessas de progresso; já produziu o nazismo e hoje põe em perigo o planeta; deixou de oferecer lugares de trabalho e de exploração a uma grande parte da população mundial; depende demais da especulação financeira e das formas de assaltos ou golpes vinculadas a ela; expandiu, por fim, a democracia depois de 1945, mas conseguiu desgastá-la em meio século. E diante do domínio capitalista, o século XX foi um século de cultura de autoidentificações, protestos e revoltas dos povos, das classes, das etnias, dos gêneros; de triunfos de revoluções sociais e criação de muitas entidades nacionais, da ruína do colonialismo. Um século de práticas e ideais que envolveram centenas de milhões de pessoas e que deixaram profundas marcas de experiências e esperança.

Hoje, uma grande parte da população do globo vive marginalizada e tratando de sobreviver, um bilhão são analfabetos, mas a maioria o sabe e não quer viver assim, embora não saiba como superar sua situação, e grande parte deles não acredita que seja possível fazê-lo. Na vida pública, ninguém se atreve a sustentar que a ordem vigente é a ordem natural. Se aquele tempo que foi chamado de "a *belle époque*", um século atrás, gerou a Primeira Guerra Mundial e a Revolução Bolchevique, o que esperar desta época que nenhum porta-voz ousa considerar bela ou admirável?

Na América Latina existem numerosos sinais promissores para sua defesa e para o avanço de projetos de mudanças favoráveis, sinais de uma riquíssima diversidade, depois de uma etapa em que a soma das repressões, o conservadorismo, o desastre social, o retrocesso da economia e a desilusão democrática pareceram aniquilar a força de vontade e derrotar a esperança. Em diferentes lugares da região ocorreram eventos ou estão em marcha processos dos quais participam contingentes populares que buscam solução para os problemas das sociedades, com os instrumentos a seu alcance e, em alguns casos, criando suas próprias vias; na Venezuela, um governo de orientação e amplo apoio popular conseguiu vencer a reação, resgatar a soberania e empreender uma política social em favor das maiorias. As contradições podem levar a interesses latino-americanos com expressão estatal a buscar mais autonomia em relação ao capitalismo mundial.

A motivação fundamental dos protestos e manifestações populares – que convocaram mais de uma vez a realizar insurreições civis – são as reivindicações sociais. Abre-se um enorme grupo de interrogações sobre os objetivos, das vias, das alianças, das coordenações internacionais que os movimentos latino-americanos que lutam por mudanças verdadeiras precisariam ou poderiam assumir, entre outras perguntas. É bom que o pensamento leve em conta esses dados, embora não seja o caso de começarmos a discuti-los aqui.

O pensamento social tem uma conjuntura promissora na nossa América. Atingiu bons níveis de profissionalização, mas muitos evitaram o abandono "objetivista" dos valores e o apoliticismo. Ele possui os instrumentos intelectuais do século XX do Ocidente, mas sabe se servir deles em vez de se limitar a servir a eles, e chegou a elaborar teorias e reflexões próprias, desde a economia até a teologia. Hoje, tem a seu alcance uma tradição respeitável e uma imensa quantidade de conhecimentos acumulados. No entanto, ainda não floresce em uma nova etapa que parta de seus contatos com os problemas básicos da região e que permita identificar um pensamento propriamente latino-americano, que se porte como tal e expresse uma especificidade autocompreendida, situada e invocada – isto é, uma identidade –, e que formule problemas e projetos particulares. Em vez disso, se debatem – ou simplesmente coexistem – numerosos corpos de ideias, muitas vezes valiosas, sobre problemas pontuais ou de um país; além do mais, se consomem ou se produzem ideias mais gerais, mas não somos ainda capazes de fazer interpretações gerais, prever ou profetizar, e menos ainda de inspirar estratégias. O essencial latino-americano continua no terreno das representações e das crenças.

O novo conservadorismo liberal, os usos manipuladores da linguagem, a imitação colonizada e a espera da filantropia privada e a compaixão do primeiro mundo não podem ser nossas fronteiras e motivações. Fomos muito fracos e ignorantes; agora somos apenas fracos. Existe um incrível acúmulo cultural de rebeldias, de identidades assumidas e de experiências políticas e sociais. Milhões de pessoas são capazes de reconhecê-las em milhares de lugares do continente. E existe uma produção intelectual valiosa e nada pequena que desafia o sistema ou se opõe a ele, pouco visível ainda frente ao domínio quase totalitário exercido pelos meios do sistema. Ela apenas coincide, ou lida insuficientemente com os movimentos práticos, que foram isolados e lutam em grande desvantagem. Talvez falte mais tempo do que eu acredito para a próxima aventura de libertação americana; se for assim, seria ainda mais necessário o avanço de um pensamento radical – que deverá ser anticapitalista para ser viável – que dê consistência material a ideias, análises, estratégias, profecias e sonhos de uma etapa de acúmulo de forças. Nosso continente só se salvará se for capaz de declarar sua segunda independência de projeto.

A América Latina só pode realizar o seu ser se se reconhece a si mesma como uma comunidade plural, de povos que não aceitam viver sob a opressão, diferente do Ocidente burguês na forma de as pessoas se relacionarem entre si e com a natureza, criadora de um novo tipo de convivência social que aproveite os recursos, divida equitativamente as riquezas, dê oportunidades a cada indivíduo de desenvolver sua atividade e suas características em um contexto apropriado, e tenda a acabar com todas as dominações. Nesse caminho, terá que fazer recuar o senso comum e se preparar para derrotá-lo, porque trata-se de criar liberdade e justiça, não de renovar a ordem vigente. O pensamento tem que ser capaz de ajudar a prefigurar essa utopia, isto é, esse além que se tornará possível por meio da práxis consciente, e nada menos que isso, porque os tempos não exigem menos e as pessoas comuns logo o exigirão e se colocarão em movimento.

Referências bibliográficas

MARTÍNEZ HEREDIA, Fernando: Prólogo a "Che, el argentino", Ediciones de Mano en Mano, Buenos Aires, 1997.

INDEPENDÊNCIA E SOCIALISMO NA NOSSA AMÉRICA[1]

No último dia 12 de junho, o Comandante Hugo Chávez Frías escreveu, em seu Programa de Governo para 2013-2019: "à tese reacionária do império e da burguesia contra a Pátria, nós opomos a tese combativa, criativa e libertadora da independência e do socialismo como projeto aberto e de construção dialética". A riqueza dessa proposição me inspira a fazer um breve comentário sobre algumas das questões que ela coloca.

A primeira independência, obtida na façanha continental que vai de 1791 até 1824 foi insuficiente, mas fundou nossas nações quando a própria ideia de nação era incipiente na Europa, criou novas identidades e nos deu um extraordinário acúmulo cultural revolucionário, um legado incomparável ao qual devemos nos ater e a necessidade de promover novos projetos de libertação.

A grande Revolução Haitiana, o Grito de Murillo, a obra, o pensamento e o projeto de Bolívar, Sucre – o antioligarca de virtude sem par –, a epopeia de Hidalgo e de Morelos, e, depois, a transcendente proposta de Martí, confirmada pelo sangue do povo

---

[1] Intervenção no X Encontro Internacional de Intelectuais, Artistas e Lutadores Sociais em Defesa da Humanidade, *Plano da Pátria: pensamento e ação de Hugo Chávez*, celebrado em Caracas nos dias 25 e 26 de março de 2013.

cubano, colocaram metas muito altas para a liberdade, muito mais altas do que as vigentes na Europa da época. Esses revolucionários lutavam pelo governo do povo desde muito antes de o liberalismo europeu se decidir a aceitar e utilizar sua democracia. Eles deram um lugar preferencial à igualdade e à justiça em seus combates, algo que negava os próprios fundamentos do sistema colonialista-imperialista que foi se desenvolvendo no mundo, e que colocou o direito internacional e a consciência comum a seu serviço. A resistência, a rebeldia e o projeto da nossa América se mostravam opostos, inclusive aos fundamentos ideais burgueses da civilização, como missão patriarcal colonial das potências, e ao seu racismo "científico", que eram dominantes há um século no mundo espiritual e das ideias.

Na América do Sul, as guerras de independência se internacionalizaram, a independência foi considerada parte de uma epopeia e de um projeto americanos e, assim, se fixou na consciência social. Hidalgo se proclamou "General dos exércitos da América"; Morazán tentou realizar a união centro-americana. Essa experiência nos permite até hoje nos referir a feitos históricos quando buscamos uma integração continental.

Nesses dois últimos séculos, os que exerceram a dominação negaram a amplos setores da população a igualdade real, a justiça social e muitos direitos em *suas* repúblicas, em tudo o que consideraram necessário e sempre que puderam fazê-lo, para defender e ampliar seus lucros, manter seu poder político e social e sua propriedade privada, com um ordenamento legal e político favorável a eles. Preferiram não ser uma classe nacional e, sempre que necessário, foram antinacionais. Ao mesmo tempo, o capitalismo mundial se impôs na região de acordo com as características de suas fases sucessivas, mediante seu velho e seu novo colonialismo, aniquilando resistências e rebeldias, cooptando e subordinando, até que hoje em dia sua própria natureza imperialista saqueadora, parasitária e destruidora fechou a possibilidade de que, sob o seu sistema, a América Latina possa satisfazer as necessidades básicas de seus povos, manter as soberanias nacionais, desenvolver suas economias e suas sociedades, defender e aproveitar seus recursos e organizar sua vida em comunhão com o meio natural.

Mas uma constante latino-americana e caribenha de resistências, ideias, combates e sentimentos manteve vivo o caráter popular do legado patriótico, sem entregá-lo aos burgueses cúmplices e subalternos do capitalismo imperialista, e foi lhe dando contribuições. O presidente da Venezuela, companheiro Nicolás Maduro, lembrou no funeral de Estado do Comandante Chávez na Academia Militar as figuras póstumas do Libertador e de Sucre. Cada época teve suas conquistas e seus avanços porque, em seu saldo histórico, nenhuma revolução verdadeira é derrotada.

O longo caminho trouxe conhecimentos e certezas, que ajudam aos que se colocaram em marcha neste continente a ter uma consciência superior. A primeira região do terceiro mundo que conseguiu criar Estados independentes e mantê-los aprendeu que o capitalismo também podia se desenvolver e estabelecer sistemas de dominação novos, neocoloniais, mais funcionais para sua maturidade do que o bárbaro colonialismo, e assim nos subordinar, nos dividir e perpetuar nossa condição mísera e impotente, mantendo as relações econômicas capitalistas como centro dessa dominação. Mas nem por isso os revolucionários depreciaram suas repúblicas. Ao contrário, levantaram em uma só bandeira a causa do verdadeiro patriotismo e a causa das lutas das classes exploradas e oprimidas.

Tivemos que ir mais longe do que companheiros de outras regiões, que não conseguiram entender que esta metade do mundo não podia considerar-se "atrasada" e se resignar a viver em supostas etapas intermediárias à espera de uma providência alheia. Que para poder sermos nós mesmos, e para lutar para sermos realmente livres, tínhamos que pensar com nossa própria cabeça.

Quando a liberdade e a justiça são colocadas desse modo e com tanta profundidade desde o início, a independência tem que se tornar libertação nacional, e a justiça social tem que se tornar socialismo. Experiências e estudos, combates e debates foram a oficina e a escola. Um avanço fundamental está na compreensão da relação que existiu historicamente entre a independência e o socialismo. Não foi fácil nem rápido, uma cultura inteira universalizante foi contra entendermos isso, sobretudo a partir do imperialismo, que fez promessas sucessivas, como o progresso, o pan-americanismo e o desenvolvimento, sempre voltadas para conduzir os empreendedores, confundir todos e neutralizar e vencer os rebeldes e aqueles que queriam avanços para seus países. O capitalismo atual perdeu a possibilidade de oferecer promessas, só propõe palavras como êxito e fracasso, imagens e informações controladas em um sistema totalitário de formação de opinião pública e transformação das pessoas em público – a face de um mundo impiedoso em que tudo é mercadoria –, e divide alguns prêmios para os cúmplices. No entanto, não podemos subestimar seu poder, sua agressividade e sua imoralidade criminosa, nem os atrativos de sua colossal capacidade de manipulação cultural.

Mas também temos encontrado muitas dificuldades e obstáculos em nós mesmos. Na nação independente que não sabe ser a nação para todos os seus filhos, e no governo que, diante da crise, não encara o desafio que se impõe frente a inimigos tão poderosos no sentido de cruzar a fronteira de dar mais poder ao povo, que é, no fim das contas, sua única força, e transformar-se em um poder popular. Na educação e na cultura que, em países formalmente independentes, continuam sendo a escola e a agência de colonização das mentes e dos sentimentos, sustentação de desprezos e exclusões de uma parte do próprio povo e refúgio da legitimação das dominações de umas pessoas sobre outras. Nos Estados que não conseguem se livrar das marcas infames da época da balcanização, e nos que procuram muito as vantagens particulares em seus negócios com os países que seu interesse estatal, pensando bem, deveria considerar como irmãos.

Uma outra nossa América é possível, porque estamos criando suas bases. Foi para que nos apropriemos dessa força que o presidente Chávez se dedicou a libertar o passado. Uma história na qual Simón Rodríguez ensinou Simón Bolívar de que é necessária uma revolução social, cultural e econômica junto à revolução política. Na qual Sandino dirigiu uma grande insurreição de camponeses pobres que lutaram durante seis anos contra o invasor ianque sem serem derrotados, e pôde escrever a um dirigente comunista que seu exército era a vanguarda do proletariado da América Latina. Na qual o Che, entre tantas lições incomparáveis de pensamento e de ação que deu, afirmou que neste continente se fará uma "revolução socialista ou uma caricatura de revolução", e que para triunfar era preciso instaurar governos de perfil socialista. E o líder da heresia cubana, Fidel, que é tão grande e é de todos, esclareceu há mais de 40 anos que o grande revolucionário Karl Marx concebeu o socialismo como consequência do desenvolvimento, mas, no nosso mundo, é o socialismo que tornará possível o desenvolvimento.

Esse socialismo, disse Chávez há dois anos, tem que ser um poder, mas um poder do povo, uma nova concepção de poder e uma nova forma de criar poder e distribuir poder. Como reza a Constituição venezuelana, em um Estado democrático e social de direito e de justiça que tenha como valores superiores a vida, a liberdade, a justiça, a igualdade, a solidariedade, a democracia e os direitos humanos. E em seu texto de junho de 2012: "Este é o momento, como nunca antes existiu, de dar cara e sentido para a Pátria Socialista pela qual estamos lutando".

Já sabemos que a bonança econômica por si só não traz nenhum avanço real para as maiorias, e as modernizações sob um regime de dominação trazem consigo, no melhor dos casos, a modernização da dominação. A atividade libertadora é o decisivo, é ela que será capaz de dar um sentido às forças sociais e econômicas. O caráter de uma revolução não é determinado pela medição da estrutura econômica da sociedade, mas por uma prática revolucionária. Nas condições desvantajosas da maioria dos países do mundo, a transição socialista e a sociedade a serem criadas são obrigadas a ir muito além do que sua "etapa de desenvolvimento" supostamente lhe permitiria, e a serem superiores à reprodução esperável da vida social: devem consistir em simultâneas e sucessivas revoluções culturais, que as tornem invencíveis. É preciso levar a cabo a criação de uma nova cultura, que implica uma nova concepção da vida e do mundo, ao mesmo tempo que se cumprem as tarefas imprescindíveis, mais imediatas, urgentes e inevitáveis.

O decisivo é que existe um grande acúmulo cultural neste continente, de capacidades econômicas, cultura política e social, identidades, experiências e ideias, de poderes populares e processos autônomos que buscam bem-estar para seus povos e têm vontade de se integrarem e se unirem. Esse acúmulo cultural nos torna capazes de enfrentar em melhores condições do que as outras regiões do mundo os males aos quais fomos submetidos nas últimas décadas e a voracidade e as guerras atuais do imperialismo, e de empreender a partir disso transformações profundas que tornem possível e convertam em realidade o que o sistema capitalista impede.

Somos os herdeiros de uma tradição maravilhosa, que transformou o que no velho mundo e nas ideias colonizadas se consideravam lutas nacionais burguesas ou rebeldias primitivas de grupos sociais arcaicos em incríveis revoluções dos humildes e seus guias e representantes, que se lançaram a conquistar a vitória da plena soberania das nossas pátrias e o pleno domínio dos nossos recursos, e a partir daí, como propõe o Plano da Pátria, garantir a maior soma de segurança social, estabilidade política e felicidade.

É preciso chamar as coisas pelo seu nome. O socialismo é a nossa forma, latino-americana, de sermos independentes.

ESQUERDISMO E REFORMISMO NA AMÉRICA LATINA ATUAL[1]

É ótima a escolha deste tema fundamental. Há 20 anos a situação do movimento popular era péssima e os temas principais eram de sobrevivência, exigências mínimas, agarrar-se a ideais e tratar de recuperar a autoestima em meio à euforia neoliberal. Hoje este é um tema fundamental porque avançamos muito e a situação é diferente e muito mais favorável. É preciso ter isso muito em conta para realizar propostas à altura da situação e chegar a soluções que realmente não sejam medíocres ou mesquinhas, porque, em termos históricos, estamos nos aproximando, na América Latina, de uma nova etapa de acontecimentos que podem ser decisivos, de grandes desafios e enfrentamentos, e de possibilidades de mudanças sociais radicais. Ou seja, uma etapa em que predominarão a práxis e o movimento histórico, em que os atores poderiam se impor às circunstâncias e modificá-las a fundo, uma etapa em que haverá vitórias ou derrotas. O momento exige muito do pensamento revolucionário, porque essa práxis tem que acertar e tem que ser intencionada, saber o que quer, por que o quer, como fazer, distinguir o momento de acumular do

---

[1] Publicado em Fernando Martínez Heredia, *Pensar en tiempo de revolución. Antología essencial.* Argentina: Clacso, 2018, p. 691-706. Escrito em outubro de 2013.

momento de agir com decisão, combinar a paciência e a audácia. A ação revolucionária é como a arte mais difícil.

O que hoje chamamos de reformismo ou esquerdismo tem uma história tão longa quanto a das resistências, das lutas e dos movimentos contra a dominação colonial e de classe na América Latina. Apesar de seus aspectos singulares e irrepetíveis, os fatos históricos carregam também uma continuidade e algumas constâncias que permitem tirar proveito deles nas análises atuais, e carregam um acúmulo cultural que pode se converter em uma força conscientizadora e mobilizadora. Ao mesmo tempo, cada nova época traz problemas e exigências específicas que somos obrigados a conhecer e enfrentar com criatividade e originalidade. A combinação não é fácil, mas há um fato que ajuda e que me atrevo a considerar axiomático: na medida em que a prática e seus instrumentos ganham força, organização e atração sobre as maiorias, o acúmulo histórico vai sendo entregue para elas e pode ser atribuído a elas, e elas vão se apropriando da razão histórica e dos nexos entre o passado e o futuro; isso multiplica sua força e sua certeza de vitória, e diminui as dos seus adversários.

O funcionamento dos sistemas de dominação sempre implicou a subordinação das maiorias oprimidas: o momento do consenso é a chave das hegemonias, não o da repressão. Então, o que se considera normal foram as diferentes e sucessivas formas de adequação ao domínio de uma minoria sobre a sociedade. As resistências culturais que se tornam ativas, as revoltas sociais, as rebeldias individuais têm dado conta do conflito que sempre está latente, mas não da possibilidade de que se transforme em revolta organizada e em opção de vitória e de poder. Elas têm suas raízes distantes no tempo e se apoiam em ideias de justiça e de liberdade, e suas ações têm deixado marcas históricas importantes. Mas por si sós não geraram políticas capazes de vencer os sistemas de dominação. O problema que hoje chamamos de reformismo ou esquerdismo só aparece quando existe suficiente consciência da dominação e uma atitude de rechaço a ela, embora essa consciência tenha sido de diferentes tipos e alcances na história latino-americana.

Mas, repetidas vezes, novas formas de adequação ao domínio foram alcançadas depois das etapas de alta consciência e rechaço generalizado, inclusive depois de revoluções, por duas razões principais: não se chegava a destruir as bases do sistema de dominação; este aprendia a fazer concessões em questões não essenciais, a mudar seus modos de mandar e seus símbolos, a reformular, em suma, sua hegemonia. A falta de uma política própria, de representações autônomas do mundo e de decisão de ir até o fim nas mudanças e criar um poder popular tem sido complementar ao funcionamento do poder, muito forte e previamente instalado, à sua repressão sistemática e impiedosa e à sua inteligência no que diz respeito a reformular a hegemonia. Os rebeldes intransigentes são reprimidos e isolados ao mesmo tempo, e depois demonizados, banalizados, manipulados e submetidos ao esquecimento.

Com o desenvolvimento do capitalismo na região foi se produzindo um amadurecimento da capacidade das classes dominantes de dar relativa autonomia à dimensão política e organizar dentro dela formas de consenso em que a demanda e a obtenção de reformas dentro do sistema tivessem peso e ocupassem a maioria dos atores sociais e suas ideologias. Embora uma parte do reformismo conseguisse satisfazer demandas que haviam sido colocadas pelas rebeldias, e embora fosse um veículo comum de certas redistribuições de recursos e de posições sociais, sua função primordial foi sempre garantir a dominação capitalista sobre a sociedade. Por isso, o que hoje chamamos reformismo teve seu sentido final na subordinação ao sistema e no desarmamento e na prevenção das atitudes e ideias subversivas. O horizonte do pragmático-reformista sempre fica dentro da ordem vigente.

Para nós, que nos opomos de maneira consequente à exploração, à cumplicidade subordinada ao imperialismo e às demais formas de dominação, tudo isso está claro em geral, mas, diante da situação concreta de cada sociedade em um momento determinado, muitas vezes essa clareza desaparece. Duros dados de realidades, práticas e crenças enchem a matéria da vida cotidiana e do que parece possível que a maioria possa querer, delimitam identidades e demandas setoriais, configuram lealdades, aversões e ideologias, e fixam limites férreos para as ações e o trabalho de conscientização dos movimentos populares que lutam para mudar a fundo a sociedade e a vida dessa mesma maioria.

Termino essa primeira aproximação ao nosso problema com duas observações. A primeira é que ambas as posições, sua contraposição e sua dialética devem ser analisadas, mas a avaliação predominante a partir de uma perspectiva revolucionária as diferencia de uma maneira radical. O reformismo é antirrevolucionário como prática de seus gestores e é um indicador de escassa consciência e de confusão dos que aderem a ele, enquanto o esquerdismo é um grave equívoco que cometem aqueles que são ou pretendem ser revolucionários, é uma doença infantil que sofrem, diria Lenin. A libertação de todas as dominações e a criação de sociedades novas é o ideal que nos move, nos sustenta e nos serve de bússola e de guia político e moral. As grandes jornadas de revolta popular, as vidas e os feitos dos revolucionários são os sinais principais dessa memória e provêm seus símbolos. Simplificando, o esquerdismo seria um erro e o reformismo um crime.

Mas, minha segunda observação é que as práticas, as experiências, as formas organizativas e os níveis de consciência estabelecidos que se transformam em formidáveis avanços provêm das épocas em que o campo popular teve que se reorganizar depois dos grandes eventos. Mais de uma vez foram elaborados depois da derrota dos esforços mais radicais. São fruto de trabalhos pacientes e extraordinários, de descobrir realmente as pessoas comuns e compartilhar com elas suas vidas, suas necessidades, anseios e demandas, de tecer redes de alcance restrito, mas que nada pode romper. Embora obriguem a dominação a ceder avanços e terrenos, a negociar e conviver com o que repudia, poderiam ser chamadas de moderadas, porque cabem dentro da ordem vigente e não pretendem tomar o céu de assalto. No entanto, o acúmulo cultural que produzem não é nada desprezível: é a realidade a partir da qual é factível propor as empreitadas revolucionárias mais ambiciosas.

A questão, então, é complexa, como acontece sempre nas análises sociais. Não sou capaz de resolvê-la e acredito que nos momentos cruciais é a ação que pode fazê-lo. Mas, também acredito que o estudo, a discussão, a formação política e ideológica são imprescindíveis para compreender o fundamental em uma sociedade determinada, em um processo, em uma conjuntura, no movimento que será histórico, que sempre é diferente do aparente. Na política, o principal é o que não se vê. Essa preparação é indispensável para os ativistas, porque seu dever é enorme: conduzir bem, acertar, não deixar passar as oportunidades, combinar a audácia, a determinação e o bom senso, e muito mais. Para ajudar um pouco nessa tarefa, examinarei algumas questões que me parecem necessárias para nosso tema, tanto dos dilemas em si da ação, expressos pelo par "reformismo-esquerdismo", quanto da análise das realidades históricas e atuais que constituem suas condições, no espírito de fomentar os debates e dar algum marco para a exposição e a discussão das experiências e das ideias.

Ainda que haja um conjunto de fatores comuns que nos permitem situar-nos na América Latina e no Caribe como um todo, e que serão cada vez mais fortes na medida em que nossa causa avance, as diferenças entre países na região são muito evidentes e, em vários casos, as diferenças de regiões dentro deles. Elas serão mais fáceis de perceber quando escutarmos as contribuições de cada país; agora nos referiremos aos problemas em suas dimensões mais gerais, que costumam implicar tendências para cada caso ou servir para tornar mais claras as particularidades.

Recuperar a história a partir do campo popular é uma necessidade para compreender o presente e para guiar nossas ações e projetos. A história foi prisioneira primeiro do colonialismo e, depois, das classes dominantes das repúblicas, burguesas e neocolonizadas. A própria independência, ao observar-se o bicentenário em 2010, escamoteou a grande Revolução Haitiana, verdadeiro início, em 1791, do processo que culminou em Ayacucho 33 anos depois. Houve no Haiti uma grandiosa revolução social, na qual uma enorme massa de pessoas escravizadas que produziam para o capitalismo mundial se libertaram mediante uma guerra revolucionária, venceram os soldados da Inglaterra, da Espanha e um grande exército de Napoleão, se consideraram americanos apesar de uma grande parte ter nascido na África, implementaram o primeiro Estado soberano de nossa região e promulgaram a constituição mais avançada da América. Ninguém teria concebido algo assim em 1791, e 13 anos depois era realidade. Essa foi uma grande lição histórica.

Apenas umas palavras sobre esse processo. A independência da América ibérica foi a primeira descolonização regional que ocorreu no mundo. O determinante no processo foram revoluções violentas na maior parte dos casos da América espanhola, embora na América Central e no Brasil a independência se estabeleceu a partir de atos não violentos promovidos de cima para baixo. Houve crises nas metrópoles e em suas colônias, sem dúvida, mas só porque houve revoluções pôde acontecer a grande transformação. A nação, como a entendemos hoje, era uma ideia incipiente na Europa quando aconteceu a independência na América. Se lá era uma novidade, na América isso conseguiu encontrar espaço precisamente pelas necessidades de autoidentificação que tinham aqueles que se levantavam contra uma ordem colonial que, além de seu poder material e da inércia do estabelecido, tinha muitos meios espirituais a seu favor. Os insurgentes e os novos políticos tiveram que aprender a organizar poderes próprios, confiar neles e torná-los permanentes, e aprender a nomear o novo mundo que estavam criando. Houve revoluções sociais em diferentes lugares durante o processo, mais ou menos vitoriosas, inconclusas, parciais ou derrotadas. A partir das complexas sociedades de dominação resultantes da longa época colonial, cada país enfrentou a ruptura da ordem colonial e a formação dos Estados independentes.

Somente a violência revolucionária pode ser eficaz para fazer com que indivíduos e grupos sociais passassem a negar e superar sua situação de colonizados ou sua condição servil e agir em consequência disso, ser muito subversivos em suas práticas, sacrificar-se, perseverar durante as circunstâncias mais difíceis, organizar-se militar e politicamente, superar, até onde foi necessário, as divisões em castas que haviam e as ideias e sentimentos correspondentes, mudar ou reeducar a si mesmos em boa medida, criar novas instituições e relações, vencer seus inimigos e instituir países que se reconheceram como tais e massas de pessoas que foram ou aspiraram a ser seus cidadãos. Em geral, as independências se consideraram parte de uma epopeia e de um projeto americanos, e assim ficaram gravadas na consciência social e nos discursos mais influentes. Moderados, aproveitadores e conservadores americanos tiveram que adotar os símbolos da epopeia libertadora, inclusive os que queriam midiatizá-la e controlá-la.

Na origem estavam, portanto, a revolução e um projeto continental. A iniciativa humana radical e intransigente foi decisiva e o resultado de conjunto foi um incrível avanço cultural em escala continental. Essa tradição é um aspecto de enorme importância na acumulação cultural latino-americana e caribenha atual. Porém nas repúblicas foram se integrando e consolidando versões que se transformaram na história nacional, como parte de um complexo cultural que correspondia, em todo o essencial, à dominação de classe, ao Estado e às representações sociais correspondentes. Assim como as economias locais, as línguas, as comunidades, as diversidades sociais e humanas, a história foi cristalizada em um molde nacional. Não lhes foi possível reduzir esse molde aos arbítrios dos dominantes, mas o certo é que excluiu o que fosse realmente perigoso para a dominação. Não foi por gosto: a subordinação ao capitalismo mundial não foi eliminada e orientou desde a formação econômica e a organização estatal até as correntes dominantes de ideias e crenças. As colonizações persistem até hoje, nas instituições, nas mentes, nos sentimentos e na vida espiritual. As zonas de silêncio, as multidões sem voz, as seleções tendenciosas de fatos, processos e personalidades, as distorções e as falsidades fazem parte até hoje das culturas nacionais.

A liberdade, as nações e a justiça social viveram processos muito dilatados e complexos na nossa América desde 1824 até hoje. A forma republicana de governo predominou, mas as liberdades foram cortadas, violadas ou não cumpridas na prática em inúmeras ocasiões e lugares, a justiça social continuou sendo negada às maiorias e as nações foram se forjando paulatinamente, tanto que algumas não se completaram ainda. No entanto, em nome delas e do nacionalismo foram implantados regimes de dominação, foram reprimidas as lutas sociais e dos grupos étnicos oprimidos e se realizaram muitas guerras e conflitos entre países do continente. As potências capitalistas, e cada vez mais os Estados Unidos, aproveitaram o tipo de sociedades de dominação estabelecido na região para converter seus beneficiários em sócios subordinados ou em cúmplices, dominantes e dominados ao mesmo tempo. Estes sacrificaram os interesses gerais de suas sociedades para manter os deles e os de seus novos mandantes.

Mas, existe um grande acúmulo cultural no continente, de capacidades econômicas, cultura política e social, identidades, experiências e ideias, que é filha do percurso histórico desses dois séculos e faz parte de seu patrimônio. É potencialmente capaz de enfrentar em melhores condições do que outras regiões do mundo os males aos que foi submetido nas últimas décadas e ao saque e à agressividade do imperialismo, e de realizar transformações profundas que lhe permitam tornar possível e transformar em realidade o que o sistema capitalista lhe está impedindo.

Entre os anos 1950 e 1980, tiveram sua máxima expressão as ideias e as práticas políticas de desenvolvimento relativamente autônomas de certo número de países da região, mas caíram em decadência. Os burgueses latino-americanos protagonizaram uma etapa econômica expansiva e foram em geral hegemônicos em seus países, mas não resistiram ao desafio de quatro processos simultâneos, embora diferentes entre si:

a) o surgimento dos Estados Unidos depois de 1945 como o poder decisivo no continente e na escala do capitalismo global, o que lhe permitiu submeter as resistências, desmantelar as autonomias e impor a incorporação de cada país ao seu domínio político e econômico;

b) a extrema centralização do sistema capitalista mediante os processos de transnacionalização e o domínio financeiro e comercial, a especulação, o gigantesco parasitismo da dívida externa e a tirania exercida pelo FMI e o Banco Mundial. Em consequência, as burguesias subalternas perderam espaço de manobra, reduziu-se o papel da América Latina no comércio mundial, quebraram ou se deformaram ramos industriais e predominaram os setores primários exportadores, multiplicou-se a entrega do excedente como imposto, anulou-se a capacidade dos Estados para cumprir suas funções de fator redistribuidor e de equilíbrio social e se produziu o conservadorismo e o enfraquecimento da maior parte do pensamento econômico e social;

c) o enorme crescimento das lutas sociais e políticas latino-americanas, que chegaram a ser radicais em sua ação e em seus projetos de mudança do sistema e que deslegitimaram a numerosos grupos de poder, desafiaram a hegemonia burguesa, proclamaram projetos populares e aprofundaram o anti-imperialismo. Essas experiências foram muito ricas e diversas: grande número de movimentos de massas muito combativos, lutas armadas em uma dezena de países, o governo da Unidade Popular no Chile de 1970-1973 e várias tentativas nacionalistas em outros países;

d) a libertação de Cuba de suas amarras, mediante uma insurreição vencedora e uma revolução muito profunda, social, política e das consciências. Cuba, um país pequeno mas estratégico do Caribe, que teve duas grandes expansões econômicas entre 1780 e 1930 e um extraordinário processo revolucionário anticolonial, e foi submetido ao neocolonialismo pelos Estados Unidos a partir do fim do século XIX, acabou com o poder da burguesia e do imperialismo, e realizou imensas mudanças sociais e econômicas que transformaram as relações fundamentais, a vida pública e as instituições, trouxeram dignidade e bem-estar a toda a população e soberania nacional plena ao país. Seu exemplo e a resistência e as vitórias obtidas diante da agressão e do bloqueio imperialistas durante meio século despertaram um arco muito amplo de esperança, rebeldia, solidariedade, ódio e agressões. A Revolução Cubana, desde 1959, esteve sempre presente nos assuntos latino-americanos, por suas ações, pelas reações que provocou, pelas relações que foram estabelecidas e pela sua influência na política estadunidense para os demais países da região. Atualmente, é um fator importante para as ações e os projetos que promovem soberania, políticas sociais a favor dos povos, autonomia, integração e unidade continental.

Dadas as profundas transformações ocorridas nas quatro décadas mencionadas, a política burguesa na América Latina não se dividiu entre os arcaicos e os modernos, os entreguistas e os "nacionalistas", como supunham a crença e a esperança pertinazes que abrigavam fortes correntes de pensamento e organização de organizações de esquerda e do campo popular. Voltarei a me referir a essa crença. Em geral, os modernos abandonaram as políticas de certo desenvolvimento autônomo – onde elas existiam – e se "integraram" como subordinados ao grande capital e, em tudo que era essencial, ao imperialismo estadunidense. No campo político, em vez de se aliarem aos movimentos de revolta ou resistência populares, subordinaram-se às exigências imperialistas, aceitaram as novas ditaduras – os chamados regimes de "segurança nacional" – ou foram inclusive coautores nos processos repressivos em muitos países da região, que chegaram até o genocídio em alguns casos. Em vez de uma integração, organizou-se uma internacional do crime. Os regimes capitalistas neocolonizados arrasaram ou desmontaram as formas organizativas do povo, abandonaram as políticas de desenvolvimento autônomo e os instrumentos da soberania nacional, praticaram o entreguismo, aboliram conquistas e políticas sociais e provocaram fortes retrocessos culturais conservadores, tudo em nome das bondades ou da necessidade do neoliberalismo. Esses danos persistiram até hoje em muitos âmbitos.

Che havia escrito em 1966: "as burguesias autóctones perderam toda sua capacidade de oposição ao imperialismo – se alguma vez a tiveram – e são apenas seu reboque. Não há mais mudanças a fazer: ou revolução socialista ou caricatura de revolução".

A política revolucionária foi o fundamental nesta etapa em que as classes dominantes mostraram sua entranha antinacional e foram verdugos de suas próprias sociedades. Pela primeira vez no século XX se pensou e se agiu na América Latina para alcançar uma transformação radical libertadora em uma escala de participação notável. Os revolucionários tentaram derrubar o sistema de dominação de cada país mediante a realização de lutas armadas, a conscientização e a formação de bases sociais, combateram o imperialismo, praticaram o internacionalismo e propuseram a integração continental. O pensamento alcançou um alto grau de independência e produziu teses, correntes e conceitos para compreender as realidades materiais e ideias, e para guiar ou fundamentar a consciência, a conduta e a atuação dos indivíduos, dos grupos sociais e dos povos. Houve um novo nível de socialização mais amplo dessas ideias, pelos estudos de militantes e ativistas e a divulgação voltada para setores da população, e pela combinação do acompanhamento por um bom número de intelectuais dos processos práticos e da produção de pensamento por parte de revolucionários ativos.

Apesar dos sacrifícios, das mobilizações, do heroísmo e da tenacidade que apresentaram, as extraordinárias lutas populares dessa época não conseguiram converter em realidade seus ideais e sofreram derrotas políticas, não somente repressivas. Mas, pela segunda vez na história latino-americana, foram a política e o pensamento revolucionários que colocaram na ordem do dia a derrota das opressões e as libertações sociais e humanas. Os projetos radicais abominaram o sistema capitalista como um todo, não só seus vícios ou erros, e deram um solo americano para o socialismo, que adquiriu concretude e passou a ser atraente para muitos. A liberdade e a justiça social reunidas, que haviam sido o motor de tantas revoltas, passaram a representar e foram formuladas como características indispensáveis das sociedades a criar, como objetivo a conquistar a partir das experiências de anticolonialismo, de repúblicas, cidadania, democracia, combates sociais, revoluções, organizações populares, anti-imperialismo, representações, símbolos e ideias latino-americanos. Esse projeto de uma América nossa, que se cristalizou há poucas décadas, tem muita força e vigência como ideal geral porque dá uma base espiritual e política para abominar o péssimo final do século XX enquanto se elaboram as novas bases que as realidades atuais estão exigindo, porque conseguiu ser efetivamente latino-americano, e porque suas propostas foram assinadas com sangue.

No âmbito dos processos diversos de modernizações do século XX, existiram muitas organizações políticas e sociais que atuaram a favor do bem-estar das maiorias, do bom governo, do desenvolvimento econômico, de mais soberania, de Estado de Direito pleno, dentro das regras cívicas do jogo da ordem vigente. Seria um erro muito grave depreciá-las ou subestimá-las por essa limitação básica. Elas proveram o campo para a ação, as ideias e as experiências políticas de milhões de pessoas durante um longo período histórico; muitas vezes obtiveram a realização de demandas e avanços parciais, mais ou menos duradouros, que os governantes, os patrões e os magnatas, a classe dominante possuída pelo desejo de lucro, poder e predomínio social não teriam cedido gratuitamente. Em outros casos serviram pelo menos como escola de cidadania e aprendizagem dos limites desse tipo de política. O que me impede de taxá-los de "pragmáticos" é que estou me referindo aos longos períodos e às conjunturas em que não estavam ocorrendo grandes protestos ou rebeldias. O indicador fundamental, a meu ver, é que esse tipo de ação política e social, e suas ideologias, são as factíveis e esperáveis dentro do funcionamento de um sistema de dominação que não está enfrentando graves conflitos abertos nem crises.

Eram funcionais para o sistema em geral, é verdade, mas ao menos o forçavam a negociar e a ceder em temas que não colocavam em perigo o seu domínio. Por outro lado, os golpes de Estado a governos que não iam além de reformas moderadas, as brutais repressões a partidos e movimentos sociais que não tinham pretensões de subverter o essencial da ordem constituíram também ensinamentos para os povos sobre a natureza do sistema capitalista.

As revoluções em si tampouco foram criaturas que vieram do nada. Tiveram que começar pelo que o meio existente considerava demandas e bandeiras de rebelião, e se expressando em sua linguagem. O esquerdista acredita ser o verdadeiro radical e o único representante de um povo abstrato e virtuoso que ele praticamente não conhece. O revolucionário sabe que deve partir dos conflitos reais e, ao mesmo tempo, das percepções reais que as pessoas e os diferentes setores do povo têm deles. O processo prático e as conscientizações darão instrumentos para aprofundar as compreensões e os objetivos, permitirão a uns e outros que se conheçam e contribuam com seus saberes, permitirão aos revolucionários que ganhem a condição de condutores e, aos participantes, que adquiram a determinação, outras qualidades pessoais e a organização política que são imprescindíveis.

Acabo de sair de improviso do terreno da narração histórica, porque estou preocupado que já estou há meia hora falando. Eu gostaria de incluir nesta introdução a questão dos instrumentos de pensamento, que têm uma importância fundamental para a atividade revolucionária, porque ela acontece na contracorrente do que parece senso comum e deve ser intencionada e criativa, deve pensar o que faz e o que propõe. Antes de tudo, pensamos a partir do quê? Karl Marx e Antonio Gramsci nos deixaram claro que o que parece vazio no início das análises de nenhum modo o é: há materiais prévios que condicionam poderosamente a atividade de pensamento. A formação inteira de crianças e jovens inclui uma preparação para servir à ordem de dominação vigente, ou pelo menos para aceitá-la. Nos países que foram colonizados e neocolonizados, a formação inclui uma autossubestimação que faz buscar modelos externos, imitá-los e correr atrás deles, a acreditar que desse modo se percorre um caminho que terá seu ponto de chegada e seu prêmio em uma civilização que é alheia e, por conseguinte, inalcançável. Já estamos alertas contra a colonização do pensamento, mas nunca é demais insistir, porque no problema do par reformismo-esquerdismo existe também um componente de colonização mental.

O problema é muito complexo, porque ao longo do percurso histórico deste continente, desde a conquista europeia, foi dominante a cultura dos colonizadores, que contou com incontáveis meios de imposição e de atração. O pensamento reconhecido como tal excluía na prática o que não estivesse dentro da chamada modernidade; é realmente recente a emergência de avaliações positivas e de alguma utilização de outros saberes e formas de conhecer e julgar de natureza propriamente americana. O grave é que os processos de universalização cultural capitalista se aceleraram cada vez mais nos últimos 60 anos; por consequência, a colonização mental é muito forte e abarcadora, e muitas vezes fica difícil identificá-la.

As ideias opostas ao capitalismo não podiam sair do nada. Na Europa, que foi o centro de todo esse processo histórico, as oposições ao capitalismo continham – junto com antigas crenças como a de uma parúsia ou de um destino – um grande número de ideias e símbolos pertencentes à própria ordem que queriam combater, e durante muito tempo foram sobretudo formas de radicalismo advindos da "esquerda" das revoluções burguesas. Não esqueçamos que uma parte considerável do pensamento de Marx se dedicou à crítica dessas ideias e de alguns movimentos que elas produziram, que se opunham à propriedade privada e costumavam ser consideradas socialistas. E o fato é que eram produtos da reprodução do existente, embora quisessem se opor, e a teoria e o comunismo de Marx se baseavam em muito além do que o capitalismo produzia em qualquer um de seus modos de se superar, para negá-lo e impulsionar a revolução anticapitalista em escala total na qual os oprimidos mudariam a si mesmos e criariam uma sociedade diferente e muito superior.

Alguns opositores na verdade queriam retornar a um passado idealizado, mas outros queriam reformar as modernas sociedades europeias para dar-lhes uma racionalidade que não oprimisse as maiorias. Marx e Engels entendiam que só era possível mudar as sociedades que o capitalismo industrial estava revolucionando e dominando ao mesmo tempo, mas essa ordem projetada para o futuro tinha que partir de fatos extremamente radicais: as lutas políticas de classes, a conscientização proletária, a formação de organizações revolucionárias e a revolução proletária que deveria ter um alcance mundial. Eles partiam da análise do modo de produção capitalista, e da Europa como centro desse processo – como era lógico pensar na Europa daquele tempo –, de uma sociologia do conhecimento que vinculava intimamente os pensamentos possíveis e a produção de conhecimentos sociais com o desenvolvimento do capitalismo, com o conflito antagônico que ele mesmo gerava e com o movimento histórico que os revolucionários iriam promover.

A meu ver, eles criaram o instrumento de análise social mais eficiente que se criou até hoje, a ciência política e as formas políticas práticas mais apropriadas para produzir as revoluções sociais e humanas que realizem a libertação de todas as dominações e a epistemologia mais adequada para o conhecimento social. Sempre, claro, que tenhamos em conta as incontáveis contribuições que foram feitas desde então até hoje a partir de posições muito variadas, as quais incluem mudanças, às vezes muito notáveis, nas ideias que os fundadores do marxismo tinham. Também era inevitável que a teoria original contivesse algumas contradições, ambiguidades e ausências; mais de uma delas foi advertida pelo próprio Marx, que tratou de avançar no sentido de superá-las. Para nos aprofundar neste tema, precisaríamos nos apropriar da história do pensamento marxista e assumir uma perspectiva marxista consequente com essa posição – o que, infelizmente, não é muito comum –, colocar essa história sempre em relação com a história política e social desse longo período histórico e, sobretudo, introduzir a dimensão da universalização, que há um século se tornou fundamental para o desenvolvimento do pensamento revolucionário.

Certamente, a organização prevista para hoje nos permitirá em algum momento abordar algo desses temas. Agora eu gostaria apenas de acrescentar alguns comentários que servem para ilustrar problemas.

É natural que uma teoria destinada a servir às pessoas de baixo em suas lutas teria maior êxito na medida em que essas pessoas a assumissem como sua. Mas, foi inevitável que desde então a tomassem a partir de suas estruturas de pensamento e crenças e a acomodassem a suas necessidades mais importantes. O marxismo que, com razão, consideramos vulgar, tem nisso um de seus fundamentos. A crença de que "depois do capitalismo virá o socialismo", como um destino inevitável, de que "a história está do nosso lado", ou até de que "a matéria" vem primeiro e "a consciência" em segundo, são formas ideológicas de reafirmação de quem tem muito pouca força para tornar realidade seus ideais. Também a transformação da expressão de Engels de que a teoria marxiana teria levado o socialismo de utopia à ciência, no título pretensioso de "socialismo científico", que na verdade era usado para se legitimar a ideologia burguesa da ciência, no momento em que esta era a grande justificadora intelectual do colonialismo e do racismo. A formulação intelectual mais importante e influente da vulgarização do marxismo foi o modelo de simples domínio e dependência entre a base "econômica" e a superestrutura, que supostamente deve orientar a política revolucionária e o que esta poderia propor em qualquer situação concreta.

Mas insisto, nesta primeira ocasião, em levar em conta sempre as realidades do que pensa e sente o nosso povo. Farei uma citação um pouco longa, mas com a ideia de que constatemos a grandeza do pensamento que temos produzido em cada país da nossa América, e que é necessário resgatar e conhecer. Em 1931, Gabriel Barceló, um jovem dirigente comunista cubano, que foi um grande estudioso do marxismo, estava em um presídio e ali ele ensinava *O capital* na escola dos presos. Barceló escreveu a um intelectual muito famoso, que não entendia nada do essencial, do presídio político em que estava encarcerado:

> A economia marxista, que foi construída com o mesmo sentido do devir que anima todo o pensamento de Marx, assim como o

> materialismo histórico, sua genial interpretação da História, não apenas não são dogmáticos, mas são destruidores de qualquer dogma. Isso não quer dizer que 'algumas verdades científicas e perfeitamente controláveis na prática', sobretudo pelo estudioso, não tenham forma dogmática na mente popular.
> César Vallejo, em seu livro *Rusia en 1931*, em um capítulo de sua interessante obra trata da dogmática e da mítica revolucionária.
> [...]
> Entre o elemento mítico, se pode situar a 'luta final'. Desta convicção profunda, que surge sobre sua dor infinita, brota potente a vontade do proletariado de triunfar em uma 'luta' que seja 'final' de qualquer desventura.

Nessas últimas décadas, conseguimos expulsar a ideia de que o pensamento revolucionário só podia ser elaborado por uns poucos iluminados. Por isso mesmo, temos que generalizar o exercício de pensar. Portanto, embora seja difícil, é fundamental o trabalho de formação hoje em dia.

MOVIMENTOS SOCIAIS, POLÍTICA E PROJETOS SOCIALISTAS[1]

O problema prático das relações entre o político e o social é central na América Latina atual, ainda que não seja explicitado no mesmo grau nem de igual maneira pelos setores interessados. Que seja abertamente um problema principal para todos aqueles que desejam agir a partir dos interesses das maiorias do continente já é uma vitória importante de cultura política, apesar das costumeiras lamentações sobre as insuficiências e os erros das organizações políticas populares em relacionar o político com o social. Isso significa que se está começando pelo menos por aquilo que em conjunturas decisivas anteriores não se viu, ou se percebeu tarde demais. Essa é uma vantagem da qual é necessário tirar proveito.

Tratarei desse tema a partir do campo da busca de conhecimentos, indagação que sempre é condicionada pelas realidades e suas tendências, e por determinados pressupostos ideológicos. Na verdade, só almejo contribuir à abordagem que considero adequada aos problemas, que é o que me parece mais urgente. Por isso, esse

---

[1] Exposição no Seminário *Estado, partidos políticos e movimentos sociais*, organizado pelo Foro de São Paulo na Cidade do México, em março de 1993. Revisado para publicação em: Martínez Heredia, F. 2006: *Socialismo, liberación y democracia. En el horno de los noventa* (Melbourne / Nova York: Ocean Sur) p. 24-46.

trabalho apresenta unicamente caracterizações e proposições sintéticas sobre os processos sociais com os quais a meu ver é necessário lidar para compreender o tema estudado, e se mantém nos níveis gerais que considera apropriados.

Estes são apenas apontamentos para um debate. As soluções corretas serão sempre fruto de combinações acertadas de práticas políticas e sociais eficazes com boas reflexões e previsões. Opino, contudo, que estas últimas são indispensáveis para adiantar o caminho para as práticas atuais, cuja desenvolvimento é muito insuficiente, e também creio que não se conta com tempo suficiente para fazê-lo antes de que novas conjunturas decisivas se apresentem na América Latina.

1. Política, economia e sociedade depois da "democratização"

O sistema político predominante em termos gerais na última década na América Latina é o chamado democrático. Suas principais características são:

- Regimes (em muitos casos pós-ditatoriais) baseados em governos civis, avanços variáveis no Estado de direito e processos eleitorais relativamente aceitáveis[2] no que diz respeito à transparência e à participação nas eleições dos inscritos como eleitores;
- alternância dos partidos do sistema no Executivo e no controle dos poderes formais do Estado;
- continuidade do Estado autoritário e de suas funções de dominação;

---

[2] Incluo os casos em que o conteúdo da luta política continua sendo conseguir que esses regimes civis e processos eleitorais sejam realmente aceitáveis, e não simples tramitadores da conservação legalizada do sistema. Isto é, que as práticas do poder respeitem, ao menos, as características básicas da própria democratização.

- predomínio de ideologias e crenças políticas que consideram intangível a ordem legal vigente e o sistema capitalista;
- a tomada de decisões fundamentais permanece fora do controle dos representantes eleitos, das instituições e da maioria da população;
- os mecanismos políticos e as ideologias predominantes são funcionais para a transnacionalização e o arbítrio do capital financeiro parasitário, que se tornaram determinantes na formação econômica. As instituições financeiras internacionais gozam de enorme influência sobre os meios políticos;
- forte controle, influência e presença do poder político e econômico dos Estados Unidos, em formas e níveis diversos.

Outro aspecto significativo atual é a tendência de equiparar idealmente os sistemas políticos da América Latina e suas referências ideológicas aos dos países capitalistas desenvolvidos. As causas e manifestações dessa tendência são complexas. Nas últimas décadas se aprofundou e se acelerou a universalização dos processos sociais, impulsionada pelo capitalismo desenvolvido. Nos países da chamada periferia do capitalismo se combinam, por um lado, a crescente determinação e sujeição de sua economia ao exterior e a diminuição progressiva de sua autodeterminação, a transnacionalização, a miséria massiva estrutural e outras consequências da maturidade do sistema mundial capitalista, com a pretensão – por outro lado – de que essas sociedades "subdesenvolvidas" se organizem politicamente e tenham um mundo ideológico que imite os países centrais.

Muitos fatores operam a favor dessa pretensão. A partir de histórias recentes, e até certo ponto, se elaboraram processos, relações e instituições característicos do capitalismo desenvolvido na maioria dos países do planeta. Com maior intensidade e difusão – ainda que em proporções muito diferentes segundo os estratos de população de que se trate –consomem-se os valores e diversos produtos culturais procedentes do polo desenvolvido do capitalismo. Certas classes sociais e estratos são mais receptivos a esses valores e produtos por razões diretamente ligadas à sua existência e modo de vida; outros tantos são influenciados a se somarem pelos meios de socialização do sistema, embora não gozem de seus bônus. Por diversas razões, na América Latina há uma incidência maior desses processos e características do que nas outras regiões do chamado terceiro mundo. Elas incluem a realidade de que os elementos culturais em questão não apenas estão solidamente implantados no campo da dominação neste continente de antigos Estados independentes republicanos, ou funcionam a favor dele: uma longa tradição de lutas e de ideias populares latino-americanas reivindicou a identidade regional e o bem-estar para seus povos a partir de ideais e instrumentos políticos e ideológicos originados no desenvolvimento do Ocidente.

Antes de continuar esta descrição breve e esquemática do complexo que a política e as ideias relacionadas com ela formam na América Latina atual, advirto que tomei três licenças. São elas: ignorar a diversidade entre os países, discordância que às vezes é extrema, por meio de generalizações cuidadosas mas que em alguns pontos se mostram insuficientes; excluir Cuba, cuja situação é incomparável ao resto; e não dar ao aspecto da violência política o peso que ela tem na realidade nos casos da Guatemala, do Peru e da Colômbia.

A chamada democratização está se esgotando, mas ocupou o lugar central da política na última década. O par "ditadura-democracia" marcou os limites dessa política, reduzindo o campo dos projetos considerados possíveis. Ao mesmo tempo que permitiu a entrada nos atos eleitorais de milhões de pessoas e reconheceu a milhares como atores sociais, excluiu porções geralmente maioritárias da população dos acordos políticos feitos sobre as questões sociais e econômicas: os "pactos" têm reconhecido direitos e demandas, mais ou menos, de setores organizados com poder de pressão; o restante da população de cada país tem sido submetido às políticas dos regimes "democráticos" e aos chamados ajustes econômicos. A evolução das conciliações seguiu essa ordem geral: primeiro se acordava para obter ou preservar governos civis e a institucionalidade, deixando as demandas sociais "para depois"; em seguida, as políticas de ajuste exigiram sacrificar as maiorias em prol de uma *"migalha"* da futura prosperidade, ou simplesmente porque é indispensável que a política econômica faça essas "concessões" a leis externas "da economia". A macroeconomia que as repartições econômicas governamentais administram não se sente obrigada a levar em conta a miséria nem a política social, nem estas afetam muito a atividade cotidiana dos partidos políticos. O desastre que se vive na sociedade é excluído das variáveis determinantes do sistema político democrático.

Esse desastre não é consequência de uma conjuntura de crises. A miséria atual na América Latina se torna estrutural e crescente porque é consequência da fase do capitalismo subordinado em que a transnacionalização virou determinante na formação econômica. Este processo significa que mais de 40% da população são excluídos da economia ou não são necessários a ela: a metade deles já é indigente. Mas não sobram apenas eles: o bem-estar de amplos setores médios, os negócios de uma parte do empresariado capitalista, a atividade econômica com fins nacionais, todo projeto capitalista nacional, a mais modesta política social e a soberania nacional também estão se deteriorando ou sendo excluídos. Diminui o emprego, os rendimentos, o valor que se dá às capacidades, à saúde e até ao mérito dos pobres; sua luta diária é pela sobrevivência. Milhões de servidores públicos, técnicos, profissionais, comerciantes, empresários – cada um em sua medida – perdem nível de vida, segurança e esperança.

A formação econômica na América Latina está se adequando ao modelo que é imposto pelo capitalismo mundial, um modelo extremamente excludente e subordinador. O lugar deste continente no comércio mundial diminui rapidamente, se desmantelam estruturas de produção industrial e o gigantesco parasita da dívida externa extrai proporções crescentes do produto econômico. Nas condições atuais, a política das classes dominantes não dá espaço para medidas sociais que equilibrem seus regimes e sustentem reformismos políticos. Se exige que o Estado – ao mesmo tempo, cada vez mais "enxuto" e autoritário – sirva menos aos interesses do país e à soberania nacional do que à dominação transnacional. Além disso, os Estados Unidos impõem os aspectos dessa dominação: diante de sua perda de competitividade frente a outros centros capitalistas e seus problemas internos, os Estados Unidos tratam de converter a América Latina em seu quintal, baseando-se em sua implementação imperialista e nos controles anteriores na região, e em ser hoje a única superpotência mundial. Pretendem nos tornar reféns de sua debilidade, além de vítimas de sua força.

A base social e nacional da hegemonia das classes dominantes se estreita e se debilita; a legitimidade de sua hegemonia não foi alcançada em alguns casos e, em outros, se desgasta. Em muitos casos os dominantes são frações novas que não têm em seu favor a tradição nem conduziram alguma vez o povo. Em seu passado recente, é abundante a cumplicidade com as ditaduras sangrentas de "segurança nacional" e com o entreguismo, diante da opção de reconhecer demandas e personalidade às maiorias de suas próprias sociedades. Em geral não há propostas de futuro que justifiquem o presente: nem economistas nem políticos se atrevem a prometer bonança para a gente comum. A democratização mantém as características do sistema político enunciadas acima, mas não enfrenta problemas básicos como a participação cada vez menor do trabalho na renda nacional, a imensa e crescente desigualdade em termos de renda, a não satisfação das necessidades básicas das maiorias e a erosão da soberania. Mudam os governos, os partidos e parlamentos, mas não muda o Estado. A reprodução ideológica do capitalismo continua sendo, na América Latina, muito mais abarcadora e decisiva do que a reprodução do capital. A ideologia neoliberal e o triunfalismo capitalista difundidos pelos países centrais ainda demonstram eficácia, mas estão a caminho do esgotamento – e talvez com eles se esgote a democracia eleitoral – diante das miseráveis realidades das sociedades.

É um momento de transição, insisto. O fato de a lógica dominante condenar ao desaparecimento ou à perda de importância de determinadas formas econômicas, atividades estatais, instituições e profissões – e os valores, interesses, sentimentos e hábitos que estiveram ligados a elas – não significa que esses processos tenham concluído, na prática, seu ciclo vital. Não dá para confundir as tendências com processos transcorridos. É inevitável que neste tempo de transição surjam tensões, contradições e enfrentamentos. Na verdade, eles constituem uma parte muito importante da política latino-americana dessa etapa, que pode assumir significados e entidades diferentes e acarretar consequências significativas para o sistema político vigente.

O mais transcendente nas sociedades do continente na atualidade é que partes consideráveis delas adquirem consciência de si e formas próprias de organização. Os movimentos sociais agrupam milhões de habitantes urbanos humildes, cristãos de base, trabalhadores "informais", defensores de direitos humanos, mulheres, indígenas, camponeses sem terra, ecologistas, negros, jovens, desempregados, aposentados; eles expressam em alguns casos as mudanças estruturais recentes, mas sobretudo manifestam a emergência de condutas massivas voltadas para a defesa de suas identidades, seus interesses específicos e suas representações sociais. O período recente tornou os movimentos sociais relevantes, por razões muito variadas. Aponto as cinco que considero as mais importantes:
 – a universalização capitalista tem efeitos monstruosos e contraditórios neste continente: crescem as relações sociais e os produtos culturais tipicamente capitalistas, o que favorece a atomização dos interesses individuais e a ampliação dos

papéis da sociedade civil. Mas, cresce ao mesmo tempo, nesse mesmo processo, a grande pobreza em que transcorre a vida das maiorias, e no sistema político não se materializam regimes democráticos análogos aos típicos do capitalismo desenvolvido;
- a autoidentificação social e suas especificações têm sido favorecidas pela expansão da capacitação, da escolarização e de representações mais complexas do mundo, que têm acompanhado os processos latino-americanos das últimas décadas;
- nas últimas décadas, as repressões políticas e sociais e os Estados de exceção sistemáticos esvaziaram de sentido o sistema político como defesa de interesses populares e equilíbrio de poderes. Muitos movimentos sociais ocuparam espaços que antes eram da política, ou controlados por ela, e elaboraram formas sociais de luta de maneira autônoma;
- os regimes políticos atuais funcionam de maneira alheia às reivindicações e necessidades imediatas da sociedade. A mera sobrevivência e a defesa de interesses, identidades e representações sociais de milhões de pessoas tiveram que se expressar como autodefesa e apelar para a solidariedade e para as forças culturais dos próprios grupos implicados;
- o Estado é execrado hoje dos ângulos e propósitos mais diversos: ele é considerado intrometido e ineficaz em relação à economia, incapaz de atrair o investimento estrangeiro ou de defender a sociedade de seus efeitos; burocrático, autoritário, surdo ou inútil para enfrentar as necessidades sociais, ou servidor de interesses antipopulares. A sociedade que se expressa e se organiza parece ser a antítese do Estado, e isso gera simpatia aos movimentos sociais.

Muitos movimentos sociais foram muito ativos – e por momentos protagonistas – nos processos antiditatoriais. A política do sistema procurou desmontá-los ou romper suas redes, como parte de *seus* processos de democratização controlada e limitada. Mas a natureza, as demandas e as ações dos movimentos sociais tendem a opô-los a aspectos do sistema de dominação. Essa virtualidade que os associaria à luta contra o sistema em uma conjuntura determinada não implica que as organizações opostas a ele tenham conseguido vincular-se aos movimentos sociais em escala significativa (reitero as licenças que adverti ter tomado acima). Este problema, e em sentido mais geral o da articulação entre o social e o político como parte de uma renovação do que-fazer político, é central para o avanço de uma alternativa política à dominação.

2. Hegemonia capitalista, democracia e socialismo

Por vários anos antes da queda do chamado socialismo real, já em grande parte da América Latina estavam em crise ou muito enfraquecidas as organizações e ideias revolucionárias, a alternativa socialista e a esquerda em geral. Durante os anos 1960 e 1970 havia sido produzido um enfrentamento prolongado e muito sangrento entre a onda de protestos sociais e rebeldias revolucionárias que percorreu o continente, preludiada e estimulada pelo triunfo cubano, e a grande repressão, que chegou em alguns países ao genocídio, empreendida pelas classes dominantes e o imperialismo. Ambos se enlaçavam entre si mais intimamente naquele tempo, mediante um processo que deu lugar ao domínio atual do capitalismo transnacional na região. A vitória obtida pelo bloco dominante não foi somente militar mas também política e ideológica, embora também seja certo que se viram obrigados a reconhecer o aumento da consciência social e da capacidade organizativa de setores muito amplos da população.

Também foram produzidos ou se mantiveram, no entanto, eventos e situações de caráter contrário a essa tendência. Desde o fim dos anos 1970, a América Central influenciou todo o continente com o triunfo da insurreição sandinista e a existência de um poder revolucionário na Nicarágua, com o grande movimento revolucionário salvadorenho e o crescimento da insurgência na Guatemala. As agressões e o intervencionismo sistemático dos Estados Unidos foram fatores contrarrevolucionários fundamentais na região. Na América Central foram violados todos os direitos humanos, se reprimiram as atividades sociais e políticas da população e se chegou ao genocídio, enquanto se declarava a democratização de todo o continente. Em alguns países latino-americanos as mobilizações sindicais, políticas e populares durante a transição a governos civis renovaram ou deram lugar a muito importantes expressões políticas de oposição ao sistema que continuam até hoje, e que fazem parte dos esforços e das rebeldias contra a dominação capitalista que existem na região. A revolução socialista de libertação nacional em Cuba, com suas realidades exemplares de avanços sociais, de soberania, convivência e solidariedade humana é um extraordinário exemplo do que os latino-americanos podem fazer por sua libertação.

A situação criada com o fim dos regimes da Europa oriental fortaleceu muito as posições da dominação capitalista na América Latina. Entre suas principais consequências estão o grande desprestígio do socialismo, o triunfalismo capitalista, a sedução do neoliberalismo e o desalento que arrebatou muitas pessoas. As mudanças geopolíticas mundiais favoreceram sobretudo a potência estadunidense. Em termos gerais, pretende-se que o capitalismo seja o único horizonte geral da diversidade de comportamentos, organizações e projetos humanos.

Me interessa destacar certos aspectos da hegemonia das classes dominantes.[3] O essencial da vitória dessas classes tem sido o fato de que ela inaugurou uma etapa de aceitação da impossibilidade

---

[3] Tratei desse tema amplamente em Martínez Heredia, F. (1992). Utilizei ideias e alguns textos da seção 3 de "Dominación" [Dominação].

de alcançar mudanças sociais profundas favoráveis às maiorias por parte de quase todos os atores e do pensamento representativos das classes populares. Eles têm aceitado também limitar sua atuação às práticas fomentadas ou permitidas pela legalidade estabelecida, restrição que favorece a crença de que essa conduta é a correta, e a condenação a qualquer outra posição. Essas aceitações indicam a desaparição do socialismo como ideal e como modelo confrontador do capitalismo, e a desqualificação de qualquer tentativa prática de avançar para o socialismo. Em seu lugar apareceram ou se incrementaram pensamentos e práticas que aspiram a reformas dentro do sistema capitalista, de diferente agrupamento e afiliação.

A democracia "sem adjetivos" se tornou o mais tratado desses temas que compartilham em algum momento o interesse da academia e dos meios de comunicação de massa. Como forma ideológica, ela se beneficiou do desejo de gozar de direitos civis que a população politicamente ativa[4] e os ativistas sociais teriam, depois de tantos anos e tantas repressões massivas e Estados de exceção. Em escala social, é propício o desejo generalizado de ter formas democráticas efetivas de governo, embora o significado que se dê à democracia e as expectativas que se tem disso seja de fato muito diferenciado. Também foi de interesse da política estadunidense para a região promover formas de governo civil, como o foi, ao contrário, sua

---

[4] Chamo população politicamente ativa a parte de uma população que é capaz de incidir na continuação ou na mudança das estruturas políticas a partir de suas atuações, sistemáticas ou frequentes, motivadas por percepções, sentimentos e pensamentos diretamente relacionados com a dimensão política em uma formação social determinada. Diferencia-se, portanto, da parte que atua em política esporadicamente, ou que não atua nunca e também das ações que não estão politicamente motivadas, embora possam ter efeitos políticos.
O conceito de população politicamente ativa permite analisar a dimensão quantitativa da participação nos processos políticos, afinar o conhecimento dos modos e instrumentos utilizados pelas organizações e personalidades políticas e obter elementos, como são as séries históricas, para estudar a evolução no tempo dos problemas mencionados.

promoção intervencionista de "segurança nacional" nos 20 anos anteriores; esse interesse aumentou sensivelmente a factibilidade da democratização e o trabalho de formação pública a seu favor. Esta última tarefa é uma variável que nos últimos anos tem crescido qualitativamente em influência massiva, nos meios e técnicas com que é trabalhada e no controle imperialista e totalitário sobre ela, de maneira que a indução de opiniões e sentimentos em grande escala desempenha um papel muito grande na configuração da hegemonia. Além disso, a promoção do tema da democracia nos meios massivos internacionais virou um assunto privilegiado, e isso teve grande influência na América Latina, que é grande consumidora desses meios.

A velha contraposição entre socialismo e democracia, deixada de lado durante o predomínio das ditaduras e da repressão, foi renovada. Porém, agora suas circunstâncias registram mudanças importantes. Os fatores que relacionei até aqui tendem a identificar ou ao menos reconciliar o sistema político capitalista vigente com a democracia; os atores interessados tratam de converter esse sistema no defensor da democracia ou – nos casos em que é difícil demais – apresentá-lo como um avanço ou uma transição até ela. Por outro lado, o abandono dos ideais e objetivos anticapitalistas leva certos setores caracterizados como de esquerda a relacionar seus critérios e sua atuação com o avanço do aperfeiçoamento da democracia *do sistema capitalista*. Para eles o socialismo só tem dois caminhos: ou desaparecer totalmente, ou integrar-se à hegemonia capitalista e servir dentro dela como corpo de valores e fator de moderação do liberalismo e do poder do mercado.

A tudo isso é preciso acrescentar a grande desvantagem histórica do socialismo em relação à questão democrática:

    a) O socialismo surge – como pensamento e como luta política – em oposição à primeira sociedade que se organizou efetivamente no mundo a partir da liberdade individual e não do trabalho servil, da igualdade formal e não da desigualdade

legal ou consensual, das relações mercantis generalizadas e a política baseada em direitos cidadãos e eleições de representantes. E as instituições econômicas e políticas do capitalismo não são contraditórias entre si, mas necessitam uma da outra;
b) no capitalismo se formula um dever-ser da liberdade e da democracia que tem servido como referência e como meta para muitas lutas e ideias sociais e políticas que têm sido efetivamente rebeldes contra os males do capitalismo real. Esse dever-ser oferece também um horizonte ideal a grande parte do campo ideológico e cultural. Assim, a liberdade e a democracia podem parecer metas alcançáveis dentro do capitalismo;
c) pelo seu próprio objetivo anticapitalista, o socialismo se formou e evoluiu tratando de negar a totalidade do sistema de dominação. Existe uma longa tradição socialista que denuncia o caráter capitalista dessa democracia, que a subestima e se opõe a ela. Além disso, há um século a adequação reformista de tipo socialista à hegemonia capitalista, iniciada na Europa, tem privilegiado a aceitação e a defesa das formas democráticas capitalistas como legitimação de suas posições e veículo de sua atividade reivindicativa. Isso influenciou muito para o rechaço e o desprezo dos socialistas revolucionários à democracia;
d) a tomada e a utilização do poder como objetivo político expresso do socialismo implicava uma preferência teórica pela forma ditatorial de governo, ao menos por quatro razões: 1) o novo regime se originaria na ruptura revolucionária da ordem vigente; 2) a necessidade de impô-lo, em vez de evoluir até ele; 3) o poder ser um instrumento para o período de transição do capitalismo ao comunismo (período reduzido às infelizes "construções" do "socialismo"); e 4) diante da realidade histórica de que não aconteceu a revolução mun-

dial ou simultânea prevista pelo marxismo originário e da necessidade de uma luta internacional e de defesa dos novos poderes contra o capitalismo mundial.

A segunda razão nos conduz a uma ambiguidade teórica fundamental presente no marxismo originário. Na época começava a triunfar o evolucionismo como novo paradigma científico que influenciava o conhecimento social. O postulado da inevitabilidade do socialismo como consequência da evolução social parece se afirmar em certas passagens da obra de Marx; a estas pode-se, no entanto, contrapor outros – que a meu ver são decisivas – nas quais Marx postula que a revolução proletária – como condição imprescindível para que possa acontecer a transição socialista e para que seus atores sejam efetivamente capazes de se transformar, de superar a maneira capitalista de viver e criar uma nova maneira de viver – só pode triunfar por meio de um tipo de atuação humana especificada socialmente (classista e, por isso, consciente, organizada, violenta). Considero que este problema seja fundamental para a perspectiva marxista, mas não posso tratar disso neste texto;

e) a história da principal experiência socialista do século, a soviética, que começou como uma revolução contra uma complexa cultura de despotismo imperial, mas que não conseguiu desenvolver formas democráticas próprias, se tornou antidemocrática, liquidou a revolução que a tinha originado e depois petrificou um sistema estatal de autoritarismo, privilégios por estratos sociais e asfixia da sociedade. A teoria socialista foi degradada durante décadas como ideologia da justificação e legitimação daquele regime, e como um rígido e estéril dogmatismo;

f) a difícil universalização do socialismo, que teve que ser anticolonialista e anti-imperialista diante das formas fundamentais de universalização do capitalismo, foi muito prejudicada por certos aspectos negativos dos movimentos e ideias socialistas: o eurocentrismo, o interesse estatal desmedido de países socialistas, a manipulação, a sedução, a subordinação e a colonização mental. A democracia sofreu as consequências, assim como a sofreram também outros campos muito importantes;

g) um complexo de formas culturais próprias e de efeitos de tudo isso trabalham contra o desenvolvimento da democracia no pensamento e nas organizações socialistas na América Latina. A reprodução do autoritarismo e de outras práticas antidemocráticas teve funestas funções políticas e morais. O desapego ou a aversão à democracia torna difícil pensá-la e agir eficazmente na política. A adequação à hegemonia e à cultura capitalistas, tão nefasta quanto usual, limitou a preocupação democrática à tarefa de "intelectuais do partido", deixando a essa fração a função – própria de uma divisão muito primitiva do trabalho – de portadores de um "dever-ser democrático", neste caso chamado "socialista", que podia estar alheio ao resto do partido.

O capitalismo latino-americano dominante-dominado pelo imperialismo, que tem um histórico muito antidemocrático, de acordo com sua natureza, suas necessidades e seu campo cultural, pôde, no entanto, a partir de seu poder, fortalecer a imagem do socialismo como principal inimigo da democracia.

A tendência dominante na atualidade dos estudos sociais na América Latina é fruto de uma mudança muito notável da perspectiva e dos temas de pesquisa social. Primeiro, foram praticamente abandonados o tema da mudança social e da influência das teorias do conflito social; depois, foi-se deixando de lado a prática de relacionar o tema do desenvolvimento econômico com a busca de causas estruturais e de inserção dos países em sistemas internacionais. A crítica – muito acertada, a meu ver – da pretensão de que determinados sujeitos sociais deviam cumprir um destino histórico se tornou agora mais abrangente: para essa crítica não são possíveis os projetos que prefiguram uma nova ordem social, não são desejáveis os paradigmas abrangentes, não tem sentido sequer falar de um sentido da história. Outra característica atual é a falta de mediações entre os temas do campo intelectual e os tópicos manejados pelos interesses mais poderosos da sociedade.

A transição para a democracia e, agora mais ainda, a governabilidade dominam assim a indagação teórica sobre o movimento político. Na perspectiva prevalecente, o Estado assume a transição concertada e as políticas de "liberalização" econômica e de "democratização"; os movimentos sociais ocupam um espaço fragmentado e heterogêneo que crescerá sem pretensões de determinar o social, a democracia ficará sem "adjetivos" ou dimensões sociais ou econômicas. O reducionismo da perspectiva quanto à ação social tem se acentuado nos últimos anos. A "crise de paradigmas" abarca agora também a perspectiva keynesiana, que foi tão influente durante um longo período. Com o liberalismo rejuvenescido – "neoliberal" – declaradamente antiestatista, mas que utiliza os recursos do poder para todos os efeitos econômicos que lhe convêm, e com o férreo determinismo econômico que ameaça o pensamento social em seu conjunto se completa um quadro de correspondências entre o rumo da dominação no sistema mundial capitalista e o do pensamento social.

O tema da democracia, tão vital para a reformulação de um projeto de mudança social que se oponha à dominação vigente, se mostra então duplamente manipulado. A democracia formal e suas instituições, instrumental cujo conhecimento é tão necessário para acertar em sua utilização, se tornam abstratas ou rituais, e a qualidade "democracia" se configura em um ideal a ser alcançado por todos, instituições e indivíduos, um altar moral da política e um lugar retórico. Ao mesmo tempo, essa democracia independente da realidade se torna uma exigência ideológica permanente diante da qual devem fazer penitência e promessa os pensadores e políticos de "esquerda", culpados de ignorá-la ou violá-la sem que a maioria deles tenha tido alguma vez poder algum para fazê-lo.

O ideal de uma democracia efetiva é sentido e analisado também de maneira independente por diversos latino-americanos alheios à dominação, apesar desse maquinário formidável e onipresente que atua desde os consumos culturais cotidianos até a academia. A existência desta *outra* democracia dá um testemunho da ampliação e dos avanços que o campo cultural das classes dominadas do continente está alcançando, uma característica da realidade atual que a meu ver é muito relevante.[5] Seus avanços são muito importantes quanto à obtenção, utilização e adequação de conhecimentos, métodos e técnicas sociais, embora eles sejam ainda muito insuficientes e estejam em parte marcados por características que já não são úteis, ou que nunca o foram. Esses avanços vão desde o amadurecimento da educação popular como instrumento de desenvolvimento das pessoas e dos movimentos sociais até a realização de pesquisas rigorosas em ciências sociais e formulações de um pensamento oposto à dominação.

3. Problemas de uma alternativa anticapitalista

Diante dos governos que expressam o poder das classes dominantes, se reorganizam – ou nascem – instituições políticas que os desafiam no terreno do sistema político vigente; em alguns países elas têm notável força numérica e enraizamento popular, e nos demais são muito minoritárias na atualidade.[6] Essas organizações

---

[5] Entre outros textos, toquei nesse assunto em Martínez Heredia (1987, 1988, 1989, 1991).

[6] Em relação a processos eleitorais, México em 1988 e Brasil em 1889 são exemplos do primeiro caso; no Uruguai, essas organizações políticas têm ganhado a

políticas participam dos processos eleitorais e chegam ao parlamento, exercem funções de governo local e regional em vários países, exigem a afirmação e o aprofundamento dos processos de democratização, lutam contra as políticas econômicas e sociais "neoliberais" que avançam, apoiam as demandas sociais de diversos setores e denunciam a situação das maiorias miseráveis, e em alguma medida enfrentam a ideologia dominante e tratam de apresentar uma alternativa de mudança contra o sistema vigente. Setores dentro dessas organizações costumam reivindicar o socialismo como horizonte sem almejar sua implementação em um futuro próximo nem serem homogêneos quanto ao que entendem por socialismo.

No que tange ao conflito entre o sistema capitalista e aqueles que querem mudar profundamente a sociedade, a política latino-americana atual *opõe duas minorias*, umas delas no poder e a outra sem possibilidades imediatas de enfrentá-la com êxito, por falta de direção ou atração suficiente sobre grandes porções da maioria da população. É preciso acrescentar, creio, outras duas peculiaridades dignas de nota:

a) uma parte dessa maioria que não é conduzida pelos políticos que se opõem ao sistema está organizada e tem suas visões e ideias próprias sobre as contradições da sociedade em que vive; e

b) a ideia do poder como meio da mudança social, tão central na política, está sendo questionada no campo dos opositores do sistema.

A hegemonia capitalista conserva aspectos que lhe são muito favoráveis, como o fato de amplos contingentes de eleitores muito humildes apoiarem candidatos do sistema em vez dos candidatos populares. Desde o início, nas disputas eleitorais e em outras con-

---

prefeitura de Montevidéu. A esquerda eleitoral peruana, no entanto, que estava crescendo no início dos anos 1980, decaiu no fim da década.

junturas que comprometam sua segurança, o sistema utiliza as tremendas vantagens que lhe dão o exercício e os recursos do poder, ordenamentos legais que o beneficiam e artifícios, os limites práticos para o exercício da cidadania, a cultura de dominação estabelecida e até a inércia. Esses fatores protegem o sistema frente às propostas de seus adversários, e estes, por mais que se moderem, sempre podem ser qualificados de aventureiros. A desqualificação que sofrem atualmente os atos que saem das regras do jogo do sistema completa a fortaleza política das classes dominantes, e oculta ou dissimula sua subordinação aos poderes do capitalismo central.

No entanto, não são de desprezar os fatores negativos para a dominação. É muito evidente a diversidade de interesses econômicos, a voracidade e o pertencimento a grupos rivais existente entre setores ativos que não se propõem a uma mudança de sistema, e também as diferenças de posições e valores políticos e ideológicos entre eles. Quando essa diversidade leva a confrontos, ela ocasiona desequilíbrios que podem ser importantes e podem até colocar em risco a ordem em conjunturas determinadas. O apego aos modos tradicionais de operar no poder – autoritarismo, corrupção aberta, repressões, continuísmo, nepotismo e outros – constitui um forte obstáculo para certas necessidades de democratização. O narcotráfico, importante ramo de negócios na atualidade e que por suas próprias características deve manter relações complexas com as autoridades, é um agente especialmente nocivo para os sistemas de dominação latino-americanos, diferentemente do que ocorre no "primeiro mundo", onde seus papéis são mais controlados. Por outro lado, a situação social de empobrecimento, miséria crescente e marginalização, sem saídas visíveis, gera numerosas respostas entre os afetados que violam as normas legais, e origina também protestos sociais; ambos os tipos de rebeldia, mais ou menos primitivas, podem chegar a ser perigosos para a ordem vigente.

Muitas organizações políticas "de esquerda" manifestam a necessidade de articular as esferas do político e do social como elemento imprescindível para que sua oposição ao sistema seja eficaz, e colocam esse problema no centro de uma determinação explícita de renovar sua maneira de fazer política. Porém, se admite em geral que é muito insuficiente o que foi alcançado nesse campo. É acertada a questão colocada, quais são as causas?

Em busca de conseguir se aprofundar no problema – e para isso é preciso postulá-lo bem – eu gostaria de identificar possíveis insuficiências presentes em organizações "de esquerda":

- mantêm dogmas organizativos e ideológicos, ao mesmo tempo que copiam formas capitalistas de exercício de poder;
- não conseguem ser o polo atrativo de formação de um bloco amplo e ao mesmo tempo de orientação popular contra o sistema;
- não colocam no centro de sua atividade política os interesses dos mais humildes;
- não conseguem ocupar simultaneamente espaços políticos e sociais em conjunturas sensíveis, nem conseguem atuar com eficiência em ambos os terrenos;
- não elaboram projetos anticapitalistas claros que influenciem em suas expressões organizativas, ideológicas, culturais, e não avançam para a formação de movimentos socialistas.

É verdade que esse conjunto de pedidos pode parecer referente a um "programa máximo" político, que no melhor dos casos seria rechaçado, como impertinente, na difícil circunstância em que vivemos. Essa crença, no entanto, evidencia os limites não ultrapassados que as formas tradicionais de fazer política "de esquerda" continuam tendo. Na realidade, o que a situação a que chegamos tem de promissor é a possibilidade que nos dá, enfim, de englobar em uma perspectiva unificadora as necessidades imediatas de setores numerosos, as atividades sociais mais heterogêneas, o pedido de que se coloquem em evidência valores enraizados ou de consenso mais recente – como a justiça e o bom governo, ou a democracia como governo do povo – e os elementos mais radicais das práticas e do imaginário popular.

Para ser eficaz, a luta prática anticapitalista é obrigada a combinar propósitos que na perspectiva tradicional seriam "finais" ou "máximos" com a atividade cotidiana e com as decisões conjunturais, alcançar mudanças íntimas dos participantes a partir de suas ações desde etapas iniciais do processo e imbricar os projetos com as práticas. Por sua vez, a atividade intelectual que se diga socialista é obrigada por sua natureza a unir suas reflexões sobre os assuntos do dia com as reflexões referentes aos problemas do projeto socialista em si e de sua realização. A dimensão transcendente é indispensável no trabalho intelectual socialista, que é obrigado a prefigurar e projetar, pois a sociedade que almeja é uma criação consciente que transformará as relações existentes e não uma consequência da evolução destas.

Antes de tudo é preciso afirmar que estamos diante de problemas políticos. A feliz expressão "novas formas de fazer política" faz menção precisamente a *fazer política*, não a pronunciar referências vergonhosas ou autocríticas crônicas. Transformar radicalmente o político não é sinônimo de eliminá-lo, é uma intenção de fortalecê-lo; exaltar o social e ampliar e aprofundar seus campos de ação não é pretender – ou acreditar – que seu âmbito substitua o político. A oposição abstrata do social ao político só serve na prática para negar um tipo de política: aquela que se opõe ao sistema. A novidade consistirá precisamente em ir criando uma política superior e mais capaz do que toda a política anterior, que evite ser o veículo da pretensão de poder de grupos dominantes ou manipuladores; uma política que assuma com eficácia objetivos reais de libertação, anticapitalistas e socialistas. Apenas se perseguir esses objetivos poderá propor, ao mesmo tempo, transformações profundas das relações entre o social e o político.

Essa política nova seria muito mais atrativa – e muito superior – para os movimentos da sociedade do que as que o sistema capitalista pode praticar na América Latina, já que a determinação estrutural transnacional atual do sistema não deixa espaço aos dominantes locais nem para fazer reformas sociais nem para lançar projetos ambiciosos. Por isso, suas políticas para os movimentos sociais se reduzem a aproveitar os meios e mecanismos ao alcance do poder e dos arranjos políticos, ao clientelismo, a cooptação, a neutralização e a manipulação.

A grande ampliação dos participantes é um fato contemporâneo da política latino-americana. Inevitável para as classes dominantes, elas tratam de integrá-lo em sua hegemonia; em geral o tem conseguido, até agora, nos eventos eleitorais e em episódios do funcionamento da política usual. Porém, dadas as condições gerais atuais que o sistema vive, essa ampliação é – potencialmente – uma força formidável para uma política socialista de libertação que conseguisse ser eficaz. É vital para o regime político vigente manter as características de seu sistema democrático que apontei no início, para controlar a ampliação dos participantes, apesar do esgotamento da conjuntura em que se desenvolveu a democratização. É vital para o regime que o social e o político permaneçam separados, que não se exija que a democracia abstrata e declarativa se converta em atos concretos e em liberdade, direitos e justiça, que as maiorias não aspirem a mudanças radicais, que seus representantes não o promovam, que a política "de esquerda" não os almeje. Esta última deve ser reduzida a limites mesquinhos: sempre aprendendo a se comportar, envergonhada de seu passado, ser capaz de alternar, sendo útil para o curso geral da manutenção do sistema, mesmo que seja irritante ou pareça ameaçadora em certos momentos.

A cisão entre a vida cotidiana e as atividades sociais, por um lado, e a política, por outro, é essencial para a dominação. A separação de moral e economia e de moral e política lhe são fundamentais. Os casos dos presidentes Collor de Mello e Carlos A. Pérez – no Brasil e na Venezuela – mostram tanto os limites quanto as reservas de manobra da hegemonia capitalista. Em situações de crise, a cultura da dominação pretende restabelecer todas as relações mencionadas em outros palcos que lhe são convenientes: seus mecanismos massivos de informação e de criação de opinião e estados de ânimo públicos; seu sistema político, dono de grandes controles; seu Estado; as necessidades peremptórias de populações empobrecidas, a homogeneização abstrata dos modos de vida, as instituições econômicas e políticas, os consumos culturais, que o capitalismo desenvolvido impõe por todo o mundo.

Nesta etapa, então, é central a luta cultural. A esquerda tem que alcançar uma identificação própria de tanta qualidade que acabe sendo a sua especificidade, que sirva de bússola para a atuação e o polo que atraia os humildes e todos os que queiram se somar a favor das mudanças, em vez de a sua identidade ser o peso de um saco de indefinições e inconsequências que arrasta com cansaço. Entendo que o único caminho viável e eficaz é a construção de uma posição socialista (o que inclui sempre convicção, elaboração teórica, determinação, ação) que seja irredutível à dominação capitalista e geradora de uma cultura de libertação. As ideias, a organização e a ação política de esquerda têm a obrigação de serem alheias e opostas ao capitalismo: só assim poderão ter oportunidades nesta etapa e na luta cultural que se aspira. Não apenas estão obsoletos os velhos tópicos e modos ideológicos "de esquerda", mas também é ineficaz a luta ideológica que não entenda a si mesma como parte de um enfrentamento mais amplo, cultural. A maturidade do capitalismo tornou visível para nós, enfim, o que Marx intuía e expressava como podia um século e meio atrás.

As opções do futuro próximo na América Latina não estão distribuídas fatalmente em um ou em outro campo político. Pelo menos em alguns países, o capitalismo pode introduzir modificações no modelo neoliberal em busca de equilíbrios, depois de cumprir as selvagens etapas "de ajuste". Até agora seus representantes têm saído vencedores, ou orgulhosos, das disputas eleitorais, o que facilita que as classes dominantes superem as dificuldades da transição para uma dominação que é mais excludente no âmbito social do que há três décadas. Outro futuro possível é a possibilidade de que o autoritarismo se acentue cada vez mais, diante do crescimento da miséria sem saída, diante das rebeldias nacionalistas ou de setores com peso na sociedade, ou diante de combinações delas. E é possível também que qualquer dessas opções, ou todas elas, se compliquem, falhem e se configurem situações de debilidade ou risco para o sistema de dominação. Os protagonistas dessas situações poderiam ser muito diversos.

Não se pode subestimar a possibilidade de que muitos movimentos sociais acabem se adequando à hegemonia capitalista. Se não houver desajustes consideráveis no sistema atual, esse processo faria parte da "democratização" ao ampliar com participantes populares as instâncias e os assuntos que o sistema controla. Se produziria uma espécie de "ação cívica por dentro", se o sistema conseguir intervir ou neutralizar as lideranças, os temas de confronto e as ações sociais, mesmo que o faça de maneira indireta; isso o ajudaria a "educar" a ação social, para torná-la inofensiva diante da ordem vigente. Em tal caso, os movimentos sociais hegemonizados pelo sistema cumpririam funções sociais que na política são da alçada do reformismo, e contribuiriam para combater ou isolar as alternativas revolucionárias, ao confundir uma parte de sua base social e ao propiciar que elas sejam chamadas de extremistas pela sociedade.

Todas as opções futuras e os cursos de ação possíveis apresentam para as organizações opostas à dominação a necessidade de pensar e atuar politicamente a respeito das questões das relações entre o político e o social. Naturalmente, os que estão envolvidos diretamente são os protagonistas, e eles serão os que irão propor, com acerto ou não, as iniciativas e as atuações corretas. A partir da busca por conhecimento, arrisco então alguns comentários que me parecem imprescindíveis, com as mesmas pretensões que fiz no início deste texto.

O problema do projeto é central para o pensamento e a ação opostos à dominação. Hoje existe, sempre existiu, diversidade nesses projetos. O que os une é o desejo de manifestar as necessidades e sentimentos das maiorias exploradas, miseráveis ou ofendidas, a convicção de que o capitalismo é inimigo das pessoas, dos povos e do meio ambiente em que vivemos, e a participação em ações e esperanças organizadas voltadas para a criação de realidades sociais e pessoais novas e humanas. Talvez em todo o resto esses projetos não coincidam e sejam até divergentes – às vezes com virulência –, já que sua diversidade se deve a situações, circunstâncias, vivências e ideias muito específicas. Esses projetos diversos entre si são, no entanto, filhos tanto do que os une quanto do que os diferencia. Por conseguinte, são um terreno básico para conhecer mais e enriquecer com princípios acertados a necessária comunidade espiritual dos opostos ao sistema, e para guiar a atividade de cada um, tão complexa e submetida a tensões de todo tipo.

Na minha opinião, os projetos latino-americanos com sentido, viáveis, atrativos e eficazes terão que ser socialistas. Por isso, é essencial realizar reformulações do socialismo, que contribuam para superar suas insuficiências e a degeneração progressiva apresentada no curso histórico de suas práticas, e que lhe permitam assumir a centralidade da luta cultural contra o capitalismo. O acúmulo histórico e as características atuais da América Latina são potencialmente favoráveis para essas reformulações e projetos. O socialismo tem que ressurgir, agora como criação social, e isso exige projetos políticos que reconheçam e propiciem o papel crescente dos movimentos sociais em todo o processo, incluída a atividade política em si. No nosso continente, muitos movimentos sociais têm características e condições apropriadas para alcançar e assumir esses papéis, sobretudo porque podem representá-los como um interesse próprio e como realização de suas identidades.

As organizações políticas e sociais vão precisar de mudanças e elaborações que as tornem capazes de desempenhar os papéis requeridos por processos tão profundos. Mas nem o projeto mais perfeito pode realizar essas mudanças por iluminação: as organizações e ideias atuais só existem por meio do duro e sofrido trabalho cotidiano, e do enfrentamento aos acontecimentos e desafios de hoje, por conta disso suas mudanças terão que partir dessas realidades. Além disso, o projeto socialista como um ditado prévio que será cumprido por atores providenciais é falso, e ninguém mais acredita nele; só será construído progressivamente, começando a nos transformar desde o primeiro dia, e cada vez por mais participantes conscientes. Portanto, o êxito residirá em combinações acertadas de perspectivas e atuações.

O problema fundamental é político: ir reunindo uma força social muito ampla, a partir das atividades e das identidades que a convoquem, que aprenda tanto a lidar com os espaços sociais e institucionais imprescindíveis para produzir mudanças quanto a romper os limites e obstáculos que se interponham. É criar organizações políticas e sociais eficazes, e para isso é indispensável que sejam controladas pelas bases populares e que inclusive sejam redesenhadas periodicamente por elas. É lutar sempre pelas porções do poder que sejam necessárias nos mais diversos cenários e com as mais diversas táticas e formas, porém com a vocação irrenunciável de expropriar todo o poder.

A efetividade na luta contra o impiedoso sistema vigente será alcançada no transcorrer da incorporação e da permanência de forças sociais crescentes, em sua conscientização e organização, e na prática de políticas alternativas dirigida contra esse sistema e suas relações fundamentais. Só um processo político e ideológico que envolva progressivamente as maiorias viabilizará uma determinação massiva de apoio ativo às mudanças, e esse exercício tem que tornar os participantes capazes de conduzir, eles mesmos, as transformações, de atrair a simpatia e a participação de sucessivos contingentes cada vez maiores e de aprofundar suas próprias mudanças. Sem esse acúmulo, nenhum projeto alternativo radical poderia se sustentar e avançar. A alternativa deve ser obrigatoriamente radical para que tenha possibilidades de triunfar. O socialismo é a única opção razoável e prática diante das tarefas tão ambiciosas que uma política oposta ao sistema deve assumir, e diante da incapacidade de realizar reformas por parte dos dominantes locais e do poder excludente e depredador do imperialismo, duas características do capitalismo mundial. A alternativa socialista precisa ser democrática, porque só no protagonismo e no controle popular vai encontrar força suficiente, identidade, persistência e garantias contra sua própria desnaturalização, e porque deve oferecer um canal e um espaço para a cultura nacional popular. Como se trata forçosamente de um longo processo, a perspectiva socialista pode oferecer valores e um horizonte para avançar desde o primeiro momento para uma libertação que tem aparência de realização distante.

Essa posição revolucionária não é excludente em relação às que procuram avanços do campo popular mediante reformas. A disjuntiva "reforma ou revolução" teve razões históricas para existir, mas nunca expressou nem a realidade nem a estratégia eficaz das revoluções. Na situação atual, é muito difícil para a dominação negar espaço aos que exigem reformas dentro de sua própria lógica hegemônica, mas a estrutura econômica vigente não dá espaço para que essas reformas se realizem. A defasagem entre o mundo do político e social e o mundo da economia dominante é maior do que nunca. As reformas que pretendem aprofundar a democratização tendem a afetar as próprias bases da dominação. As mobilizações, as campanhas eleitorais, a educação política popular, as pressões massivas, as ações populares fora das regras do jogo do sistema não são exclusivas de uma posição reformista ou revolucionária. Um grande avanço cultural do campo popular é que ninguém mais se atreve a afirmar que é o proprietário único da verdade e do caminho. Se nas condições atuais vão se formar a consciência e os instrumentos que levem adiante mudanças transcendentais será porque todos os que acreditam nelas vão participar para formá-las.

As alianças e os blocos populares possíveis neste tempo e no futuro previsível serão aqueles capazes de reunir medidas urgentes e necessidades identificáveis, aqueles que carregam a emoção que mobiliza multidões e os projetos de vida pelos quais as pessoas se motivam para além de seus interesses imediatos. Converter em realidade esses instrumentos que eu estou invocando aqui exigirá esforços tais que os seus atores irão mudando ao mesmo tempo a si mesmos. Nesse longo caminho, sociedade e política vão se modificar tão profundamente que renovarão totalmente os termos do debate que hoje conseguimos ter sobre elas.

Referências bibliográficas

MARTÍNEZ HEREDIA, F. 1987 "Transición socialista y democracia: el caso cubano" *in: Cuadernos de Nuestra América*, La Habana, n. 7, janeiro-junho.

_____. 1988 "Transición socialista y democracia: el caso cubano" *in:* Martínez Heredia, F. *Desafíos del socialismo cubano*, México: Mestiza / CEA.

_____. 1989 "Transición socialista y democracia: el caso cubano" *in:* Martínez Heredia, F. La Habana / Buenos Aires / Montevideo: Centro de Estudios sobre América / Dialéctica / TAE.

_____. 1991 "Pensar desde los movimientos populares" *in: Casa de las Américas*, La Habana, n. 183, abril-junho.

_____. 1992 "Dominación capitalista y proyectos populares en América Latina" *en América Libre* (Buenos Aires) n. 1, dezembro.

TRAÇANDO O MAPA POLÍTICO DA AMÉRICA LATINA[1]

1. Conversar com ela

Só o debate nos ajudará a encontrar o rumo, porque traçar este mapa é complicado demais. Por sorte, hoje se entende a sua complexidade, antes era mais simples, enganosamente simples. Agora, no fim de 1998, me alegra que comecemos uma Oficina de Educação Popular com uma mesa que se chama "A política e as lutas sociais e políticas na América Latina hoje".

Temas relevantes para a discussão. Enquanto me preparava, lembrei que em 1979, quando fui para a Nicarágua, fiquei sabendo de algo que se chamava "sujeito popular", algo interessantíssimo. E que a revolução sandinista combinava as lutas políticas com as sociais. Depois fui entendendo um pouco mais, porque conhecia os sandinistas havia anos, mas, como dizem na América Central, "olhá-la de longe não é a mesma coisa que conversar com ela".

A experiência sandinista me ajudou a compreender melhor que a combinação das lutas sociais e políticas já tinha acontecido em

---

[1] Fala motivadora para o debate da Oficina de Educação Popular do Centro Martin Luther King. Havana, de 16 a 20 de novembro de 1998. Publicado depois em: Martínez Heredia, F. 2006 [1998] *Socialismo, liberación y democracia. En el horno de los noventa* (Melbourne / Nova York: Ocean Sur), p. 47-71.

Cuba, ainda que nós não a tivéssemos chamado assim. A grande revolução cubana – uma revolução socialista de libertação nacional, cujo triunfo completará 40 anos em um mês e meio – também combinou as lutas sociais com as políticas. O que acontece é que naquele tempo nós estávamos como naquela gravura de Goya que tinha uma inscrição embaixo: "Não o sabem, mas o fazem". Nós não o sabíamos, mas o fazíamos... Me chamava atenção que, sendo os nicaraguenses de 1979 muito mais analfabetos do que os cubanos de 1959, suas necessidades intelectuais eram, no entanto, superiores. E acontece que com ajuda das lutas das pessoas a gente se dá conta, sobretudo se participa, que a cultura política geral dos latino-americanos na segunda metade do século XX cresceu enormemente. Quero começar apresentando esse primeiro problema: o imenso crescimento da cultura política dos latino-americanos.

No início dos anos 1950 ainda era normal o que acontece em *Vidas secas* (1963), aquele filme do *Cinema Novo* brasileiro – em que Rui Guerra adapta o romance de Graciliano Ramos (1938) –, onde um homem e seu cachorro passam tanta fome. Na época a fome era um fenômeno natural. Um dos principais fenômenos dos anos 1960 e daquele tempo de rebeldia é que a fome deixou de ser natural e se tornou social. Nunca mais deu para dizer que é natural passar fome, mas sim que se passa fome porque tem uns desgraçados que fazem as pessoas passarem fome. Isso é fundamental. Daí em diante, se avançou muitíssimo em um monte de coisas. Inclusive ajudou um pouco o aumento das matrículas e das redes de escolarização que estavam em curso naquela época, apesar de suas mentiras e mesquinhezes. No final dos anos 1970, no Chile, um estudante de medicina discutia as teses de André Gunder Frank, enquanto escondia na sua sacola de compras uma pistola calibre 45. A cultura foi crescendo.

Nada mais complicado do que tentar a mudança total das pessoas e das relações sociais. Na Nicarágua, por exemplo, os soldados sandinistas eram muito valentes e aprendiam a manusear o armamento moderno rapidamente, mas não queriam aprender a ser chefes de pelotões e muito menos chefes de companhias. Queriam avançar e morrer primeiro, e dessa maneira era muito difícil uma preparação tática que defendesse a vida.

Por outro lado, queriam professores, alfabetizar a todos e fazer escolas para todos. Mas expressavam seu descontentamento com o papel geral da escola. Um alto funcionário dizia que a escola é um instrumento de dominação do capitalismo – o que é verdade –, e ao mesmo tempo lutava angustiadamente para construir apenas um sistema escolar. Em 1980, a Cruzada Nacional de Alfabetização mobilizou dezenas de milhares de jovens, e os sentimentos de todo o país. O ministro da Educação, Fernando Cardenal, me contou depois que eles conseguiram a lona para as redes dos alfabetizadores e disseram: quanto um nicaraguense mede? Em geral não são altos. Então cortaram o tecido em uma dada medida, e os jovens se deram mal, porque os que mandaram cortar tinham esquecido que as redes têm um pedaço a mais da estatura de cada pessoa, que fica nas pontas e serve para amarrar a rede.

O que isso tudo quer dizer? Que é preciso enfrentar muitos problemas gravíssimos para fazer uma revolução, e muitos mais para aprofundá-la, para ensinar todo mundo e para que todos aprendam a ensinar algo à revolução. Constitui-se um problema gravíssimo defender-se, criar um novo poder que não repita os males dos velhos poderes.

Problemas de todo tipo. A multiplicação dos problemas é um sinal do avanço, do desenvolvimento. Mas a multiplicação dos problemas por si só não gera uma mudança qualitativa (como diriam os antigos filósofos). A "contra", patrocinada pelos Estados Unidos, obrigou a Nicarágua a se desgastar em uma terrível luta durante anos. Quanto à educação, em 1987, cerca de 30% das crianças do país estavam sem escola. Ocorreu um avanço tremendo na cultura política. Por isso, ao fazer uma revolução em um país com menos escolaridade e desenvolvimento geral das capacidades sociais do que em Cuba, identificaram o sujeito popular e a combinação das lutas sociais e políticas. Mas as classes dominantes – e o imperialismo – também haviam aprendido suas lições e aumentado sua cultura política. Agora, 40 anos depois de 1959, a maioria dos latino-americanos não conhece o processo revolucionário cubano. Muitos companheiros de esquerda que têm uma boa cultura o desconhecem. O que existem são paixões em torno da revolução cubana. Ou a amam, ou não a amam. Têm paixões, mas não conhecimentos sobre essa experiência extraordinária da cultura do lado de cá do Atlântico, e essa é uma desvantagem que temos que superar. A tenaz existência de Cuba gera desafios culturais aos olhos e às mentes de todo mundo, e a mantém viva. Quase 20 anos depois de seu triunfo, a maravilhosa rebelião popular nicaraguense – a revolução sandinista – passa por uma etapa de esquecimento: hoje a lama, o cansaço e as frustrações pesam mais do que o sangue, as iniciativas e os triunfos.

Apesar de ter começado falando dos países que me são muito caros, vou me referir muito pouco aos fatos concretos de cada nação da América Latina: por sorte estão aqui muitas companheiras e companheiros de diferentes países. Mario Garcés nos convidou no início a não transformar esta oficina em um daqueles congressos em que nos entediávamos muitíssimo caso precisássemos ir, onde cada companheiro se levantava e explicava a todo mundo como estavam as coisas em seu país de acordo com a linha de sua organização. Vou usar poucos exemplos, embora eu sempre esteja pensando em questões concretas, e vou mencionar algumas apenas para ilustrar o que eu digo.

Volto, então, ao mapa de problemas que estamos tratando de construir.

Devemos ter em conta não apenas as ausências: a acumulação de esquecimentos é extraordinária. Temos que lutar contra esses esquecimentos. Aprendi também na América Central essa questão da memória histórica. A memória histórica pode se revelar encantadora, se fala sempre a nosso favor. Nós falamos, quase sempre, da memória histórica das rebeldias. No entanto, é muito importante conhecer a memória histórica da submissão, e resgatar a memória da adequação à dominação é muito importante. Por quê? Porque o mais comum não é a rebeldia, o mais comum é a submissão. Se conseguimos entender como a maioria das pessoas se adequa à dominação, então vamos ganhar muito para nossa ação em busca da rebeldia e, de passagem, por sorte, perderemos um dos maus hábitos da esquerda, que é sua desilusão a respeito do povo. "Que ruim o fato do povo não nos reconhecer como seus condutores! É algo triste. Estamos aqui, eles estão ali. E o povo não nos entende. Se nos permitissem guiá-los, se pudéssemos guiá-los para a libertação!". Falo assim porque não vem ao caso aqui ser cortês. Somos companheiros, e aqui se trata de nos aprofundar. Por isso estou apontando um segundo problema, que é a necessidade de compreender, mas através de uma busca em que os papéis não estejam distribuídos previamente, um conhecimento sem "bons" e "maus". Não distribuir os papéis previamente, para ver se isso nos ajuda a lutar eficazmente contra a dominação.

"Sujeito", "combinar o político e o social", "memória histórica" são expressões que indicam o crescimento da cultura política, porque dão conta de problemas fundamentais e revelam a vocação de identificar as questões básicas. São as pessoas que farão as mudanças, ou não haverá mudanças. É imprescindível reunir em um bloco cívico formas de ação social e política, para conseguir romper a hegemonia cultural burguesa. Temos que nos apropriar do que fomos e do que acreditamos ser, para conhecer os termos do combate e as forças que são possíveis convocar. Isso é fundamental, mas é só uma parte da cultura necessária, e também nessa parte nos perdemos ou encontramos às vezes becos sem saída. De todo modo, essas identificações e essas buscas representam avanços dignos de nota, e é preciso destacá-los nesses tempos em que a desesperança está na moda.

Todos que estamos aqui hoje, trabalhamos com as alternativas ou estamos em busca delas. A palavra "alternativa" é, certamente, muito interessante. A linguagem sempre é algo mais do que uma ferramenta comunicativa. Vigotski dizia, inclusive, que sem a linguagem não existe pensamento. Mas a linguagem serve para muitíssimas coisas: entre elas, é um instrumento de dominação ou de libertação. E a palavra "alternativas" tem diversas implicações. Alternativa é uma maneira delicada de chamar as coisas quando as pessoas carecem de todo o poder. Como nos falta poder, chamamos o poder de alternativa, chamamos o socialismo e a libertação de alternativa.

Não sou contra o uso dessa palavra, mas quero apontar com clareza o que ela expressa. Expressa, entre outras coisas, nossa falta de poder. Temos que chamar de uma maneira alusiva, delicada, uma questão que hoje em dia parece impossível: nada menos do que a ruptura da ordem ou, o que é a mesma coisa, do senso comum. Porque o senso comum é burguês. As coisas só podem acontecer quando não prejudicam o essencial da dominação. Por exemplo, se diz que o Che Guevara era um homem maravilhoso, muito bom, que acreditava que todas as pessoas são boas, quando, na verdade, elas não são boas, a maioria das pessoas são más. Vejam como retrocedemos atualmente àquele velho problema da filosofia clássica e do iluminismo, ao problema do estado de natureza e da bondade ou não da natureza humana.

E aqui vem a terceira questão: embora a tendência histórica desse meio século seja o aumento da cultura política, a conjuntura é manifestamente desfavorável, e a dominação capitalista elevada a um grau irrestrito está exigindo um retrocesso incondicionado do pensamento. Está sendo pedido que a maioria aceite a dominação vigente como o único mundo possível, e que a minoria que constituímos não se sinta em condições de negar a impossibilidade de mudanças profundas que favoreçam as pessoas e as sociedades. Nós que estamos aqui somos todos partidários das alternativas. Agora, a maioria das pessoas da América Latina está a favor das alternativas? A pergunta é inquietante. A maioria das pessoas está ou não está ao lado das alternativas? População politicamente ativa e população socialmente ativa são conceitos sociológicos. Quantas pessoas são necessárias para que possamos falar de "muitas"? Essa pergunta é um corolário da anterior, mas muito importante. Em alguns casos, duas mil ou três mil pessoas já são muitas, às vezes até menos já são muitas. Mas se as coisas vão bem, logo terão que ser 200 ou 300 mil pessoas, e depois terão que ser 2 ou 3 milhões. Depende também da população de cada país. O certo é que, deixando de lado considerações mais estritas de conhecimento sobre o significado das magnitudes, eu me arriscaria a opinar que as maiorias latino-americanas não têm se identificado com as propostas de alternativas.

As alternativas, como é natural, se referem a algo radicalmente oposto à ordem existente. Depois será necessário colocar-lhes nome. Mas muitas vezes as ações coletivas de protesto, ou os "castigos" eleitorais, o que eles expressam são reações diante do abuso ou da situação desamparada e irritante que se vive, e se esgotam em si mesmos. Isso aponta os limites desses atos, mas não nega que deixam marcas e constituem passos em um caminho que amanhã poderia dar mais frutos. Reações, como foram os acontecimentos de El Cibao e outros lugares da República Dominicana no ano passado. Grandes protestos nos quais a combatividade chegou inclusive a reeditar a velha invenção popular da espingarda de chumbinho feita com cano, que é efetiva contra os repressores. E essa grande reação chegou até a capital, uma reação das pessoas. Me recorda os motins de 13 anos atrás, contra as medidas neoliberais, que foram muito sangrentos. A política nacional, no entanto, não se mede por esses protestos, mas pelas disputas em termos eleitoral e municipal entre os partidos, e pelas ações do governo. O presidente da República, um jovem simpático que fala inglês muito bem, se debate entre esses conflitos, a necessidade de apagar os rótulos de impunidade dos velhos repressores e as consequências de sua política neoliberal. E logo haverá novas eleições presidenciais.

Existe busca por alternativas ou só demandas e objetivos limitados? Que tendência está predominando? Aquela que identifica a alternativa como uma saída radical, a utopia, o socialismo ou qualquer outra denominação que se dê a isso? Ou aquela que postula conseguir o que é possível dentro de um sistema que é intangível, isto é, uma vida pública mais decente, maior e melhor exercício da cidadania e do uso dos recursos, estado de direito, medidas ecológicas? Como introduzir esse problema mais geral nas ações e nas análises particulares? As situações são muito diversas no continente – desde a magnífica resistência de Chiapas até as lutas políticas na Argentina – e não estou subestimando o que foi feito por milhões de eleitores no Rio Grande do Sul e outros lugares. Mas as perguntas seguem de pé. Me parece essencial que o problema de como conectar o "nós" com o "muitos", como conectar o "nós" – incluindo nós que estamos aqui, porque somos um dos tantos grupos que existem na América Latina – com os milhões de "muitos". Modificar as escassas relações existentes entre os nós e os muitos é um problema básico para a transformação das ideias em movimento histórico. Por isso essa oficina é tão valiosa, que em vez de se vangloriar sobre o que somos se dedica a discutir e fazer trocas sobre os problemas principais que identificamos. O mais valioso do trabalho intelectual é que ele pode ser feito para além das conjunturas, para ajudar as pessoas a entendê-las, a olhar além de seus narizes e a entrever um mundo e uma vida muito superiores às condições em que se vive, e ajudar as pessoas a buscar os caminhos.

2. As cartas do outro

Vamos nos deixar de lado por um momento – evitando assim nos comprazer demais – para atentar para a natureza e as forças com que contam os que se opõem ativamente às alternativas. Constituímos duas minorias: a nossa e a deles. Eles têm características muito particulares. Poderiam ser aplicados em sua análise, entre outros, os conceitos que relacionei no começo. A sua história parece, em certos aspectos, tão velha quanto o tempo do homem na Terra; em outros, ela já tem alguns séculos; mas suas características mais recentes são as mais visíveis e as que parecem ser determinantes. Como se percebe seu poder na atualidade, quais são os fundamentos de sua hegemonia sobre as maiorias?

O primeiro é o mito da centralidade da economia vigente e de sua intangibilidade. Ele está muito difundido em toda a América Latina e não apenas nela: é o grande mito mundial de hoje. Mas, estou falando da América Latina. Por que é tão forte esse determinismo econômico e como chegamos a esse grau de impotência? Várias tradições diversas são opostas ao fatalismo econômico, e o tipo de marxismo no qual eu me inscrevo também o é. Mas na região foram criadas condições – externas à economia – favoráveis à liberdade de ação das classes dominantes para fazer com que as maiorias sejam quem paga as consequências da renovação de sua associação subordinada aos centros do capitalismo mundial – que agora é muito mais íntima –, e das variações da taxa de lucros. Os Estados Unidos impuseram esse processo, desde o controle econômico mais cru até a colaboração na repressão, que em alguns lugares chegou ao genocídio. Uma história de crime mancha os Estados Unidos, desde a Escola Interamericana de Polícia, que formou torturadores em escala continental e a cumplicidade aberta com o golpe de Estado no Chile, em 1973, até o grande banho de sangue em El Salvador.

Uma primeira diferença em como chegamos ao lugar em que estamos diz respeito, então, aos instrumentos utilizados e à maneira com que se realizou a transição. O conservadorismo na política foi apenas um dos aspectos gerais dessas décadas nos países capitalistas desenvolvidos ou centrais, e apelou aos mecanismos legalizados de seu próprio sistema. Na América Latina, os regimes de "segurança nacional", as repressões abertas e a imposição de um grande autoritarismo foram a via e os meios para reduzir as maiorias ao arbítrio do grande capital. Somente depois – e nas doses necessárias a cada país – vieram a "democratização" e a "redemocratização" controladas. A história recente dos colonizadores não é igual à história recente dos colonizados.

O sistema que realizou genocídios na Guatemala e na Argentina e repressões terríveis em tantos outros lugares, sob o pretexto da segurança nacional, era filho, no entanto, de uma tradição. O peso simbólico da pátria, a bandeira, a república, não é pequeno no caso latino-americano. Ele nasceu de choques geralmente anticoloniais e de eventos revolucionários que reuniram classes e grupos diversos, e que em alguns casos tiveram extraordinários componentes populares.

Os dominantes possuíram uma história de velhas classes que foram substituídas por regimes liberais autoritários, de velhas relações de fazenda que foram substituídas por modernidades abertas, de substituição de importações e novos empresariados melhor ligados ao mundo capitalista, de velhos partidos clientelistas que foram suplantados por outros novos, de lutas democráticas pelo Estado de direito, e de novas lideranças populistas. E isso sempre explorando e dominando as maiorias, algumas vezes enfrentando a sangue e fogo as rebeldias ou protestos populares, outras vezes manipulando o povo e, por vezes, conduzindo-o em jornadas revolucionárias. Junto a um processo de submissão dos dominantes locais aos centros do capitalismo mundial, tivemos uma história da hegemonia burguesa na América Latina, uma história do capitalismo próprio. Isso foi acabando nos últimos 30 ou 40 anos.

Durante grande parte dessas décadas se apelou à mais dura repressão. Não apenas houve repressão: ela foi central para a dominação burguesa. Quando se julgou necessário, golpearam-se setores ou indivíduos alheios aos dominados, mas a grande maioria das vítimas foram as pessoas comuns. Sofreram terríveis desilusões as pessoas que acreditaram que os setores modernos e industrialistas – também chamados de burguesia nacional – iam protagonizar uma época de avanços contra o atraso, o imperialismo e sua aliada nativa, uma classe dominante arcaica ou antiquada, "semifeudal" e "consumidora". Acabou que a ação dos modernos foi totalmente contrarrevolucionária, antipopular e aliada ao imperialismo. Essa aliança produziu uma evolução que fez da América Latina uma região do mundo muito melhor articulada ao capitalismo mundial do que nunca antes.

O processo de centralização e concentração de capitais do último terço do século XX foi descomunal. A América Latina não ficou à margem dele. A intimidade dos laços que se estabeleceram entre os países latino-americanos e o centro imperialista é tal que o espaço de autonomia dos poderes da região está desaparecendo. A soberania nacional e a autodeterminação dos Estados faziam parte da doutrina e se ensinavam em todos os lugares. Depois da defesa a sangue e fogo da "segurança nacional" contra nosso próprio povo, os governos legais chamados democracias não conseguem obter sucesso quanto a defender a soberania de cada país diante dos desígnios do grande capitalismo. Há vários anos eu escutei de uma pessoa, que depois desempenhou cargos importantes, o conceito de "soberania limitada": no mundo de hoje já não é possível sustentar a ideia da autodeterminação ilimitada e a soberania das nações (das nossas nações, claro, não da deles!). Nos gostaria tê-la toda, mas é impossível. A soberania, como tantas coisas, deve ser limitada. Fiquei abismado.

Está em curso na América Latina e em uma enorme parte do planeta um processo de recolonização, uma recolonização pacífica do mundo. As classes dominantes latino-americanas não se opõem a ele, o aceitam ou são cúmplices ativas, segundo suas posições, interesses e possibilidades. Os Estados e seus governos consentem na diminuição progressiva e sucessiva de suas atribuições, em nome de suas próprias abstrações, como a democracia, ou das que foram sendo receitadas, como "os direitos humanos", a "luta contra o narcotráfico", ou "contra a corrupção". No início do século, éramos considerados crianças eternas, submetidas à política do porrete e da cenoura, à cobrança de dívidas ou à civilização; no fim do século se celebra a nossa maturidade ao ver como aceitamos ou colaboramos em tudo isso com grande urbanidade.

A centralização do sistema econômico e das formas de domínio internacional do capitalismo é a fonte deste poder tão grande sobre as economias, os Estados, a política e as sociedades latino-americanas. Seu nome verdadeiro é transnacionalização e poder do dinheiro parasitário. Há mais de uma década o chamo assim, e não "neoliberalismo", porque em minha opinião o neoliberalismo é, sobretudo, uma ideologia.

O processo foi levado adiante com o apoio do poder dos Estados, que aplicaram políticas econômicas junto a repressões, que usaram mecanismos extraeconômicos para fins econômicos, como acontece sempre. Depois, os governos civis dos Estados democráticos ou democratizados deram continuidade a essas políticas econômicas das ditaduras, em correspondência com o avanço do processo de domínio da transnacionalização e o poder do dinheiro parasitário. Se não nos deixamos roubar a memória, podemos constatar essa continuidade.

E há uns 15 anos se está "enxugando" os Estados para que eles "abram" as economias, isto é, eliminem qualquer obstáculo ao domínio transnacional, e ao mesmo tempo façam "ajustes", isto é, descarreguem o peso das mudanças em cima da renda, do poder aquisitivo e da qualidade de vida das maiorias de cada país. Está retrocedendo a legalidade da defesa do país diante do grande capital, está retrocedendo a política social que redistribuía um pouco da renda a favor de setores mais amplos do povo, estão retrocedendo normas de convivência que vinham da tradição dos contratos sociais; mas estão avançando a utilização dos mecanismos do poder político a favor das novas formas de integração internacional com o grande capitalismo e a formação impune de imensas máfias para todo tipo de negócio, enquanto – por trás dos eventos e das alternâncias dos políticos – permanece a continuidade do Estado, cujos meios de atuação, decisão e repressão continuam fora do controle e da fiscalização dos cidadãos. Diante do processo de dominação econômica atual, as "economias nacionais" carecem de autonomia, não têm possibilidade de integrar modos de vida que satisfaçam amplas parcelas da população e não podem servir a projetos nacionais. Acabam sobrando a soberania, uma parte do empresariado, os juízes e grande parte dos funcionários e empregados dos Estados, as Forças Armadas e os legisladores e, sobretudo, uma parcela crescente da população de cada país.

É a natureza excludente do desenvolvimento atual do capitalismo que faz crescer o desemprego; já não haverá mais ciclos de expulsão e atração de massas de trabalhadores, regidos por crises e bonanças do capitalismo. Por fim, se começa a aceitar a realidade de que o desemprego é estrutural. Mas não é natural, não é o desemprego exigido pela economia em geral para "se desenvolver": é o desemprego exigido pelo capitalismo atual. É uma característica e uma debilidade que nasce de sua orientação para o lucro, de seu caráter anti-humano. Não pode ser mudado. É uma debilidade e um risco potencial muito grande, e eles não podem solucioná-lo.

O empobrecimento dos latino-americanos é uma tendência central desta época. Depois de um crescimento das proporções gerais da renda e da participação de amplos setores no aumento da riqueza nacional, essa tendência foi freada há 30 anos. Até hoje tem diminuído intensa e firmemente a parte da riqueza dada aos trabalhadores e às maiorias. Estão mescladas em nosso povo as experiências duras ou horríveis das grandes repressões e a consciência de que se tem menos e deve-se aspirar a menos. O sentido final da eliminação da memória pelas ações da dominação é completar o quadro de desalento dos "velhos" com a formação de novas gerações privadas de experiências e de consciência; fazer com que a situação de empobrecimento seja natural, não social, que o império do egoísmo de todos, do lucro das minorias e do poder do capitalismo seja considerado natural, não uma opressão social. É necessário esse formidável retrocesso depois do imenso crescimento que a cultura política obteve. Mas pode acabar sendo muito difícil para eles realizarem essa tarefa.

O mito da centralidade da economia vigente e de sua intangibilidade cumpre, então, funções fundamentais. Se refere aos males que as maiorias sofrem como algo "objetivo", "externo" e imutável, porque ninguém tem em suas mãos a capacidade de fazê-lo. As políticas econômicas e, em última instância, toda decisão de envergadura e toda conduta sensata estão sujeitas a essa premissa férrea. Enquanto o sistema de dominação em cada país é subordinado e cúmplice do capitalismo central, o mito afirma que não existe essa responsabilidade, porque o tipo de economia vigente, tão prejudicial para as maiorias, é resultado de uma ordem mundial, algo imposto de fora, inapelável, mas do qual ninguém no mundo tem culpa; o mundo é assim. Por outro lado, se os projetos já não são possíveis, os comportamentos ainda o são: "ajustar-se", "abrir-se", "ser eficientes", "flexibilizar" são os verbos requeridos. Seu sinal é claro: colaborar e esperar. O presente é fatal, o futuro inclui uma vaga promessa: sobrevivência e boa conduta poderiam ser premiados de algum modo, embora ainda não se saiba como.

Por trás dessa centralidade de uma economia que é alheia, se esconde também a debilidade das novas hegemonias. As velhas hegemonias latino-americanas foram arrastadas pelas modernizações e pelas mudanças do período recente, mas as novas classes dominantes da maioria dos países carecem de aspectos fundamentais para que se possa falar na consolidação de novas hegemonias. Sem façanhas próprias nem memórias de condução de maiorias, sem base em amplos setores intermediários, sem domínio apreciável sobre a autodeterminação nacional nem a economia, a hegemonia das classes dominantes não está estabelecida, e em alguns casos se reduz a equilíbrios. Sem projetos, sem muito que compartilhar e sem domínio sobre o passado, têm muitas carências. O império da "economia" esconde a mesquinhez da política, que oferece à cidadania um teatro muito inferior em comparação com a cultura política que se alcançou. Velhos partidos atuam como sombras e a maioria dos novos partidos mostra seus grupos de interesses quase nus. Sem ter subido os degraus de algum esplendor trágico, a política aparece na etapa de espetáculo. Os políticos se movem em um mar tormentoso, entre escândalos, mudanças de moedas e mudanças de pessoas. Recrutam-se políticos profissionais, em geral medíocres, mas também há profissionais liberais, cavalheiros empreendedores e artistas, e um que outro sem-vergonha eventualmente chega inclusive a ser presidente da república. Mas, em termos gerais, o consenso não adquire aspecto de legitimidade. Apesar disso, se tiverem tempo e carta branca, talvez os dominantes acabem conseguindo isso. A história tem suas etapas. Se se deixa passar o trem da mudança histórica, é preciso esperar o próximo, e o próximo trem pode demorar 20 ou 25 anos, porque esses trens não são diários nem anuais.

    A outra carta forte das classes dominantes da América Latina é que a globalização da hegemonia do capitalismo as favorece. Graças à sua natureza, a dinâmica do capitalismo gerou a única cultura na história da humanidade que alcançou uma expansão de alcance e dimensões universais. Sua etapa atual lhe permite e o obriga a travar uma guerra cultural mundial que está em curso, à qual me referi muitas vezes nesta última década. A negação da possibilidade a qualquer alternativa lhe é inerente. Seu alcance global, seus recursos e os meios que usa servem também, na prática, aos dominantes locais da América Latina, ainda que às vezes essa não seja sua intenção.

A guerra pelo domínio da vida cotidiana pretende, entre outros fins, homogeneizar a informação em escala mundial e formar a opinião pública que lhe convém. Recordo nossa angústia em 1986-1990 ao assistir televisão noite após noite, porque os militares queriam derrubar a presidenta viúva das Filipinas. Ninguém nos dizia que os grandes proprietários rurais nas Filipinas – entre eles a família da presidenta – são o açoite do povo. Nada se dizia tampouco sobre os guerrilheiros que há décadas lutavam nas Filipinas: só falavam da viúva e dos malvados militares antidemocráticos. Essa informação omissa, selecionada e manipulada é hoje uma arte, fina ou tosca, e um ato impune a serviço de um totalitarismo ideológico. Os assuntos sucessivos que as populações consomem, transformadas em público, configuram o que antes se chamava opinião pública. Os próprios sentimentos são "satisfeitos" de vez em quando por eventos (a princesa Diana, por exemplo), mas se garantem com a moldagem sistemática do gosto das pessoas. A telenovela é um dos seus meios. São formas de homogeneizar o gosto para facilitar a aceitação da dominação da vida cotidiana.

A vida cidadã também é delimitada de maneira rígida. São admissíveis as declarações e os regimes chamados democráticos, que devem copiar os modelos de sistema político e de ideologias da Europa ocidental ou dos Estados Unidos. O efeito na América Latina é muito notável. Realça certos aspectos de seus governos civis, como os processos eleitorais ou a existência formal de três poderes do Estado. Dessa forma se cobrem com retalhos de tradição as novas realidades da dominação política e ideológica. Também parece como se no fim estivéssemos alcançando o desejado objetivo de nos parecer com os países do primeiro mundo, quando na realidade o sistema político nesses países tem outras funções e outra história – por certo, muitas vezes nada edificante –; quando o Estado de direito do capitalismo está longe de ser alcançado ou é parcial em tantas terras, entre elas as latino-americanas; e, sobretudo, quando na América Latina as relações e as estruturas sociais estão aprisionadas nos aspectos essenciais do sistema econômico.

Há 15 anos, Frei Betto escrevia que, em relação à vida material, o Brasil hospeda em si uma Bélgica e uma Índia. Há 10 anos eu percorri uma Calcutá no centro de Lima. Talvez o paradoxo mais doloroso para o conhecimento na América Latina é ver que essas realidades convivem com a aceitação de que a vida não pode ser vivida de outra forma a não ser como no capitalismo. Essa sobredeterminação de fonte global favorece as classes dominantes latino-americanas. Porém, ao mesmo tempo, é um sinal de sua debilidade, porque as vai obrigando, em termos culturais, a ser classes cada vez menos nacionais.

Que peso a internacionalização, a globalização, chegará a ter e quem a controlará? O que isso pode desatar, quem a utilizará no fim e para quê? Neste momento, os políticos têm que ser nacionais. Sempre me lembro de um cantor que se ofereceu para ser um presidente de um novo tipo em seu país e encerrou sua campanha com um discurso ecológico. Seu adversário encerrou a campanha com um discurso violentamente nacionalista. E ganhou. Por quê? Os eleitores foram sensíveis a esse nacionalismo. Se, em vez disso, tivessem votado os ecologistas de todo o mundo, teria ganhado o outro. Agora, uma senhora do partido oposto acaba de ganhar daquele que tinha discurso nacionalista. Em suma, temos que distinguir entre as tendências históricas e as situações, a consciência e as lutas do dia.

Se tiver que escolher alguns aspectos muito centrais para terminar esta parte, eu diria que o capitalismo latino-americano atual tem um limite dramático: mostra ser um sistema no qual poucos obtêm lucro e poder mediante a subordinação, a cumplicidade e as máfias, mas não serve para oferecer vida material decente nem esperança às maiorias. E suas classes dominantes não conseguem obter legitimidade, porque as tradições não governam, nem têm autonomia e capacidade de manobra, nem fazem propostas de futuro. E se sabe de tudo isso. Há uma grande cultura adquirida e se sabe de tudo isso.

Seus inimigos reais ou potenciais têm também limites tremendos. Em geral, os opostos ao capitalismo não querem o poder. Suas formas de organização, suas formas de pressão, suas formas de luta, suas ideologias não têm base social suficiente para agir com êxito dentro do sistema de dominação vigente. O outro aspecto é que não demonstram suficiente vocação criativa para a subversão.

3. O "sujeito popular"

Como é o sujeito popular? Como é nossa gente? Antes de tudo, não é necessariamente nossa. Podemos atribuí-la a nós, confundindo desejos com realidades, a potência com o ato. Não o fazemos por má intenção, nem para enganar ninguém. É normal, quando a união de protesto e adequação já se expressa politicamente em uma sociedade, que haja pessoas que se atribuam a representação do povo diante do sistema, como por inação, por um destino ou uma missão. O anormal é conduzir realmente o povo contra o capitalismo, conseguir uma união de planos, líderes, massas, consciência, organização, sonhos, decisão capazes de varrer o capitalismo e criar uma vida nova. Por isso são tão insólitas e anormais as terríveis e maravilhosas revoluções. Já é bastante anormal que apareçam indícios da possibilidade de uma grande mudança.

Em segundo lugar, as pessoas vivem em sua diversidade, não na unidade. Isso também é o normal. A diversidade é local, regional, econômica, de gênero, política, religiosa, étnica, ideológica, racial, de todos os tipos imagináveis. O anormal é a unificação de diversidades. Pode acontecer ou ser alcançada por um tempo ou transitoriamente, por determinados motivos. Isso já é algo. Acho que é sempre um ganho, uma escola, mas é uma conquista muito insuficiente. A diversidade não é uma artimanha ou uma conspiração dos burgueses, nem é uma benção para nós que lutamos contra o capitalismo. É uma característica das pessoas.

Em terceiro lugar, as pessoas vivem em sua cultura e, portanto, vivem suas culturas. Sempre existe uma complexa integração das formas culturais, com predomínio de uma estrutura que fixa lugares, alcances e valores para cada forma, garantindo mediante a dominação cultural que a reprodução da vida social seja ao mesmo tempo a reprodução da dominação. Um erro da esquerda é, por exemplo, não perceber que as maiorias respeitam e tendem a acatar as hierarquias. Muitos acham que o presidente da República deve ser um doutor e não um torneiro mecânico, e portanto votam no doutor. Quando eu era muito jovem, o dirigente máximo de uma organização de esquerda forte e bem estabelecida em um país na época democrático não conseguiu me explicar por que eles chamavam de *lúmpen* as pessoas mais humildes, isto é, por que depreciavam as pessoas mais humildes, em vez de pensar que, se têm tanto apego à sobrevivência é pelo fato de serem tão pobres, e que, se conseguirmos conquistar a confiança delas, talvez elas possam dar uma ajuda inestimável nos processos de libertação.

Um fenômeno mais eventual e recente, mas muito importante, é que em certo número de países se conseguiu implementar uma cultura mais conservadora no tabuleiro político. O poder e os meios a seu serviço a promovem com descaramento ou com astúcia. Mas pessoas comuns chegam a crer e a dizer que "pelo menos os militares não roubavam".

No entanto, a dominação cultural não é um cenário fatal em que tudo é funcional: é um teatro de conflitos e adequações, de renovações e novos conflitos. No essencial, o capitalismo hoje está exercendo o controle, mas na cultura das pessoas e em suas expressões existe um imenso potencial de rebeldia.

A mobilização social é um dos fatores de cultura política mais relevantes da América Latina. A capacidade de mobilização social tem crescido de maneira descomunal nas últimas décadas e, apesar dos retrocessos pontuais, de uma maneira ou de outra isso inclui dezenas de milhões de pessoas. Que relação esse fato social tem com o nosso tema central? Que relação isso tem com as debilidades da política anticapitalista? Isso é um problema fundamental.

Multiplicaram-se as autoidentificações. Tem crescido a autoestima de milhões de pessoas. "Um índio de merda", por exemplo, era uma expressão muito comum. Já não o é, ninguém diz isso em público. Do México até a Argentina, os descendentes diretos das populações autóctones se autoidentificam, e muitos sentem orgulho de sê-lo, identificam e resgatam na medida do possível as suas culturas, se organizam para defender seus direitos e sua identidade, tentam se aliar ou andar juntos com outros grupos despossuídos e com outras culturas subalternas, entendendo e praticando outra diversidade social. Coisas análogas podem ser ditas sobre outros grupos sociais, numerosos e diversos. Identidades, autoestima, demandas, organizações sociais têm se multiplicado em um grau impressionante.

A identificação do inimigo é muito menor. Os âmbitos em que isso existe e se pratica são setoriais, parciais, locais. Mas os conceitos de "sociedade civil" e "movimentos sociais" saíram dos livros, salas de aula e fóruns acadêmicos e estão nos meios de comunicação em massa e nas reuniões, publicações e discursos dos ativistas populares: nenhum político se atreve a ignorá-los. Entro nesse terreno polêmico apresentando dois fatos, que em si não são nem "maus" nem "bons". A diversidade social expressa nos movimentos não é, em si mesma, uma função da política de ninguém. Isso dependerá de múltiplas variáveis e, sobretudo, das ações.

Os movimentos sociais me parecem escolas em vários sentidos: escolas de atores sociais, de conscientização social, de lutas sociais, de formação de grupos qualificados; escolas de táticas e de imaginação, que é um produto que às vezes está em falta. Formam grupos de pressão, de negociação, de conflitos, grupos de gestão econômica, de satisfações pessoais e grupais, escolas para enfrentar a cotidianidade e grupos para enfrentar a cotidianidade; permitem estratégias de vida e são expressões culturais frente à cultura nacional, que é a cultura dominada pela classe dominante. São ou serão escolas de atuação política? Que efeitos gerarão na política que se opõe realmente ao sistema capitalista, e o que poderão aprender com ela?

É absurdo apresentar o problema "do social e do político" como se ambos estivessem no ar e destinados a ser relacionados de um modo ou de outro, que além do mais, supostamente, definirá tudo. Muitas vezes existe um vazio entre esse abstracionismo e os problemas urgentes e concretos. Por outro lado, debates como os que são sustentados em torno das ONGs não passam de disputas sobre os níveis de perversidade do que o inimigo faz. E nós, o que fazemos?

É claro que são as práticas específicas que definem a quem serve o que se está fazendo, e são elas que dão experiência. Mas é indispensável fazer análises, e elas devem levar em conta as estratégias de sobrevivência dos implicados, as graves necessidades e insuficiências da política burguesa hegemônica, as ações do grande capitalismo mundial, as derrotas e as imagens da política oposta ao sistema, as tendências a se adequar à dominação, o potencial de rebeldia etc. Apenas a partir dessa complexidade será lícito perguntar até onde os movimentos sociais são úteis ou estão em conflito com os sistemas de dominação vigentes. Ou fazer perguntas mais gerais, como: a mobilização social implica desmobilização política? O mundo social, até onde ele tem peso diante das façanhas e dos projetos conhecidos, que são os nacionais e os dos próceres da história que se escreve? Falamos de grupos sociais, mas não podemos esquecer que a individualização de tipo capitalista – a que "institui indivíduos históricos universais, empiricamente globais", como dizia Marx em 1846 – no fim foi alcançada. O dinheiro reina em um grau nunca antes visto, com seu "vale tudo". Reina a atomização das pessoas, o homem voltado para si mesmo, que no máximo admite sua família imediata.

Apesar do "subdesenvolvimento", na América Latina chegamos tão longe nesse processo quanto os países de capitalismo mais avançado. Cada indivíduo sozinho na multidão é o ideal contrainsurgente de hoje: até a isso se dirige a ofensiva cultural mundial. Ela difunde e exacerba quatro aspectos, que aqui só tenho tempo de nomear: o temor, a indiferença, a resignação e a fragmentação. É óbvio que na batalha cultural contra a dominação, as identidades e os movimentos de grupos sociais podem ser baluartes de resistência e lugares de iniciativas.

4. Dentro e fora do jogo

Por um lado, tivemos "democratizações" dos regimes políticos nos anos 1980 e 1990. Suas consequências não são desprezíveis. Não cumpriram nenhuma de suas promessas, exceto a de manter o sistema institucional e colocar em jogo periodicamente os cargos eletivos. Isso é alguma coisa, embora muito insuficiente. Por outro lado, o empobrecimento causado pelo sistema foi legalizado e abençoado pelas políticas econômicas de ajustes e desregulações, como único caminho racional. Em suma, produziu-se um desastre social tão grande que se ao se fazer um balanço dos anos 1980, eles eram chamados de "a década perdida", nesta década ao que parece não haveria sequer um balanço a fazer. No início dos anos 1990, a Cepal proclamava a meta de "crescimento com equidade"; agora já não se proclama nada. Há uma década se dizia que todos os sacrifícios eram necessários para o desenvolvimento; hoje ninguém se atreve a prometer o desenvolvimento. Simplesmente, as coisas acontecem. O desgaste do sistema político é grande, mas segue funcionando. As duas coisas são verdade. Por quê?

Afirmarei somente que o valor "democracia", em sua realidade e em seu mito, é muito compartilhado por milhões de pessoas ativas que entendem que isso pelo menos garante um sistema com direitos cívicos codificados. Outros milhões concedem intangibilidade ao regime vigente, colocando-o em um campo inerte, no qual elas não participam. Grande parte dos componentes de ambos os grupos não creem que esses regimes resolverão os problemas básicos de seus países.

Pelo lado dos poderes, a governabilidade vai ocupando parte do espaço ideológico que um dia a democracia monopolizou. A continuidade e o poder eficaz do Estado autoritário fazem frente e complementam todas as mudanças de governo. Suas estruturas e funcionários não fiscalizados nem controlados – e em grande parte não eleitos – executam os atos repressivos e administrativos que se consideram necessários, e tomam as principais decisões. O Estado supostamente fraco e mal visto por todos é instrumento efetivo do poder dos grupos dominantes de cada país e é subordinado aos poderes do grande capitalismo mundial.

Apesar do autoritarismo, em geral, não se eliminam as regras básicas da legalidade. Como em todas as questões importantes, em cada país as práticas se adequam a suas características específicas. Continua sendo muito diferente no Uruguai do que no Paraguai. No Peru, o autoritarismo apela para o autogolpe, submete a institucionalidade e obtém depois a reeleição presidencial. E assim sucessivamente em cada caso. Embora a ideologia dominante negue os conflitos, estes se formam sem cessar, se conspiram ou explodem, persistem ou são esquecidos. A conflitividade das atuais sociedades latino-americanas só pode ser negada por maldade ou cegueira. Às vezes aparece a insurreição, como em Caracas em 1990, aniquilada por uma grande matança. Outras explosões de fúria popular, fogo e saques se erguem rápido e desaparecem de repente. Esses comportamentos de massas desesperadas não combinam com os comportamentos dessas mesmas populações diante de outros tipos de acontecimentos, como costumam ser os eleitorais. Um tipo de conflito crônico se relaciona com a marginalização de populações urbanas e a impossibilidade de viabilizar comunidades e aspirações: a informalidade incontrolável, o bairro "perigoso" e a delinquência dos mais pobres.

A violência é abominada nas palavras pelos que dominam, e remetida ideologicamente como se fizesse parte de certo passado. Mas existe uma violência cotidiana, onipotente contra todos os desvalidos. A violência da fome é surda e geral, a que a mulher e a criança sofrem é mais notória: ambas são impunes. A violência da criminalidade comum tornou famosas um bom número de cidades. O medo é geral, mas a segurança é privatizada a favor das classes altas e médias. A arma da violência repressiva continua sendo usada contra as rebeldias, os protestos e inclusive preventivamente. Tanta violência em tantas formas merece ser levada em conta. Nós que discutimos sobre alternativas não devemos fazer caso da exigência de que condenemos toda violência e a abominemos, nem que seja apenas por senso comum, já que existe tanta. Na escala mais ampla do social, somos obrigados a dar aos conflitos e à sua análise o espaço exigido pela relevância que eles têm. É um assunto vital.

Existem conflitos caracterizados por uma organização muito combativa de setores despossuídos e oprimidos que têm ido longe com sua rebeldia. O Movimento dos Sem Terra do Brasil (MST) e o Exército Zapatista de Liberação Nacional (EZLN) em Chiapas são os mais famosos. Cada um em sua circunstância e com suas táticas, têm mostrado grande criatividade, energia, unidade consciente em suas bases e determinação. A transcendência de sua ação em seus países e no continente é muito superior a suas conquistas específicas – diferentes em cada caso –, porque sua mensagem moral e suas ideias têm maior alcance do que seus atos, e porque são exemplos vivos de que se pode ir além se se rompe o critério mesquinho do que é estabelecido como possível.

Existem conflitos de outro tipo em toda a região. Eles opõem formações políticas de esquerda e centro-esquerda aos partidos do sistema, em eventos eleitorais e outras plataformas cidadãs. O Partido dos Trabalhadores (PT) do Brasil, o PRD mexicano, a Frente Ampla uruguaia, a FMLN salvadorenha são exemplos destes que lutam dentro das regras do jogo. São governo em várias grandes cidades e algumas regiões, e chegaram muito perto de ganhar a presidência em um dado momento. Escolas de cidadania, balanço diversificador em poderes públicos, instrumentos de pressões sociais por meio da política, veículos de lutas locais, formas práticas de exercitar ideologias opostas ao sistema atual, canais de ascensão social: esta política é uma realidade que se cruza em parte, ou em determinadas situações, com os protestos populares, e é errôneo desprezá-la. É verdade que o seu peso, suas características e possibilidades variam muito de um país para outro, mas em geral são um fator de dissenso na América Latina de hoje, e cenário do exercício das atividades cívicas, esporádicas ou constantes, de milhões de pessoas. Em geral, hesitamos entre desprezar essa política ou dar a ela toda a importância do mundo, às vezes alternativamente, caso perdemos as eleições ou nos aproximamos delas, ou quando se ganha uma importante prefeitura, por exemplo. Essas atividades representam um potencial de conflito e o esboço de uma alternativa viável ao capitalismo na América Latina? Ou são úteis ao sistema, ao lhe dar uma oposição imprescindível para a hegemonia no âmbito político, mais necessária quando não existe nenhum reformismo social? As outras formas de conflito que mencionei podem ser absorvidas ou neutralizadas pelos poderes atuais sem graves danos ou cicatrizes perigosas? Qualquer resposta a essas interrogações é sem dúvida mediada por um dado básico: o nível da luta de classes na América Latina atual é muito fraco. As causas e condicionantes não são ignoradas por nós, mas o fato está aí. Chegou-se a essa situação por um caminho que tratei de descrever – para ajudar a não ser esquecido –, e o reino de miséria e empobrecimento de hoje não gera por si, isso não acontece nunca, nenhuma revolta organizada e eficaz. É essencial não acreditar no argumento burguês de que esse fraco nível é um êxito da convivência que convém a todos. Quais são as causas que mantêm o baixo nível da luta de classes? Já não se mandam mais os jovens embora, nem se fazem desaparecer dezenas de milhares de pessoas. Na cidade de Rosário, onde nasceu o Che, reina o desemprego e uma assembleia de motoristas de ônibus resolve reduzir seus salários para ajudar seus patrões a continuar operando os ônibus. Onde está o xis da questão? Eu não tenho as respostas, apenas pergunto. Mas tenho convicção de que são questões fundamentais.

5. Que problemas, que futuro

Repetiu-se até a exaustão que as derrotas levaram a esquerda, finalmente, a considerar importante a política institucional. Isto é, a esquerda é composta por gente terrível que nunca deu bola para o institucional, e só o peso de suas derrotas a levou a considerá-lo. De que esquerda estamos falando? Se é do conjunto da esquerda, isso não é verdade. É melhor nos perguntar quem se beneficia com essa crença absurda que às vezes repetimos com satisfação, como se fosse nossa e nos servisse para algo. Eu diria, em vez disso, que as lutas anticapitalistas dos anos 1960 e 1970 – a América Central dos anos 1980 não é a mesma coisa – foram, em geral, imaturas, primitivas, insuficientes, sobretudo em suas capacidades de formar militantes e organizações e de conduzir as maiorias humildes e as classes médias a participar das revoluções e deixar de ser o público diante das duas minorias que se enfrentavam. Foram insuficientes quanto aos dados sociais essenciais e quanto a compreender e agir diante das diversas conjunturas.

É necessário nos apropriar dessas experiências, conhecê-las: elas fazem parte importante da memória histórica das rebeldias. Se colaboramos para sua demonização, nos debilitamos todos. Não importa o que pensamos, não importa no que acreditemos sobre o presente e o futuro, se achamos que os chamados subversivos eram gente cruel de esquerda, nos matamos de novo. É um triunfo ideológico do capitalismo. O que quer dizer o "nunca mais" oficial, sobretudo, é que nunca mais aconteça uma revolução. Os que dirigiram e levaram a cabo a repressão, sim, se comportaram cruelmente, inclusive a respeito das tradições de convivência e do ideal de Estado de direito. As formas hegemônicas foram deixadas de lado durante todo um período no qual se comportaram cruelmente no Chile e no Uruguai. Depois de construir um Estado de direito e uma democracia política, os deixaram de lado. Em outros países, com graus diferentes de desenvolvimento da institucionalidade capitalista, houve ditaduras abertas que se igualaram em termos de crueldade.

Por outro lado, na história das esquerdas do continente, a adequação à institucionalidade das classes dominantes teve um papel enorme, e houve muitos casos de colaboração com seus regimes. A esquerda tem uma longa história de adequação, que faz parte de suas tradições. A perspectiva histórica ajuda sempre, e neste caso também.

Estão nos devendo a história completa. Quando se vê o modo como se narra a história hoje em dia, e os esquecimentos a que é submetida, se dá conta das intenções ideológicas de impedir a passagem a qualquer possibilidade de consciência e organização que levem adiante as lutas sociais. A política institucional atual não é um belo presente. Para a maioria da população da região, que viveu sob ditaduras, ela é o espaço cívico aberto depois delas, que foi exigido pelos protestos sociais e pelo avanço da cultura política de dezenas de milhões de latino-americanos. Ninguém lhes deu de presente. Isso é importantíssimo. Foi exigida também a necessidade de reformular a hegemonia em cada país, por parte das classes dominantes em busca de legitimidade. As regras do jogo dos regimes civis são fruto de negociações e garantias de equilíbrio.

Em segundo lugar, a chamada democracia também joga com a estratégia geral dos Estados Unidos e do grande capitalismo mundial. O primeiro sobredetermina o domínio com suas cartas marcadas, com sua "integração" e suas exigências, seu pan-americanismo de fim de século. Mas a institucionalidade e a alternância política são necessárias para o modo de dominação atual do grande capital internacional, que caracterizei como recolonização "pacífica" do mundo. Embora periodicamente se reforce com bombardeios e assassinatos massivos de civis, o tipo político e ideológico de democracia do grande capital é um aspecto importante de sua hegemonia e de sua batalha cultural. A hegemonia burguesa em cada país latino-americano trabalha com essa democracia, ou se aproxima dela, ou os Estados Unidos lhe indicam como meta a ser alcançada. Esta complexificação do sistema implica alguns riscos, mas toda reorganização e renovação do consenso com reformas da dominação capitalista os inclui.

Um dos aspectos mais interessantes da insurreição cubana dos anos 1950 é que se originou em um país em que tinha se desenvolvido e legitimado uma ordem democrática burguesa exemplar no Caribe e na América Central (excetuando a Costa Rica) e superior à de muitos países da América do Sul, ordem que foi rompida por um golpe de Estado militar. Os riscos da institucionalidade eram os de dominar as pessoas com seu consentimento e não mediante a repressão. Rompeu-se a institucionalidade, afloraram outras características da sociedade, apareceu uma nova política revolucionária, e, como se sabe, pagaram muito caro. Depois escutei coisas absurdas, como a fábula de que a "via cubana" tinha sido possível porque os cubanos sempre viveram sob ditaduras.

O que é ser de esquerda hoje? As esquerdas indicam as diferentes "situações objetivas" dos grupos sociais e nações, ou os diferentes modos de ação-organização e de conscientização populares? Indicam os diferentes estágios da luta de classes? Esses questionamentos apontam para outros problemas, entre eles o da discussão sobre o predomínio da determinação social como guia da ação, ou da ação que parte do existente para violentá-lo. O problema do alcance das ideias e do movimento é também o problema do possível. Estamos nos colocando esses problemas realmente? Tenho a impressão de que as questões fundamentais não são muito discutidas.

E já no caminho das incitações aos debates e das provocações, por que as propostas políticas de esquerda se parecem tanto com as propostas que os dominantes fazem, ou não as negam, ou não as opõem, ou não são muito diferentes delas? Por que todos estão de acordo quanto ao fato de a eficácia e a qualidade da nova política anticapitalista estarem ligadas a novas relações entre o político e o social, mas na prática essas novidades não se produzem ou não prosperam muito? Os projetos que guiam os movimentos sociais populares por acaso são mais de esquerda do que os projetos políticos? A autonomia que os movimentos sociais têm em relação ao sistema é mais aparente do que real? Será que essa autonomia é própria de sua natureza e de seu tipo de espaço e de ação dentro do sistema atual? Será que essa é a forma que os faz serem funcionais ao sistema? Ou então, será que os movimentos sociais populares são realmente formas de acúmulo anticapitalista mais factíveis e mais eficazes hoje em dia?

Para mim, são perguntas urgentes e graves, porque não acredito que a velha política seja capaz de ler esse mapa, e muito menos de mudá-lo, e tampouco acredito que seja possível alguma libertação humana e social sem dimensão e ação políticas revolucionárias. Sou daqueles que acreditam que a alternativa anticapitalista é possível: por isso eu presto tanta atenção ao fato de que tantos milhões de pessoas não acreditam que essa alternativa seja possível. É imprescindível travar a batalha cultural que crie espaços para negar a dominação, o poder e as hierarquias vigentes; que crie um campo diferente e oposto ao capitalismo para a atuação e os projetos novos, que instituam novas pessoas e novas sociedades.

Por último, acredito que a América Latina precisa declarar sua Segunda Independência de projeto. Neste momento de globalização desenvolvida do capitalismo não pode, não tem nenhuma possibilidade de seguir um projeto global que o ofereçam. Não sei se alguma vez teve realmente que fazê-lo, não vou opinar aqui sobre isso. Mas hoje lhe é indispensável criar um projeto próprio. Não pode consistir, no entanto, em sonhar de novo com um bloco popular-burguês nacional, que hoje seria mais do que nunca burguês (sem adjetivo de nacional), que conduza os famélicos populares já cansados demais para tentar algo sério. A construção dessa proposta latino-americana será uma grande aventura intelectual e prática, se é que se quer ter alguma possibilidade de ela ser realizada: hoje em dia, a utopia resulta de um pragmatismo feroz. Tem que ser uma façanha de criações. E tenho que repetir que terá que se parecer mais a uma cruzada do que a uma evolução.

SOMOS OBRIGADOS A SER CRIATIVOS
CULTURA E POLÍTICA NA AMÉRICA
LATINA

CULTURA E POLÍTICA NA AMÉRICA LATINA[1]

> *Quando a verdade estiver fraca demais para se defender, terá que passar ao ataque.*
> Bertolt Brecht

Apesar de ser muito imprecisa, a proposição de defender a identidade latino-americana a partir da cultura tem força e ganhou certo espaço. Isso se deve pelo menos a três razões: a) as identidades latino-americanas estão em risco, por causas muito visíveis. Isso não está acontecendo, por exemplo, com a francesa ou a estadunidense; b) continua existindo a dimensão de projeto, a propensão a atribuir um destino à América Latina ou a assumi-la como um projeto, o que se deve a necessidades regionais muito práticas e à existência de uma cultura política acumulada; c) a necessidade de se defender e a necessidade de projeto encontram nas especificidades regionais uma força e, na cultura, a expressão por excelência do que têm e do que buscam.

Existe outra razão, certamente. Quando se passa em revista a situação da região, a defesa da identidade latino-americana a partir da cultura parece ser a única possível. A tendência geral nas últimas décadas – mais acentuada nos últimos anos – foi adequar os desígnios da centralização crescente do capitalismo mundial. Suas decisões

---

[1] Conferência no *XXI Congresso da Associação Latino-Americana de Sociologia*. São Paulo, setembro de 1997. Publicada no livro *Socialismo, liberación y democracia. En el horno de los noventa*. Melbourne, Austrália, Ocean Sur, 2006, p. 11-23

se impõem na economia, nas formas políticas, nas políticas sociais, nas ideologias relativas a esses campos e nas visões predominantes sobre o que é possível fazer ou querer, no consumo espiritual das elites e – com diferenças – no consumo das massas. Talvez a maior vitória cultural do capitalismo central atual esteja no terreno do que é considerado possível: seus oponentes potenciais, que poderiam se organizar e atrair tantas pessoas prejudicadas a tomar caminhos de rebeldias eficazes, desconfiam muito ou não acreditam que seja possível mudar nada de essencial do sistema vigente.

Revela-se então ambígua – e até contraditória – a afirmação da defesa da identidade latino-americana do ponto de vista da cultura. Na medida em que responde às necessidades apontadas no início, ela é um veículo de resistências que poderia ser muito útil na busca por caminhos e na acumulação de forças próprias que permitam avançar tanto na defesa quanto na proposição de opções viáveis diante da desumana dominação do sistema. Na medida em que se reduzam a abrangência e as perspectivas dessa identidade a ideias estreitas que permaneçam dentro do campo "cultural" que não inclua e integre os conflitos reais existentes – ideológicos, sociais, econômicos, políticos – e as necessidades reais das maiorias, ela será muito fraca diante do imperialismo e diante dos interesses das minorias dominadoras em cada país, e será manipulável por eles.

A universalização dos processos sociais foi se aprofundando e acelerando, e se tornou tangível em todos os lugares hoje em dia. Desde os consumos materiais e espirituais da população que participa da vida orientada pelo mercado – simplificados e induzidos a um nível nunca visto antes – até as instituições e os rituais da vida cívica, está sendo produzido um gigantesco e abarcador processo de homogeneização em escala global. O determinante nessa tendência é o controle que o capitalismo exerce sobre ela, que conjuga a existência de uma brecha profunda e abrangente entre a vida nos países centrais e a maneira como vive a maioria miserável, saqueada, explorada e sem oportunidades do planeta, com a presença, praticamente em todos os países do mundo, de certo número de processos, modos de vida, relações sociais e entidades que são típicos do capitalismo desenvolvido. Os valores e numerosos produtos culturais procedentes do polo desenvolvido do capitalismo são consumidos hoje com mais intensidade e difusão, embora em proporções e maneiras muito diferentes segundo os grupos de população de que se trate. Os indivíduos de certas classes e estratos sociais são mais receptivos a esses valores e produtos por motivos diretamente ligados à sua existência; outros tantos são influenciados a isso pelos meios de socialização do sistema.

Por diversas razões, na América Latina os processos de universalização subordinadora impulsionados pelo capitalismo ocidental incidiram mais do que em outras regiões do chamado terceiro mundo. Mas isso não se deve somente ao interesse estrangeiro e das classes dominantes de cada país. Na própria conformação das comunidades nacionais tiveram primazia os ideais e os instrumentos originados no desenvolvimento do Ocidente, assim como nas formações econômicas foram decisivas as integrações sucessivas ao capitalismo mundial, desde a destruição das civilizações existentes no início da colonização até hoje. A extrema complexidade das realidades que advêm disso poderia ser formulada desta maneira: desde a composição populacional e as relações interpessoais atuais, passando pelas façanhas de libertação nacional que estão na origem de muitos de seus Estados e uma longa tradição institucional, de ideias e de lutas, até os projetos de futuro que se elaboram hoje, predomina na América Latina um meio cultural que reivindica sua específica identidade regional e busca bem-estar e um lugar autônomo para seus povos com ideias e instrumentos profundamente relacionados com uma cultura surgida em outro âmbito, que é materialmente muito mais poderosa do que ela, que foi feita a partir de colonizações, exerce na atualidade uma dominação muito centralizada e não conseguiu superar seu caráter colonialista.

Uma proposição adequada em termos de identidades latino-americanas deve levar muito em conta a homogeneização de condutas, consumos e valores induzida em escala global pelo capitalismo centralizado. Para esse sistema de dominação, é essencial que os indivíduos e os movimentos ativos do terceiro mundo persigam os ideais que em abstrato são formulados pelo primeiro, e que cada modernização alcançada equivalha a uma sujeição maior.

As afirmações latino-americanas das culturas latino-americanas serão eficazes para nossas sociedades se elas forem capazes de assumir as complexidades de suas implicações. Antes de tudo, aquelas que procedem da colonização e da neocolonização, cuja importância em nossas histórias é tão grande que afeta de mil maneiras a maioria de nossas instituições, relações, valores e atitudes; sua marca nos torna singulares em comparação com outras sociedades como, por exemplo, o Canadá ou o Japão. Felizmente, os estudos latino-americanos valiosos neste campo já formam um grande grupo e as celebrações dos quinhentos anos, fracassadas em seu sentido de operação cultural neocolonial, tiveram a paradoxal virtude de animar mais esses estudos e acentuar sua posição de resistência e suas conquistas analíticas. De qualquer maneira, é preciso reconhecer que a submissão aos parâmetros e aos valores do outro, a angústia para alcançá-los, a febre imitativa, a autossubestimação, o racismo do colonizado são aspectos extremamente difundidos. Em muitos âmbitos, se chega a uma esquizofrenia entre a compreensão e o comportamento, incluindo o nosso, que trabalhamos com Ciências Sociais. É muito difícil analisar friamente e com profundidade algo que nos está espreitando quase sempre na nossa vida cotidiana, exigindo comportamentos e distribuindo prêmios e castigos muito ligados ao que se considera como sucesso ou fracasso.

Falando sempre do ponto de vista de suas implicações sociais, as formas culturais – e os acúmulos culturais – têm um caráter contraditório. A reprodução cotidiana da vida e todos os campos diversos de atividade humana, os universos simbólicos por meio dos quais cada comunidade se identifica, interage e concebe o mundo e a vida são também, sempre, o teatro de convivência e conflito de grupos sociais muito diferentes, o meio em que acontecem efetivamente a dominação, as hierarquias, as subordinações, as hegemonias, as negociações, as rebeldias, as coações, as reformulações dos sistemas sociais de dominação. A partir deste ângulo – que, de acordo com meu critério, é o principal –, os complexos culturais expressam o restabelecimento frequentemente reelaborado da tendência à vida em comum, ao mesmo tempo que uma extrema oposição entre as pessoas e entre os grupos sociais, à qual chegamos nas sociedades em que vivemos.

A análise cultural latino-americana se encontra diante de uma riquíssima diversidade, diante de um sem-número de especificidades nacionais, regionais, locais, diante de tipos diferentes de grupos humanos, como certamente acontece em outras regiões do mundo. O problemático é que essas especificidades têm que fazer parte ativa em qualquer projeto unitário latino-americano que pretenda ser benéfico para as maiorias do continente. De maneira geral e abstrata pode-se concordar rapidamente com a proposição que acabo de fazer, mas na realidade existe uma enormidade de dificuldades e fatores negativos diante dessa concordância: interesses de classes e setores dominantes, imensos preconceitos muito arraigados, desconhecimentos mútuos, histórias de rivalidades e enfrentamentos, ideologias e práticas que arrasaram e humilharam milhões, realizadas em nome do Estado-nação, do progresso, do liberalismo e de movimentos sociais, econômicos e políticos que tiveram outros aspectos positivos. A intolerância, a confusão, o erro, a calúnia e a colonização mental buscaram fundamentos inclusive no socialismo. As visões de futuro e os projetos libertadores na América Latina terão que partir de nossas realidades e levar muito em conta nossas representações e inclusive nosso tipo de sonhos, ou não terão nenhuma possibilidade de êxito.

O problema é mais grave porque na fase atual do capitalismo centralizado sua capacidade de destruir, afogar, calar, manipular, se apropriar e incorporar especificidades das regiões neocolonizadas em seus esquemas de dominação se tornou mais profunda e abrangente. A batalha em torno das especificidades faz parte da disputa cultural que está sendo travada no mundo hoje.

Cultura e política é o tema proposto pelos organizadores, e isso nos convida a abordar a questão política a partir de sua relação com a cultura. A política, os políticos, os sistemas políticos, o político são aspectos dentro da totalidade que uma cultura determinada implica; o poder, essa questão central para os políticos, é apenas um aspecto – ainda que decisivo – dentro de uma cultura de dominação determinada. Na América Latina existe um desenvolvimento desigual dos sistemas políticos, suas características e funções, e da profissionalização da política. Nas condições atuais, o mundo da política no continente – como tantas outras esferas, cada uma a seu modo – também foi convocado a se homogeneizar segundo a imagem do chamado primeiro mundo. O resultado é muito complicado. Manter a democracia formal com suas eleições periódicas, praticar com firmeza a desregulamentação, a privatização, a abertura sem limites da economia, reduzir os direitos do trabalhador, os serviços públicos e as prestações sociais, como se os direitos humanos fossem questões rituais e as lutas contra a corrupção e o narcotráfico, seguir as orientações do FMI e do Banco Mundial e atender prioritariamente o governo dos Estados Unidos são comportamentos esperados ou exigidos aos políticos em funções públicas, e é de bom tom para os candidatos a elas garantir que não farão nada que se distancie desses cânones. Ao mesmo tempo – e a questão não está isenta de contradições –, a eficácia do político em cada país, como dimensão da vida social, como instrumento da manutenção ou da mudança da ordem e da convivência vigentes, e como aspecto da hegemonia das classes dominantes sobre a sociedade, continua dependendo da capacidade que os políticos envolvidos demonstrem em relação às conjunturas, aos fatores de poder e aos grupos de pressão, às oportunidades, às alianças, aos interesses, sentimentos e inclinações que sejam significativos, à história do meio determinado em que se atua; em suma, aos acúmulos culturais específicos.

Como se sabe, nos anos 1980 aconteceu em diversos países da região o fim de uma longa etapa de golpes de Estado, governos ditatoriais, eliminação de liberdades e de organizações populares sociais e políticas, e repressões em grande escala contra qualquer rebeldia ou protesto, que em alguns lugares chegaram ao genocídio. Os Estados Unidos utilizaram todos os meios a seu alcance – inclusive os piores –, como líderes dessa campanha continental, e isso lhes serviu também para aprofundar seu controle político e econômico na América Latina; repressores, empresários e outros setores "modernos" de cada país se subordinaram, enquanto as ditaduras se justificavam em nome da "segurança nacional" e Cuba revolucionária era demonizada como um "regime totalitário extracontinental". Chamou-se de democratização a substituição desses regimes por governos civis com eleições sistemáticas e atividade política, e com democracias formais e Estados de direito mais ou menos aceitáveis, o que é um verdadeiro avanço em comparação com a situação anterior. Mas não se deve subestimar o profundo retrocesso que as ditaduras provocaram no desenvolvimento humano e da convivência social na América Latina, nem o que contribuíram em vários países para o conservadorismo no pensamento e nas instituições, e para a grande moderação e timidez nas atitudes cívicas de grupos amplos da população. Tampouco se deve esquecer que aquele autoritarismo foi também uma preparação voltada para evitar que as duas "décadas perdidas" que vieram em seguida pudessem ser campo de cultivo de novas situações revolucionárias.

Nesses regimes atuais, o papel decisivo da personalidade na condução política, exercido por tantos caudilhos na época anterior às ditaduras, continua fazendo parte das representações básicas da política. Mas os guias foram substituídos por presidentes da República, que carregam apenas alguns traços daqueles líderes, e de maneiras efêmeras; alguns poucos candidatos não eleitos também se mantêm como personalidades políticas. Os sistemas eleitorais garantem, em geral, a alternância entre os partidos políticos do sistema; na verdade, o Estado não muda nada em seu caráter essencial de classe, na continuidade de quem manda e dos instrumentos para mandar. Persistem velhas formas de manipulação, cooptação e influência, acompanhadas de outras novas. Apesar de proclamadas oposições entre os que disputam pelo governo aceitando as regras desse jogo, seus programas políticos não se diferenciam muito ao abordar os problemas essenciais da sociedade. As ideologias que durante a maior parte do século tiveram vitalidade e foram combativas mostram hoje claramente seu esgotamento. Numerosos partidos e movimentos sociais expressam interesses, identidades e resistências das classes subalternas e dominadas, mas só alguns deles alcançam força, difusão e influência consideráveis de maneira permanente.

A política continua sendo assunto de profissionais na maioria dos países. Mas, em alguns está sendo desenvolvido um novo tipo de político, ao mesmo tempo admirado e depreciado, como eram os artistas de espetáculos até pouco tempo. Sua atuação serve para ocupar nosso tempo livre cívico, que aumentou, como aqueles artistas ocupavam o tempo livre físico quando este foi ampliado. Os *shows* desses políticos consistem em campanhas eleitorais, anúncios solenes, "novas" políticas econômicas, e também protagonizam jogos públicos mais específicos, de acordo com a especialidade de cada um. Seus escândalos – o escândalo é indispensável na vida de uma "estrela" – consistem em crimes selecionados de fraude ou relativos a seus deveres de mandatários, problemas de narcotráfico, intrigas conjugais e, ainda, alguns crimes políticos. Tudo isso reforça o desinteresse das maiorias por participar na política "nacional" de seu país, enquanto os meios de comunicação de massa – hoje multiplicados em nível técnico, alcance, audiência e controle totalitário de seus conteúdos – mantêm todos sabiamente informados, isto é, entretidos e manipulados.

Os regimes democráticos não cumpriram suas promessas, exceto as de manter a institucionalidade, a alternância eleitoral e graus mais ou menos consideráveis de respeito aos direitos individuais, do modo como são catalogados nas Constituições dos países. A década passada registrou, além de redemocratizações e novas democracias, 60 milhões de *novos pobres* (se chama assim a quem perde o acesso a moradia, educação e saúde). A marginalização e a exclusão hoje são fenômenos tão difundidos no continente que as fontes mais diferentes concordam que a situação social tende a se tornar desesperadora.[2] Mas a capacidade política das classes subalternas para pressionar, lutar ou negociar a favor de seus interesses é, em geral, baixíssima. Em outras palavras, o sistema conseguiu reduzir muito o nível da luta de classes e a atividade organizada autônoma dos dominados, e a recuperação que estes alcançaram segue sendo muito insuficiente ainda.

Esses anos de democratização neoliberal culminaram em uma situação social desastrosa, mas, apesar de certo número de explosões sociais, pode-se dizer que a vida política tem transcorrido com bastante normalidade. Esse paradoxo poderia ter limites marcados. Estamos transitando de uma democracia que só existe com adjetivos restritivos a uma nova forma de dominação chamada *governabilida-*

---

[2] Mais de 50% da população tinha alguma necessidade básica não satisfeita, segundo a estatística oficial peruana, em 1995. O bispo presidente da Conferência Episcopal Latino-Americana (Celam) declarava naquele mesmo ano que já é praticamente impossível fechar o abismo entre os pobres e os ricos, e que a corrupção política aumenta pelo narcotráfico. Há poucos meses, o presidente do FMI declarou na Argentina que teme que a democracia não possa ser conservada naquele país, com uma deterioração tão grande da situação social, e que isso pode se repetir em outros países.

de? Essa palavra se utiliza cada vez mais na região, mas opino que o autoritarismo seguirá valendo-se da institucionalidade atual e buscará coexistir com ela, ao menos enquanto não for obrigado a outra coisa. Como consequência das tendências principais prevalecentes na região – e também de influências do capitalismo central –, está sendo desenvolvido um novo conservadorismo liberal, embora com formas variadas na política prática.

Quero chamar a atenção, no entanto, para um fato de natureza diferente. Os setores de poder atuais na América Latina em muitos casos estão recém se integrando, os governantes não têm a seu favor os benefícios que as tradições davam às velhas elites, e as novas não conseguem aproveitar a herança de um passado recente de condução popular. As principais mudanças das últimas décadas tiveram efeitos antipopulares, de tom sangrento e coativo primeiro, de corte famélico e consentido depois. Essa última fase de modernização latino-americana não conta com recursos a distribuir entre determinados setores médios, como base para um novo reformismo, porque essa ação contradiz a natureza econômica do modelo transnacional que a orienta. Para os dominantes, é muito difícil apelar para o nacionalismo – talvez a ideologia política que tem maior peso nas nossas culturas – enquanto aceitam limitações da soberania nacional, debilitam as instituições que devem defendê-la e, sobretudo, desistem de projetos nacionais se estes contrariam as orientações externas pelas quais eles se orientam em última instância. A hegemonia dessa dominação não está cristalizada; em geral, está em busca de sua legitimação e, em muitos casos, está longe de contar com ela. Se essa situação de transição se revela, na prática, muito perigosa para o sistema, é por falta de forças suficientes que se oponham a ela.

Parece inevitável que uma dominação que possui meios e legitimidade tão limitados busque segurança em uma ligação e uma subordinação maiores com os centros capitalistas. Assim, coincidiriam não apenas com interesses imediatos destes, mas com um objetivo mais estratégico imperialista, levar cada vez mais longe uma ofensiva cultural global que consiga encerrar o longo ciclo de independentismo e de lutas pela libertação nacional do chamado terceiro mundo, e consiga apagar a perspectiva socialista diante de uma injustiça social que se tornou escandalosa e não tem solução por meio de reformas. Para esses dois objetivos tão ambiciosos, o imperialismo conta com duas cartas formidáveis a seu favor: um poder imenso e alguns meios efetivos em muitos campos, e o caráter universalizante da natureza da cultura do capitalismo. A reprodução econômica dos centros só precisa e abarca uma parte da população mundial; o resto, enorme, se revela sobrante. A reprodução cultural universal de sua dominação é básica, então, para suprir os limites do alcance real de sua reprodução material e dominar todos os excluídos mediante a obtenção de seu consenso. Para ganhar sua guerra cultural, o capitalismo precisa prevenir as rebeliões e eliminar as raízes da rebeldia; homogeneizar e controlar os consumos, os sentimentos, as ideias, a informação, a opinião, o pensamento, as crenças. Conduzir os desejos e igualar os sonhos.

A meta é fazer com que a maneira de viver do capitalismo pareça o normal e único horizonte possível; que seja considerada desejável, necessária ou, pelo menos, inevitável. Que oriente a vida cotidiana e as expectativas; que delimite as fronteiras éticas e cívicas e seja a norma final para a vida pública. Nesta jaula invisível de aço que se permitiria a existência de diversidades conscientes. Atuando em inúmeros campos e com enormes recursos, tenta-se avassalar ou neutralizar inclusive a linguagem. Daí a trágica situação do emprego se verbaliza como "flexibilização do trabalho" e a abertura ilimitada das economias subalternas se chama "desregulamentação". E ambas as palavras dão ideia de estar opostas à rigidez, uma noção que deve ser desvalorizada, como antiquada e perversa, em um mundo que na verdade é conduzido pelas normas muito rígidas do capital financeiro. Para o consumo das massas se cunham frases felizes, como "hoje a gente sabe quanto dinheiro tem no bolso", apesar de que tantos milhões sabem na verdade que seu bolso está vazio.[3] O objetivo central dessa luta cultural é realizar a submissão voluntária das maiorias à manipulação política, econômica e espiritual.

As derrotas das rebeldias e as repressões na região durante os anos 1960 e 1970, o fim da experiência revolucionária sandinista depois de dez anos de governo, o heroico esforço sem vitórias dos povos salvadorenho e guatemalteco, e um acontecimento muito diferente, a vergonhosa queda dos regimes da URSS e da Europa oriental se juntaram para gerar e consolidar nas classes dominadas uma percepção de fracasso da opção radical. A perda da autoconfiança, de identidades e da capacidade de acreditar em projetos autônomos foi muito prejudicial, aspectos acentuados pela diminuição da atividade organizada e das expressões de protesto social e de política autônoma; a situação de empobrecimento ou miséria que afeta as maiorias agrava essa situação. A miséria não faz parte da política e a força de pressão e negociação dos trabalhadores é muito limitada. Por outro lado, a atuação dos que dominam não atrai apoio irrestrito nem simpatias duradouras. O certo é que fica muito difícil restabelecer idealmente a unidade social em sociedades que contêm: a) uma opressão das vidas individuais e dos grupos sociais pelo poder do dinheiro e do mercado capitalista, exercida sem restrições e reforçada pelo poder do Estado, que abandonou a maioria das suas funções que amparavam amplos setores sociais; b) terríveis marginalizações e exclusões que atingem grande parte das pessoas; e c) hegemonias não cristalizadas, mas em transição.

No entanto, as dificuldades dos dominantes não são o único fator que poderia facilitar a emergência exitosa de uma política po-

---

[3] O rechaço abstrato à violência permite diluir culpas terríveis em expressões como "os dois demônios" ou "os excessos de uns e outros". Alguns acreditam que, durante as ditaduras, "ao menos havia tranquilidade", ou inclusive que "os militares não roubavam"

pular. Existe uma imensa cultura acumulada de rebeldia na América Latina, constituída por comportamentos, ideias, sentimentos e experiências resultantes de uma prolongada história de resistências e lutas sociais e políticas. Na América Latina as próprias identidades estão muito relacionadas – em inúmeras formas – com essas resistências, lutas e experiências, o que dá também à questão nacional uma carga de anticolonialismo e anti-imperialismo popular que pode gerar uma combinação eficaz com as ideias e as experiências das lutas por justiça social. Defender esse acúmulo cultural das pretensões de incluí-la em um esquecimento induzido, condená-la ou trivializá-la, é uma tarefa de maior importância.

Resgatar a memória histórica latino-americana é imprescindível como parte da batalha cultural por uma nova política. Mas, também o é não idealizar nem simplificar o recordado, como se na recordação tudo fosse rebeldia. A memória histórica das classes e grupos oprimidos deve incluir o estudo de suas modalidades históricas de subordinação à dominação, das formas complexas em que retornou o consenso e se reformulou a hegemonia das classes dominantes, depois dos protestos e rebeldias e, inclusive, depois das revoluções. Apesar de tantos fatores desfavoráveis, o desenvolvimento dos conhecimentos sociais e de seus instrumentos, além das ricas experiências das últimas décadas, nos permitem agora nos proporrmos a conhecer profundamente as formas da dominação e da rebeldia presentes em nossas culturas, suas características e condicionantes. Esses conhecimentos serão valiosíssimos para o trabalho de gerar comportamentos, ideias e organizações eficazes contra o sistema de dominação vigente.

É necessário relacionar mais a cultura acumulada com os movimentos, as ideias e os projetos atuais que desafiam de alguma maneira o sistema. Entre eles estão: movimentos sociais, novos e velhos, que lutam por suas identidades e suas reivindicações; os que protestam e se mobilizam por casos ou situações concretas de abusos, medidas antipopulares, corrupção, entreguismo e outros males, e os que o fazem por razões mais gerais e perspectivas mais transcendentes; certos governos locais que estão voltados para a gestão honesta e a defesa dos interesses cidadãos; atividades de organizações políticas de orientação popular. Essas relações poderiam potencializar a atuação, a conscientização e a autoconfiança nas forças próprias do movimento, e poderiam ajudar em uma questão crucial: ampliar sua base social e seus participantes politizados, mediante a capacidade de realizar coordenações entre os oprimidos, criar formas organizativas e elaborar estratégias, a compreensão das possibilidades e os limites de um entorno institucional e de regras de jogo decididas por outros, e a capacidade de elaborar projetos próprios. Isso exigirá novos avanços do pensamento, que o tornem muito superior às suas próprias condições de existência, porque para a libertação das sociedades e das pessoas é imprescindível uma intencionalidade muito qualificada, crítica e criadora.

É verdade que o desencanto ou a negativa a pertencer a partidos políticos é muito comum entre as pessoas, e também é certo que o desinteresse pela política existente afeta milhões de jovens. Mas, é muito provável que isso não se deva ao desinteresse destes, mas ao fato de terem adquirido certa consciência de que a política precisa se transformar profundamente se deseja se tornar confiável e digna de conduzi-los. A política oposta ao sistema vigente não pode se parecer à do sistema: dever ser diferente e oposta. Para ser viável e eficaz, terá que empreender a mudança social das pessoas a partir das condições culturais existentes e das gigantescas dificuldades de hoje, não a partir de um dever-ser especulativo, sectário e estéril, nem desde um possibilismo que não será reformismo, mas cúmplice político, peça da hegemonia e lugar de cooptação para a dominação. Essa política não poderá adiar as mudanças de si mesma, nem das pessoas, relações e instituições, para quando tiver poder suficiente, porque assim nunca será um poder libertador nem formará as pessoas e a sociedade para interagir e inventar entre todos os caminhos da liberdade. Se essa política é verdadeira, o poder tem que ser um instrumento do projeto. E terá que dizer sem temores nem equívocos que luta por todo o poder, e agir consequentemente, porque a questão do poder está no centro de toda política de mudanças radicais. Travar uma luta cultural que também permita mudar profundamente os instrumentos políticos, as ideias e as maneiras de agir dos que se opõem ao sistema ou alimentam rebeldias. Já é hora de agir por meio de uma luta cultural baseada em uma estratégia anticapitalista, na qual esteja inscrito o imediatamente político. A cultura não substitui a política, mas se a política por si só é insuficiente para manter os sistemas de dominação, para conquistar a libertação é impensável e ineficaz uma política que não seja o instrumento de uma grandiosa ação cultural.

PENSAMENTO LATINO-AMERICANO, CULTURA E IDENTIDADES[1]

Cinco séculos de colonização e subordinação ao capitalismo mundial na América Latina e no Caribe produziram um complexo de dominação que somos obrigados a conhecer muito bem para poder destruí-lo e superá-lo, e para que não possa renascer e se reproduzir sob novas formas. A reprodução com mudanças da dominação burguesa e imperialista tem uma história, que é a das reformulações de sua hegemonia. Para ser eficaz, ela sempre se vê na necessidade de incluir partes do que esteve excluído, tem que utilizar uma parte dos símbolos e das demandas das rebeldias que combateram sua dominação. Temos que recuperar a história das revoluções e rebeldias, a história das resistências múltiplas e diferentes das diversas formas de opressão das pessoas e das sociedades que formaram um todo, enfim, com o capitalismo, e que encontram seu sentido final e sua capacidade de mandar ou de sobreviver nessa dominação capitalista. Mas, também nos é imprescindível recuperar a história das adequações e das subordinações das sociedades e dos indivíduos à

---

[1] Intervenção para provocar o debate na Comissão de mesmo nome, durante o *VIII Seminário Internacional sobre Paradigmas Emancipatórios*, organizado pelo Grupo América Latina, Filosofía Social y Axiología (Galfisa), do Instituto de Filosofia. Havana, 5 de setembro de 2009.

dominação, e conhecer a estrutura das formas em que ocorre essa subordinação, ver como se tece tantas vezes o domínio, identificar os participantes e as cumplicidades, que vão desde os criminosos, as empresas e os governantes corruptos até uma parte das nossas próprias atividades, motivações e ideias.

Cabe-me então escolher somente alguns temas. Antes de tudo, chamo atenção para a colonização mental e dos sentimentos. Nosso continente foi um teatro privilegiado da globalização do capitalismo, que cometeu aqui genocídios, ecocídios, destruição de culturas, os maiores tráficos de populações da história mundial para explorá-las como escravas. Mas também surgiram na América sociedades novas, fruto da combinação de culturas muito diferentes, que elaboraram identidades originais de grupos e nacionais. Este continente usou as revoluções para dar a si mesmo identidades próprias e Estados republicanos há mais de dois séculos, processo iniciado pela maior e mais vitoriosa revolução de pessoas escravizadas da história, a haitiana, que venceu as grandes potências e proclamou uma constituição mais avançada do que a famosa constituição dos Estados Unidos. Mas, também a nossa região foi a primeira a sofrer a neocolonização, que é a forma fundamental da expansão mundial do capitalismo maduro.

Os regimes neocoloniais são governados pelo imperialismo e as classes dominantes de cada país, classes que são, ao mesmo tempo, beneficiárias, cúmplices e submetidas. Desenvolveram-se contradições muito profundas em repúblicas que excluem uma parte de suas populações dos direitos cidadãos e da riqueza nacional; realizam esforços civilizatórios e modernizadores que aniquilam comunidades e economias locais, e impõem idiomas, leis e costumes; difundem uma ideologia do progresso que legitimou esses aniquilamentos e o racismo; e empreendem projetos de desenvolvimento que em vez de trazer independência do capitalismo internacional explorador geraram renovações da integração subordinada a ele e formação de novos grupos exploradores e de poder que se somam aos existentes ou os substituem.

Já é um lugar comum dizer que a América Latina está vivendo um tempo de mudanças. Poucos se perguntam, no entanto, como é que há dez anos praticamente ninguém prognosticava que esse tempo estava próximo de começar. Outros poderiam comentar sobre um evento que ocorreu há uns 20 anos e influenciou todo o mundo: o fim dos regimes chamados socialistas na Europa e a desaparição da URSS. Há 35 anos, quando as ditaduras criminosas de "segurança nacional" se difundiam pela América Latina, as análises dos que se opunham aos sistemas de dominação ainda tinham força, audácia e diversidade, e discutiam entre si além de enfrentar o adversário. Pesquisadores, professores e quadros dedicados à ação revolucionária liam uns aos outros ou produziam eles mesmos as análises e as interpretações. O legado extraordinário do pensamento latino-americano daquela época permanece marginalizado hoje, ou é reconhecido com admiração mas sem estudo, quando nos faz tanta falta.

Os triunfos repressivos trouxeram também derrotas políticas e ideológicas do campo popular. Uma a uma desapareceram as palavras que permitiam pensar a subversão necessária, mas também as que permitiam analisar as realidades materiais e espirituais do continente. Temas, conceitos, teses da ciência social comprometida foram abandonados ou silenciados. Ao enorme recorte dos objetivos políticos populares que ocorreu com o estabelecimento da chamada democratização – ou "as democracias" – correspondeu a aceitação da cultura do capitalismo e um desolador empobrecimento do discurso "de esquerda" ou progressista. Agora o campo intelectual se conformou com modestas antinomias, como as de fascistas *versus* democratas e ditadura *versus* governo civil, que deixavam intangível o sistema. Primeiro em formulações como as dos "dois demônios", depois, mais francamente, foi condenada e considerada inadmissível qualquer violência revolucionária. Não importa que a vida de dezenas de milhões seja martirizada por inúmeras formas de violência diária neste continente, ativistas e pessoas decentes do povo oprimido rechaçam e abominam quem luta contra o sistema com armas na mão. Essa vitória cultural do capitalismo continua até hoje e sobrecarrega iniciativas tão louváveis como os Fóruns Sociais.

No último quarto do século XX, o imperialismo se centralizou em um grau muito profundo e se tornou parasitário, excludente e mais destruidor do que nunca, por conta do que ele necessitou modificar suas instituições e suas ideologias econômica e política, decretar o fim do "desenvolvimento" do chamado terceiro mundo e da ideia de progresso, reduzir o neocolonialismo à recolonização seletiva e implementar um sistema totalitário de informação e formação de opinião pública. Os temas transcendentes do pensamento social se submeteram à banalização ou à desistência, e se ensaiou a eliminação do futuro e do passado. Coincidiram, por fim, as necessidades do capitalismo e a prostração do pensamento contrário a ele.

Somente duas saídas pareciam restar aos opositores. Uma, ser um adversário ético e possibilista do neoliberalismo, um pouco à esquerda da "equidade", "o liberalismo social", "a face humana" e outras maravilhas dos políticos e dos ideólogos do sistema; mostrar-se "respeitáveis" para serem aceitos pelas regras do jogo eleitoral e dos comportamentos políticos. A outra opção, assumida muito menos, era manter a pureza dogmática e sectária que não se contamina com migalhas nem ideias do poder, nem faz alianças com a maior parte dos líderes populares, que costumam ser condenados ao não conseguir passar nas provas de anticapitalistas teóricos. Os primeiros são sócios reformistas do sistema, os segundos permanecem sob o próprio teto, mas sozinhos. Aprecio os segundos e detesto os primeiros, mas reconheço que ambos se mostram úteis aos interesses mais gerais da dominação.

Na fase inicial de seu predomínio aberto, o imperialismo estadunidense tinha alcançado a eliminação da política econômica de substituição de importações e o fim de alguns governos independentes com apoio popular. Impôs duas ondas de ditaduras para facilitar sua implementação, mas na segunda, desafiado pelo auge dos protestos e rebeldias, e pelo exemplo cubano, apelou para uma repressão sistemática que em alguns lugares chegou ao genocídio, aplicada por esbirros e exércitos da região. Criou-se assim uma união criminosa, cuja base foram laços muito mais íntimos com os governos, empresários e partidos da ordem. A maioria dos burgueses "nacionais" foram cúmplices do imperialismo, mas a nova ordem econômica que se impôs agravou a subordinação e tendeu ao desmantelamento das economias e dos projetos nacionais. Os governos civis que substituíram as ditaduras de "segurança nacional" em tantos lugares são democracias com adjetivos alusivos a suas limitações, que mais ou menos restauraram o instauraram o Estado de direito e um bom número de liberdades cidadãs, mas com mandatários sem poder real diante do grande capital, alternância eleitoral dentro do sistema e a política como um espetáculo para ocupar o tempo livre cívico.

Confiantes na grande repressão e no colapso das lutas de libertação e de classe, os dominantes não perceberam que a cultura política de dezenas de milhões havia passado por um gigantesco crescimento. Enquanto diminuíam sem cessar o emprego e os serviços sociais, se entregavam os recursos naturais, se pagavam altíssimos impostos, se generalizava a miséria e seu horror era escandaloso nas cidades, os dominantes também não deram importância para a fraca reformulação que faziam de sua hegemonia, desnacionalizada e com uma frágil legitimidade. Acreditaram na efetividade, na América Latina, da homogeneização global capitalista das concepções da vida cotidiana e cidadã, como unificadora do sistema apesar dos abismos de injustiça, pobreza e frustrações que os separavam das maiorias. Acreditaram que se enraizaria a cultura do medo, a indiferença, a resignação e a fragmentação. Se equivocaram. O desenvolvimento da consciência política dos povos e o descontentamento, o rechaço e a resistência contra a situação a que se tinha chegado foram se reunindo e se alimentando mutuamente, e o continente se colocou em marcha.

A subordinação ideológica faliu ao longo das grandes jornadas cívicas e de movimentos populares dos últimos dez anos. Conforme passou o tempo, hoje percebemos que o primeiro ato foi na Venezuela em 1998, ao ser eleito presidente Hugo Chávez Frías, um militar insurreto e bolivariano que ninguém conhecia até 1992, preso político até 1994. O povo da Venezuela – marcado a fogo pela matança de fevereiro de 1989 – tinha deixado de acreditar no bipartidarismo e buscava uma nova saída. A "guerra da água" na Bolívia e o motim do povo de Buenos Aires saudaram o início do século, mas essa vez não se tratava das usuais erupções periódicas de raiva dos oprimidos diante de abusos pontuais. Cada ano da década que está terminando foi testemunha das ações dos movimentos populares e de jornadas cívicas que estabeleceram e defenderam governos diferentes, e estão mudando a correlação de forças na região.

Não pretendo fazer sequer um sumário da análise das novas realidades e dos novos projetos que estão se desenvolvendo, apenas desejo apontar que milhões de pessoas estão vivendo mudanças positivas em sua vida, seus sentimentos e suas ideias, e elas e outras milhões lutam para mantê-las ou para avançar mais. Consolida-se a consciência de que o bom governo consiste em que o poder e os recursos estejam a serviço do bem-estar, dos direitos, das oportunidades e da dignidade das maiorias. Nos cenários mais avançados, a melhoria das condições de vida humana e a mudança social tentam se unir: que a pessoa ocupe o centro da cena política e social, e que entre todos seja criada uma nova política e uma nova organização social. Tornou-se possível que os países reconquistem suas riquezas e suas soberanias, e se ponham a tornar viáveis e factíveis o bem-estar de suas populações e uma reprodução decente da vida social que se ponha também de acordo com a natureza. Aumenta a convicção de que a América Latina e o Caribe foram chamados a se integrar solidamente, por um caminho no qual o centro das alianças teria que ser político para alcançar autonomia diante dos Estados Unidos e do capitalismo mundial; compartilhar seus recursos, suas políticas nacionais e suas potencialidades para que se complementem e fortaleçam; e poder levar a cabo seus projetos e seus sonhos.

Tampouco vou tentar descrever os tantos problemas, obstáculos, inimigos e insuficiências que esse avanço latino-americano tem diante de si. Nada está garantido e se unem contra os avanços o peso enorme – às vezes insondável – da sociedade burguesa neocolonizada e suas monstruosidades com a atividade sistemática, e mais de uma vez sagaz, do imperialismo. Mas, a situação já não parece avassaladora, porque a ação e a esperança estão predominando e estão surgindo noções de fazer política radical, manter o poder e elaborar novas leis para o povo, pegar e usar os recursos próprios, se unir e aliar. Assim como entra no mundo da realidade o "milagre" de devolver a visão a um milhão de pobres, entram também assuntos que eram inconcebíveis dez anos atrás: recursos energéticos da região para os países da região, a preços baixos e com facilidade de pagamento; trocas e complementações econômicas; projetos de segurança alimentar. Depois de meio milênio de saques e integrações subordinadas ao capitalismo mundial, nossa América começa a experimentar a opção de ser para si. A conjuntura é favorável. O imperialismo se desprestigiou a fundo sob o governo de Bush e seu grupo e se atolou pela resistência heroica dos povos iraquiano e afegão; o jovem Obama não traz mudanças relevantes. A tremenda crise financeira iniciada em outubro de 2008 tornou evidente as debilidades e a natureza do sistema capitalista. Crescem as relações entre a América Latina e certo número de países da Ásia e da Europa com recursos, interesses econômicos e vontade política de criar um mundo multilateral.

Por tudo isso se pôs na ordem do dia voltar a pensar grande na América Latina e no Caribe, mas se torna palpável a debilidade e o atraso do pensamento social. As teorias e os conceitos acerca da política, do Estado, dos movimentos sociais, das formações econômicas, dos sistemas de organização social, dos conflitos e suas soluções, e tantos outros assuntos, mostram sua inadequação para servir como instrumentos ou se chocam com as realidades, são exibidos como escapulários religiosos, rangendo os dentes, ou são abandonados. O retorno do socialismo como tema do dia e do futuro próximo – e não apenas como ideal distante –, tão pouco tempo depois do seu desastre europeu é escandaloso e se torna um desafio para um bom número de estudiosos. Enquanto isso, Hugo Chávez, Evo Morales, Rafael Correa e outros líderes políticos se referem ao socialismo com naturalidade como sendo o caminho da América Latina, e o mesmo fazem muitos ativistas, ideólogos e intelectuais comprometidos com as causas dos povos. E aos 50 anos do triunfo de sua revolução socialista de libertação nacional – a primeira do Ocidente –, Cuba socialista faz parte muito ativamente do movimento e desfruta de um enorme prestígio latino-americano.

O pensamento crítico deixou de ser assunto de minorias toleradas. Ele está hoje em um tempo de crise e de urgência, de elaboração de novas perguntas e de reformulações, criando e se apropriando das conquistas que ele próprio já tem nesta região, a meu ver a de maior dinamismo e atenção aos problemas cruciais em termos de conhecimento social.

Em nossa América, as dominações foram combatidas por resistentes e rebeldes desde séculos atrás até hoje. Somos os herdeiros desses combates e somos obrigados a resistir melhor e a inventar, criar as formas de triunfar e de nos mudar a nós mesmos, ao mesmo tempo que transformamos as sociedades por meio das lutas emancipatórias, e que instituímos e sustentamos poderes revolucionários capazes de servir como instrumentos para projetos cada vez mais ambiciosos de libertação. Uma parte importante dessas práticas é a elaboração e o desenvolvimento de um pensamento revolucionário próprio, nosso, que consiga libertar-se das neocolonizações mentais e dos sentimentos, e das fragmentações, confusões, sectarismos e outras deficiências que temos. É claro que é muito difícil, mas todas as coisas importantes são muito difíceis.

Temos que nos apoderar da linguagem e libertá-la das subordinações, de fronteiras, perder o temor de sermos donos dela e que ela nos sirva para pensar, porque a linguagem é imprescindível para pensar. Não existe linguagem inocente: nossos inimigos o sabem bem e tratam de colocar isso a seu serviço, sustentam uma guerra da linguagem, assim como sustentam em conjunto uma gigantesca guerra cultural mundial. O pensamento latino-americano sofreu muito pelas vitórias do capitalismo na última parte do século XX, embora já padecesse problemas próprios muito graves. A linguagem da libertação se perdeu em um nível alto. É verdade que nas etapas piores não é sensato falar a todos como se estivéssemos à beira da vitória. Eu gosto do fato que tenhamos usado a palavra "alternativa", porque foi um bom recurso quando, por um lado, parecia impossível falar em "revolução", "socialismo", "imperialismo" ou "libertação" e, por outro, muitos tinham uma desconfiança sadia das grandes palavras que não tinha conseguido guiar a resistência e a rebeldia aos triunfos, ou ao menos defender o que havia sido conquistado ou alcançado, enquanto que os dominantes tinham uma força que parecia todo-poderosa e um domínio cultural muito grande.

Hoje estamos em um momento muito diferente na América Latina e no Caribe. Alguns poderes revolucionários atuam e se fortalecem, a consciência social e política dos povos está crescendo, crescem também os movimentos populares, existe um grau maior de autonomia diante dos Estados Unidos que é utilizado por certo número de países e, a partir de diferentes posições e interesses, avançam processos e consciência de coordenações continentais. Ao mesmo tempo, os Estados Unidos – que agora têm o rosto de um jovem negro na proa – se move em aberta contraofensiva, como fica claro com o golpe de Estado em Honduras e o estabelecimento público de suas bases na Colômbia, que faz parte de uma política militar agressiva que toma posições ao longo do continente. O recurso de nos agredir está diante de nós e é o mais visível, mas não é o único. Dividir, confundir, cooptar, chantagear, continuar dominando culturalmente continuam sendo armas muito efetivas. Para libertar a linguagem e o pensamento não é preciso possuir grandes recursos materiais e, na medida em que consigamos isso, teremos uma força tremenda a nosso favor e uma capacidade crescente para desenvolver cada uma das nossas identidades, projetos e lutas. E de nos unir, não com palavras ou boas intenções, para que as ideias e os problemas concretos que nos separam sejam mais compreensíveis e para que seja mais factível superá-los.

O último século oferece à humanidade um saldo extraordinário para as potencialidades de emancipação humana e social. Na América Latina e no Caribe de meio século atrás, ergueram-se as resistências e os combates de uma onda revolucionária que fez parte da segunda onda mundial do século XX, que, diferentemente da primeira – iniciada com a Revolução Bolchevique de 1917 – teve seu centro no terceiro mundo. Mas os conhecimentos e as posições dos que combateram e resistiram eram muito limitados. Hoje não é assim. Contamos com um imenso acúmulo cultural de identidades e formas organizativas populares, de experiências e de ideias de insubmissão e de rebeldias. Por sua vez, o imperialismo se vê obrigado, por sua natureza atual extremamente centralizada, parasitária, excludente e destruidora, a colocar no centro sua guerra cultural, a fazer com que as grandes maiorias, por mais que se desenvolvam, permaneçam presas em seus próprios horizontes delimitados e fracionados, não desafiem os fundamentos da dominação em si mesmos e aceitem de um modo ou de outro que a única organização factível da vida cotidiana ou cidadã seja a determinada pelo capitalismo.

A estratégia da dominação se mostra então complexa, e utiliza uma multiplicidade de formas que estão a seu alcance. Pelo saque dos recursos e o exercício de seu poder, ela é capaz de tudo, como sempre. Aí está o genocídio no Iraque e a ocupação militar permanente nos países, como fazia o velho colonialismo, em pleno século XXI, embora esteja aí também a lição para todos de que os povos que se levantam para lutar não podem ser derrotados nem pela maior e mais desenvolvida potência militar do planeta. O imperialismo ameaça com suas bases, golpes e frotas no nosso continente, mas sem deixar de armar e sustentar seus servidores e cúmplices, atuar a favor da divisão entre os países, sabotar os avanços das autonomias, das alianças e da integração continental, oferecer frações do que saqueou e saqueia, pressionar e forçar os que se mostram tímidos e fracos. Em outros planos, trabalha a favor de seu domínio – em estreita união com os dominantes em cada país –, valendo-se de um sistema totalitário de informação e de formação da opinião pública e de uma parte dos gostos, de sua imensa produção e implementação cultural, da atração que ela tem, dos avanços de uma homogeneização mundial controlada que penetra, afoga e abala as culturas dos povos. Fomenta uma cultura do medo, do individualismo, da transformação de tudo em mercadoria, da indiferença, do salve-se quem puder, que permite, por exemplo, mostrar em um mesmo noticiário uma multidão de vítimas da fome, índices financeiros que ninguém entende e visitas e chacotas dos poderosos. Ao mesmo tempo, a dominação consegue reconhecer multiculturalidades e diversidades, sempre que não afetem seus interesses essenciais, envenenar o meio em que vivem comunidades ou despojá-las dele quando isso convém aos seus negócios, cooptar líderes, fazer um pouco de filantropia ou mandar matar desobedientes e rebeldes.

O pensamento latino-americano tem tarefas extraordinárias a realizar. Tentarei sintetizá-las muito brevemente em uns comentários finais:

a) superar o atraso a que foi induzido, diante da nova situação e diante de problemas fundamentais que são mais antigos;
b) retomar o socialismo como horizonte, e assumir criticamente o marxismo que está retornando, o marxismo dos revolucionários. Não permitir de nenhuma maneira o regresso do dogmatismo. O pensamento não deve ser um fetiche nem um adorno para se sentir bem ou para adquirir segurança;
c) apoiar os esforços contra a subordinação dos movimentos populares e dos oprimidos à dominação da burguesia e do imperialismo, compreender as relações que existem entre os meios, identidades, demandas, lutas e projetos de cada movimento e o sistema de dominação como uma totalidade, com suas forças, ações, ideologia e contradições. Ajudar a compreender a dominação cultural e as reformulações da hegemonia das classes dominantes;
d) abandonar a soberba de exigir dos que lutam que entrem nas camisas de força de concepções dogmáticas e, quando não o fazem, denunciá-los como "traidores" e "colaboradores". Partir das realidades existentes e de seu ser real, não do que acreditamos que devem ser, não para nos adequar ou nos resignar a elas, mas para participar do trabalho de mudá-las a favor dos povos e das pessoas;
e) colaborar na defesa e na conservação da autonomia dos movimentos populares em todos os processos de que participem. Para os poderes populares, será muito benéfica essa autonomia dos movimentos, precisamente para que consigam ser realmente poderes populares e avançar enquanto tais;
f) apresentar aos movimentos populares a centralidade da questão política, e argumentar e convencê-los sobre essa

necessidade. Ao mesmo tempo, aprender e desaprender sobre problemas fundamentais da questão política, como, por exemplo, a natureza da organização política; as relações entre os ativistas e os demais membros do povo; a necessidade de construir o poder, conhecer o que é o poder e como pode se tornar realidade esse processo; as alianças; os problemas da estratégia e das táticas; a necessidade de considerar e combinar todas as vias e todas as formas de luta, incluindo a violência revolucionária; as relações acertadas entre as mudanças e o aumento de capacidade das pessoas e dos grupos sociais e as mudanças que o movimento popular revolucionário deve ir registrando em seu conjunto;

g) elaborar o pensamento sobre temas e problemas que no passado não se viam ou não se consideravam, e que os avanços dos movimentos populares materializaram e deixaram muito clara a sua importância;

h) enfrentar e ganhar a guerra da linguagem, recuperar as noções que as culturas dos povos formaram e desenvolveram e trabalhar com elas nas novas condições e para os novos problemas;

i) utilizar nossos instrumentos de educação para a formação e as tarefas que temos, não depender deles como se fossem nossos objetivos;

j) revolucionar as ideias em si que se tinha acerca do pensamento, incluindo o crítico, e suas funções. Não pretender ser a consciência crítica do movimento popular, mas militantes do campo popular. Avançar no sentido de novas compreensões das relações entre o pensamento e os movimentos populares e na formação de novos intelectuais revolucionários. Ser úteis para o movimento popular, mas sem perder a autonomia e as características principais de seu tipo de trabalho e sua produção. Exercer realmente o pensamento, criador, crítico e autocrítico, sem medo de ter critérios próprios nem de equivocar-se. Recuperar a memória histórica e ajudar a formular os projetos de libertação social e humana. Que a lei primeira do pensamento seja servir a partir de sua especificidade;

k) ser sempre superiores à mera reprodução da vida vigente e de seus horizontes. Sem deixar de atentar para o cotidiano e para as lutas em curso, contribuir para a elaboração de estratégias e projetos, e para a destruição dos limites do possível, que é a única garantia de que seja viável a formação de novas pessoas e novas sociedades.

O COLONIALISMO NO MUNDO ATUAL[1]

A maior parte deste número está dedicada a um tema de enorme importância atual: o colonialismo. A nota inicial, "Ao leitor", que é de uma qualidade singular, expõe o essencial a respeito das colônias que existem no mundo atual, sua distribuição geográfica e as funções que desempenham para os poderes coloniais. Destaca os casos da Palestina, de Porto Rico, do Saara Ocidental e das Malvinas, pela atenção internacional que recebem. E explica muito bem e de maneira sintética o conteúdo do número.

Tive a satisfação de revisar com cuidado os artigos, o que me permitiu constatar os valores de cada um e do conjunto que formam um número 176 que está à altura da tradição desta revista, combatente e bonita, filha consequente e intransigente daqueles trabalhos e aqueles ideais que reuniram em Havana, há quase 47 anos, representantes dos lutadores do nosso mundo, o qual os inimigos da humanidade haviam oprimido, espoliado e aniquilado sempre, e ao qual naqueles anos os meios de comunicação haviam dado o terceiro lugar em uma classificação de três.

---

[1] Intervenção realizada na sede da Organização de Solidariedade dos Povos da África, Ásia e América Latina (OSPAAAL) na apresentação da edição da revista *Tricontinental*, n. 176, dedicada ao tema do colonialismo. Havana, Cuba, 20 de dezembro de 2012.

Entendo que há dois procedimentos igualmente válidos nestas apresentações: descrever e comentar cada um dos textos da publicação; ou fazer comentários referentes ao assunto principal que foi abordado e exposto ao longo do número. Inspirado por esses textos, escolho a segunda fórmula para essas palavras, pelo que acabo de dizer e por que os presentes logo terão em suas mãos a revista. Acrescento somente uma calorosa parabenização aos aspectos formais do número, que lhe conferem grande beleza e capacidade comunicativa.

O colonialismo foi a forma fundamental e decisiva da universalização das relações mercantis, da individualização das pessoas e da oposição de todos contra todos – forçada pelo poder do dinheiro e pelas violências do poder –, da homogeneização dos padrões de consumo e a generalização de determinadas relações sociais fundamentais e seus valores correspondentes, em escala planetária. Em duas palavras, foi a forma principal de universalização do capitalismo. No caso do continente americano, é nesses anos que se está completando realmente o chamado Quinto Centenário, que em seu momento foi tão publicizado e manipulado quanto rechaçado, e não naquelas datas de 1492 em que um explorador chegou a umas ilhas do Caribe. Aquilo foi o início de um colossal genocídio, de um gigantesco ecocídio, da destruição de culturas maravilhosas, condicionante da elaboração material e ideal de uma civilização egoísta, exploradora, criminosa, excludente, racista e depredadora, que impôs ao planeta inteiro seu título pretensioso de modernidade.

José Martí, o primeiro grande pensador anticolonial que compreendeu o imperialismo, escreveu em 1884: "Os conquistadores roubaram uma página do universo!". Mas não esqueçamos nunca que desde o início se tratava de um negócio, o mais impiedoso e abrangente, o mais oposto ao bem-estar, à dignidade e ao desenvolvimento da condição humana e à convivência social que se inventou: o capitalismo. O chefe dos conquistadores das sociedades existentes no atual México, que eram superiores a eles em muitos aspectos, tinha escrito em 1524 a seu imperador pedindo-lhe que ordenasse o fim do saque indiscriminado e que se começasse a colonização do país.

Os anos que seguiram ao final da Segunda Guerra Mundial foram os da independência para a grande maioria das colônias que existiam na África e na Ásia. Vários fatores principais contribuíram naqueles eventos históricos. Uma nova ordem capitalista pós-guerra, na qual predominou abertamente os Estados Unidos, que tinha dentro de sua estratégia mundial a dissolução do domínio colonial europeu e que agiu de acordo com isso. Uma Europa colonialista, que embora já carecesse de poder suficiente para alternar com os Estados Unidos pôde lançar-se a uma rápida reconstrução e ampliação econômica; estabelecer relações de tipo neocolonial com suas antigas posses podia ser muito proveitoso nesse momento de reposicionar-se. Mas, é preciso recordar que nem por isso propiciou as independências. Um século e meio depois da Revolução Francesa ainda não se queria aceitar a autodeterminação dos povos. Os mesmos colonialistas que aprovaram em 1952 um plano para conceder autogestões ou independências, depois de 1972 praticaram matanças terríveis e repressões onde quiseram, e puseram obstáculos de todo tipo aos processos de independência das colônias.

Mas não puderam evitar esses processos. O que aconteceu foi que os povos protagonizaram o ocaso efetivo do colonialismo. Em todos os lugares se mobilizaram, se organizaram, pressionaram, negociaram ou exigiram a independência, em muitos países como culminação de processos políticos e sociais nacionalistas anteriores. Em numerosos lugares se combateu os colonialistas com armas na mão. O triunfo da Revolução Chinesa, em 1949, e as revoluções vitoriosas do Vietnã e da Argélia foram marcos muito importantes de um avanço extraordinário da cultura mundial: a conversão da independência em libertação nacional. Ativistas e povos muito diferentes e que estavam em situações muito diversas se aproximaram, motivados pela afinidade de seus problemas, pela identidade de seus inimigos e pela necessidade de aumentar suas forças e se auxiliarem. A Conferência de Solidariedade Afro-Asiática de Bandung em 1955, a fundação do Movimento dos Países Não Alinhados em 1961 e a Conferência Tricontinental de 1966 foram marcos de um movimento internacional cuja conquista principal foi formar-se e desenvolver-se fora e longe da égide dos imperialistas, sendo uma forma a mais das identidades que reivindicavam seu lugar no mundo.

As novas realidades autóctones da África, da Ásia e da América Latina e do Caribe tinham que enfrentar, ao mesmo tempo, o imperialismo e a busca da justiça social, o "subdesenvolvimento" – nome mal dado ao lugar em que foram colocados dentro do sistema mundial capitalista –, com a mentalidade colonizada – a herança maldita do colonialismo –, a necessidade de modernizações e de fazer a crítica do signo burguês da modernidade. Diferentemente da primeira onda revolucionária do século XX, que teve seu centro na Europa, uma segunda onda revolucionária que percorria o planeta nos anos 1960 e 1970 tinha seu centro neste terceiro mundo.

Esses eventos mudaram o mapa do mundo e a composição e o funcionamento das relações internacionais, e deram grandes contribuições para a cultura dos povos, ao converter o que tinha sido um passo adiante ou uma coincidência de interesses diferentes em processos políticos, sociais, econômicos e de pensamento que tiveram um alcance extraordinário. Porém, nas últimas décadas estamos sofrendo uma transformação hiper-centralizadora e parasitária do imperialismo, reforçado por um período de grave diminuição das lutas de classe e de libertação. O capitalismo atual está travando uma formidável guerra cultural em escala universal, mediante a qual pretende compensar a desaparição de sua grande promessa abstrata de progresso, desenvolvimento e bom governo; ocultar a perda das características de competência, iniciativa e liberdades econômicas, e um campo e uma segurança para setores médios, que o seu regime tinha; forçar a aceitar o desmonte que se tem feito em tantos países das conquistas sociais e políticas alcançadas durante o século XX; e prever e desmontar todas as resistências e protestos.

Esta guerra cultural se propõe que todos em todos os lugares aceitem a ordem imposta pelo capitalismo como a única maneira em que se pode viver a vida cotidiana, a vida cidadã e as relações internacionais. Um dos seus objetivos principais é que esqueçamos a grande herança que nos oferece precisamente a acumulação cultural constituída pela história horrorosa do colonialismo e a história das resistências e rebeldias dos povos. Reprimidos ou tolerados, aplaudidos ou condenados por ser diferentes, mas sempre explorados, discriminados e avassalados, querem que renunciemos ao passado e ao futuro e assumamos uma homogeneização das condutas, ideias, gostos e sentimentos ditada por eles.

A guerra da linguagem faz parte dessa disputa. Como bem aponta Wilma Reverón, chamar os colonialistas atuais de "potências administradoras" e as colônias de "territórios não autônomos" ou "em fideicomisso" é escamotear a realidade. Existe toda uma linguagem para fazer com que as maiorias pensem como convém aos dominadores ou, em muitos casos, que não pensem. O princípio de soberania nacional tem sido sumamente enfraquecido no mundo atual, mas isso é ocultado mediante expressões como "luta contra o terrorismo", "intervenção humanitária", "tratados de livre comércio", "defesa dos direitos humanos", "países fracassados" e outras. No século XXI, os imperialistas voltam a ocupar militarmente países, mas os ocupantes são chamados de qualquer coisa menos de invasores. Tratam de transformar em algo natural as relações de vassalagem, o intervencionismo, o pagamento de tributos, o saque dos recursos. O que pretendem, em geral, é desinformar, confundir, manipular, criar uma opinião pública obediente – e, se possível, entusiasta em suas obediências – e converter as pessoas em público. Danny Glover denuncia esse trabalho imperialista em um parágrafo muito esclarecedor de sua entrevista sobre os Cinco Cubanos.

A generalização do neocolonialismo como forma de dominação imperialista em sua expansão mundial em meados do século XX foi um indicador de maturidade do capitalismo como formação social: o funcionamento mesmo de seu modo de produção se convertia em seu principal mecanismo de exploração e de obtenção de lucros procedentes dos países subalternos, ainda que vantagens econômicas e meios políticos, militares e ideológicos continuassem desempenhando papéis importantes na relação neocolonial. Ao mesmo tempo, essa relação marcava os limites daquela dominação. O país neocolonizado devia ser independente e possuir soberania nacional, embora na prática isso ocorreria com limitações; dispor de níveis relativamente notáveis de desenvolvimento de sua formação social nacional; ter instituições, interesses, representações e projetos capazes de ser integrados na hegemonia de sua classe dominante-dominada nativa, que os proclamava como sendo nacionais, ou de ser lugar de reivindicações, conflitos e elaborações de setores mais ou menos opostos a elas, que também se diziam ser nacionais.

Esse neocolonialismo fazia parte, então, de uma época de lutas muito agudas entre conservadorismos e reformismos, entre revoluções de libertação nacional e socialistas e contrarrevoluções, entre modificações de muitos tipos das estruturas e funções do capitalismo em escala mundial, que negociavam ou se chocavam com estratégias, esforços e projetos de desenvolvimento nacional mais ou menos autônomos de numerosos países do chamado terceiro mundo. O desenvolvimento, as políticas sociais a favor das maiorias, o socialismo, o nacionalismo de classes dominantes, a democratização das formas de governo e outras dinâmicas estavam na ordem do dia, e o movimento e a discussão de ideias acerca de todos esses temas eram muito fortes e constantes.

Em 1981, a revista *Tricontinental* reproduziu em seus números 74 e 75 meu ensaio chamado "Neocolonialismo e imperialismo. As relações neocolonialistas da Europa na África". Ontem o reli, sobretudo o parágrafo em que tratava da relação em seu aspecto conceitual, e me ficou claro que aquela situação mudou muito, e que isso se deu sobretudo em prejuízo dos povos e países da maior parte do planeta. O neocolonialismo se deteriorou quanto a seus aspectos menos negativos, e o mesmo aconteceu com a forma democrática de governo que se generalizou nessa época. Essas duas instituições notáveis da segunda metade do século passado foram se esvaziando de seu conteúdo, e no novo século o retrocesso ficou evidente.

Continuam existindo colônias remanescentes da época em que essa era a relação principal de dominação, e temos que continuar combatendo até fazer com que deixem de sê-lo, mas cada vez estão menos sozinhas. Na prática, a recolonização seletiva é uma das características atuais do imperialismo, que escolhe as regiões e países que considera apropriados para saquear seus recursos naturais, esgotar sua força de trabalho, cobrar tributos, obter lucros diretos e estabelecer posições militares. As demais áreas do que foi o terceiro mundo são abandonadas a um destino de miséria e exclusão. Os imperialistas operam com impunidade, por isso ocupam militarmente países, alardeiam seus assassinatos feitos com *drones*, seus esbirros prendem cidadãos de outras nações e seus juízes ordenam outros países que paguem o que eles estabelecem a partir de litígios privados.

Excetuando outros defeitos, tenho que revisar aquele ensaio para que os conceitos de colonialismo e neocolonialismo ali expostos possam continuar sendo úteis, e a análise sobre seu alcance e seus procedimentos se enriqueçam ou mudem seus resultados a partir dos novos dados. Considero necessário que todos nós que analisamos essas questões cruciais do mundo atual trabalhemos com os eventos e os processos que estão em curso e as tendências que podem ser deduzidas deles, mas sem nos limitar a eles, em busca de um pensamento crítico que consiga nos dar conceitos e interpretações das características fundamentais do sistema que oprime os povos e ameaça o planeta, das chaves de seu funcionamento e os aspectos e as regras de seus modos de operar. E que nos traga, ao mesmo tempo, conhecimentos certeiros e crescentes sobre os povos dominados e de nosso próprio campo; dos modos como se reformulam o consenso, a indiferença ou a resignação dos de baixo, e não apenas seus protestos e resistências; das raízes de nossas insuficiências, divisões e debilidades.

Nos anos recentes se ergueram, em diferentes lugares do mundo, ações e bandeiras de rebeldia, sentimentos profundos de inconformidade e esperança de que se pode pretender um mundo e uma vida nova. A região da América Latina e do Caribe está na vanguarda desses movimentos. Ao enfrentar as tarefas colossais que isso demanda e os desafios quase insondáveis que colocam diante de nós, fica nítida a necessidade de ideias, elaborações intelectuais, divulgações, debates, capacidade de influenciar, gerar consciência, somar, aprender com os demais, conduzir. A nova vida e o mundo novo só nascerão e serão fortes a partir de atividades intencionais, organizadas e conscientes. A nosso favor temos um acúmulo cultural excepcional, herança moribunda que temos que aproveitar e superar. Os trabalhos como este que apresentamos hoje são modestos passos no longo caminho, mas são os que nos levarão a vencer o colonialismo atual e os seus pais.

Tomara que este número da *Tricontinental* vá além da leitura dos especialistas, que possa chegar a professores e comunicadores e os induza a oferecer a nossa população informações e critérios que nos fazem tanta falta, para que os problemas, as tarefas e a cultura de nosso mundo, o mundo tricontinental, ocupem um espaço maior e mais qualificado em nosso país. A OSPAAAL e sua revista *Tricontinental* têm uma história que nos convida a recuperar um legado de lutas e de ideias, mas nos oferecem, sobretudo, uma lição para o futuro, para o caminho indispensável que devemos percorrer. É óbvia a necessidade de nos unir e avançar juntos, neste momento histórico em que está em marcha a recolonização seletiva do mundo e o imperialismo estadunidense tenta se transformar no império mundial, porém, ao mesmo tempo, os seres humanos e os povos voltam a agir e a vislumbrar a libertação de todas as dominações e a criação de novas relações entre as pessoas e com a natureza, e novas instituições que estejam realmente a serviço de todos e permitam o desenvolvimento de todos. Termino com minhas palavras em outra publicação cubana, por ocasião do 45° aniversário daquele Congresso celebrado em Havana: este tem que ser, entre outras coisas, outra vez o tempo da *Tricontinental*.

SETE DESAFIOS PARA OS JOVENS DA AMÉRICA LATINA[1]

O tema que me pediram para desenvolver me parece fazer muito sentido porque junto com o conhecimento e a confraternização entre os participantes, as ações de solidariedade e demais atividades, estes festivais são também espaços em que se examinam e se debatem questões fundamentais para os jovens que trabalham pela criação de um mundo de justiça e liberdade para todos.

Eu gostaria de expor sete desafios que, a meu ver, os jovens da América Latina e do Caribe devem enfrentar. Sem dúvida existem mais, e a formulação geral não consegue levar em conta os âmbitos específicos que condicionam a identificação das realidades, os modos de compreender e de sentir, as contradições e os conflitos que se enfrentam, os objetivos e instrumentos que se privilegiam. Além do mais, vou ser sintético, como corresponde ao tempo disponível.

Primeiro desafio. Os jovens têm características gerais enquanto tais que não devemos esquecer nunca; elas sempre são importantes e podem chegar a ser decisivas. Mas, não existem os jovens em geral. O primeiro desafio parte da realidade de que uma grande parte dos

---

[1] Intervenção na apresentação da Rede de Redes em Defesa da Humanidade, durante o *18° Festival da Juventude e dos Estudantes*, em Quito, Equador, 12 de dezembro de 2013.

jovens do nosso continente enfrentam todos os dias o desafio de sobreviver e encontrar um lugar no mundo. Passam fome ou carecem de alimentação suficiente, de serviços de educação e de saúde, de emprego, e vivem em famílias precárias. Conhecem o trabalho infantil, a criminalidade dos pobres, a prostituição e o consumo de drogas baratas. Esses jovens não estão aqui, não sabem o que fazemos nem conhecem nossos escritos – muitos nem conseguiriam lê-los –, nem é provável que lhes interessem. Não costumam votar, porque não sentem que é sua a política que existe em seus países. Por conseguinte, muitos podem ser arrastados exatamente pelos culpados da vida que eles levam, se lhes resolvem algumas de suas necessidades urgentes.

O *primeiro desafio* diante de nós é romper essa terrível divisão, que é uma das maiores forças dos inimigos da humanidade. Temos que ir até eles, conhecê-los realmente em vez de achar que os representamos, acompanhá-los em suas vidas e anseios, com o fim de ajudá-los a ser rebeldes e lutar por ideais, conquistar o direito de conduzi-los no prolongado e difícil processo de mudar suas vidas e as sociedades de exploração, desigualdade, exclusão e opressões.

Segundo desafio. Conseguir combinar as tarefas e as satisfações pessoais – o amor, o trabalho, o estudo, as inclinações particulares – com interesses cívicos, com a necessidade de conhecer o mundo em que vivemos e seus problemas. Dar espaço, em nós, para ideais que fazem crescer as dimensões humanas e dão uma riqueza pessoal transcendente, conseguir governar a esfera dos egoísmos. Ir além das reações esporádicas contra incidentes e além dos entusiasmos efêmeros.

Terceiro desafio. Adquirir consciência das chaves fundamentais do sistema capitalista e da maneira de viver que ele gera, difunde e mantém. Conhecer seus fatos, seus instrumentos, sua criminalidade impiedosa, sua transformação dos indivíduos em agressores entre si e em indiferentes diante das desgraças alheias. Conhecer as funções sociais de dominação cumpridas pelos atrativos que o capitalismo possui na realidade, e saber que esse sistema constitui um complexo orgânico, o que permitirá colocar-se melhor diante de suas manifestações. Sair do controle exercido pelo seu sistema de informação, de formação da opinião pública, de entretenimento e de gostos. Pensar as contradições e os conflitos e buscar suas causas. Mas não basta conhecer: na verdade, os sentimentos que concentram energia e fomentam motivações, e que desatam atitudes e atuações, são tão importantes quanto as ideias e os conhecimentos.

Quarto desafio. Viver a consciência que está sendo adquirida como um conjunto de ideais, convicções e ideias que levam à ação. Reunir as capacidades pessoais, a necessidade de participar de causas justas, os desejos de fruição e de satisfação, os impulsos de rebeldia, os conhecimentos que se adquirem, para integrar com o conjunto uma jovem ou um jovem consciente e rebelde.

Quinto desafio. Dar permanência a essas transformações conquistadas e transformá-las em guia dos juízos e motor da atividade, tanto da vida cotidiana quanto das jornadas transcendentes. Quer dizer, aprender a lutar e a ser militante revolucionário.

Sexto desafio. Colocar uma grande parte de seus esforços, capacidades e sentimentos dentro do caminho de um coletivo, o que implica ceder uma parte das escolhas e da liberdade do indivíduo, ao mesmo tempo que pode criar um instrumento organizativo que multiplique as forças e as qualidades de cada um e as possibilidades de vitória. As organizações revolucionárias não são uma panaceia: suas realidades e sua história o mostram claramente. Por isso, precisamente, não ter medo de entrar nelas constitui um desafio para os jovens revolucionários, e maior ainda é o desafio de não estar dentro delas para perder qualidades e assumir rituais vazios, mas para contribuir a transformá-las em novas organizações capazes de ser realmente revolucionárias. O desafio está em compreender que a organização e a política são indispensáveis e, a partir dessa compreensão e da ação consequente, inventar novas formas revolucionárias eficazes de fazer política.

Sétimo desafio. Praticar a solidariedade como primeira lei das trocas humanas e das relações sociais. Ao agir e pensar em política, o conteúdo concreto do meio em que cada um vive e se move são determinantes e, por conseguinte, deve ser priorizado. Mas, não podemos esquecer em nenhum momento as questões mais gerais, suas características e suas implicações, e as condições colocadas para a nossa atuação: levar em conta o movimento em seu conjunto. O capitalismo conseguiu se universalizar e universalizar sua cultura, e exibe com grande força essas conquistas contra a humanidade e o planeta. Mas nos ensinou, primeiro, que podíamos ter dimensões universais para enfrentá-lo e, depois, que só universalizando os nossos combates contra ele e pela criação de sociedades livres e justas seremos capazes de tornar permanentes as nossas conquistas e conseguir, juntos, vencê-lo.

Ser internacionalista é triunfar sobre um desafio vital. O colonialismo é o modo criminoso e devastador que o capitalismo tem para nos globalizar; a libertação nacional anti-imperialista é a lei da criação de novos seres humanos e de sociedades livres. A união do patriotismo e do internacionalismo é o caminho seguro para que esse processo de criação não possa ser parado nem derrotado. É forjar a dimensão que nos une por meio e além de todas as diferenças e todas as fronteiras.

Termino invocando um indivíduo cujo nome e rosto são como que um esperanto para nossas línguas e um denominador comum para nossos ideais, porque conseguiu vencer todos os desafios, subir ao escalão mais alto da espécie humana e nos deixar um legado inestimável de exemplos, ações e pensamento. Ernesto – que tinha uma beleza física e uma inteligência evidentes – quis ser profissional, como era possível a um jovem do seu meio social, mas ao mesmo tempo dedicar-se aos mais desvalidos e curar leprosos no Peru ou na África. Leu romances desde pequeno e filosofia e tratados políticos desde adolescente, alimentou o desejo de conhecer Paris, mas caminhou ao longo do continente para conhecer os povos oprimidos e depurou uma vocação de se entregar a eles. Em uma noite, encontrou seu destino com Fidel e a guerra cubana e soube tomar a decisão mais importante antes que amanhecesse. Deu um salto prodigioso para frente mediante a prática revolucionária consciente e organizada, avanço tão grande que até mudaram seu nome. O Che foi um dos maiores e mais amados dirigentes da Revolução Cubana, mas soube deixar seus cargos e voltar ao combate internacionalista, até dar sua vida como comandante cubano e latino-americano.

Recordemos sua grandeza de revolucionário e seu tranquilo otimismo quando, no momento de outra decisão fundamental em sua vida, escreveu a Fidel, escreveu a todos nós: até a vitória, sempre!

1945, O FASCISMO E O COLONIALISMO[1]

Os aniversários que terminam em zero – "datas redondas" – costumam ser uma ocasião para a celebração e o balanço. No início de maio, há 60 anos, caía Berlim, com o saldo de 27 mil vidas soviéticas, uma para cada mil das que haviam morrido antes, combatendo ou como vítimas do fascismo alemão. Desmoronava a Alemanha nazista, estava terminando a maior guerra já sofrida pela humanidade. Noventa dias depois, como se fosse uma área de testes, os Estados Unidos submetiam centenas de milhares de civis japoneses a um holocausto, no primeiro – e único até hoje – ataque com bombas atômicas. Em 15 de agosto o Japão se rendia, e essa é a verdadeira data em que terminou a grande conflagração. Fim do fascismo alemão e japonês, início da "era nuclear", conclusão da Segunda Guerra Mundial: quantos acontecimentos em menos de quatro meses.

Sessenta anos depois, é necessário converter os aniversários em momentos de balanço e reflexão do ponto de vista de hoje, que sirvam para recuperar a memória – porque há muitas coisas perdidas, esquecidas, distorcidas, mudadas – e para ajudar na compreensão do presente.

---

[1] Publicado em *Si breve... Pasajes de la vida y la Revolución*. Cuba: Letras cubanas, col. Ensayo, 2010, p. 194-200.

Aquele ano de 1945 foi o final do fascismo, mas também foi o princípio do fim do colonialismo. A Europa burguesa havia criado ambos. O saqueio colonial do mundo esteve na base da acumulação capitalista e do desenvolvimento da modernidade. Os colonialistas cometeram gigantescos genocídios e destruíram as culturas – maneiras de viver, produzir, sentir, relacionar-se, reproduzir-se, pensar, conhecer, fazer artes – de centenas de povos. O colonialismo disfarçou a sanha pelo lucro, o crime e a destruição de sua primeira "globalização" mediante uma língua geral que dava nome e norma às instituições, às relações, às ideias e aos sentimentos que deviam ser consumidos no mundo inteiro. Seu crime mais duradouro foi colonizar as vidas das pessoas, seu lugar ou ascensão social, suas motivações e seus projetos. Foi o reino do dinheiro e da força, em nome da civilização e do progresso. O colonialismo se modernizou muitas vezes, segundo ia se desenvolvendo o capitalismo nas metrópoles. E durou séculos.

O fascismo era muito recente, em termos históricos. Mas demonstrou a aceleração que os processos podem atingir nas sociedades que alcançaram essa cintilante condição na qual mudam tão velozmente desde as técnicas e meios produtivos até os costumes. Era somente uma das reações diante dos horrores e dos resultados da Grande Guerra de 1914-1918, da Revolução Bolchevique e da profunda crise em que caiu o sistema do capitalismo desde o fim dos anos 1920. Mas o fascismo conseguiu unir vontades e força no centro da Europa, como alternativa à forma democrática de dominação e aos efeitos da grande crise das economias nacionais e dos povos, como revanche da derrota para o nacionalismo alemão, como instrumento de poder e expansão, para o grande capital, e como inimigo – que podia ser mortal – do protesto social, das lutas das classes exploradas e oprimidas, e da existência da União Soviética.

O fascismo atraiu muitos milhões de pessoas e os enquadrou em suas organizações e na máquina de morte mais poderosa que já havia existido; teve cúmplices e seguidores nos grandes interesses capitalistas e grupos burgueses da Europa e do Japão – onde ele chegou a ser predominante – e também nos Estados Unidos. Ao racismo colonialista contra os não brancos, o fascismo somou o recrudescimento do racismo entre europeus, e sua transformação em um núcleo ideológico do regime nazista postulou uma moral impiedosa, aspirou a dominar a Europa e o mundo e a ser a variante cultural que triunfaria nessa mesma escala. O fascismo em ação combinava a violência descarnada de sua ditadura com sistemas de propaganda e de formação muito eficazes, a antropometria e o genocídio com os grandes negócios, o chauvinismo com o racismo. Contribuiu mais do que qualquer coisa para desatar uma disputa realmente universal e cometeu nela todo tipo de agressões e os crimes mais horrorosos.

A quem ser mais fiel, à nação ou à classe social? Esse dilema percorreu o mundo dos anos de 1920 e 1930, sempre difícil de resolver, e às vezes fatal. O fascismo o tornou mais complicado. As esquerdas legais tinham sido cúmplices ou omissas diante do colonialismo e da tragédia de 1914-1918. Foram a Revolução Bolchevique e o novo comunismo que inspiraram as rebeldias realmente opostas a qualquer dominação. Entre as duas guerras mundiais, ocorreram os choques mais duros entre os nacionalismos e as ideias e movimentos que correspondiam à luta de classes, e também ocorreram as situações mais angustiantes no interior desses últimos. A universalização do novo comunismo – sobretudo em sua forma principal, a Internacional Comunista – foi ambivalente para o mundo colonial e neocolonial. Ajudou a esclarecer o rumo e dar objetivos mais libertadores às resistências e às rebeldias, e também instrumentos mais capazes. Mas submeteu seus seguidores a uma nova colonização mental com suas exigências de disciplina cega, ao mesmo tempo muito eficaz e danosa, porque conquistou as mentes e os sentimentos de uma parte dos melhores rebeldes e introduziu uma gigantesca confusão no campo dos opostos ao sistema. A Internacional Comunista teve um período de "luta de classe contra classe" – 1928-1935 – que promoveu o sectarismo, e em seguida uma fase de "frentes populares", que confundiu muitos e os fez colaborar com quem não deviam. E o fato era que o interesse estatal da URSS era o decisivo em suas orientações, embora fosse verdade que para os militantes do mundo a defesa da URSS era uma prioridade revolucionária.

No campo burguês o saldo foi muito pior. Quando o fascismo convocou sua cruzada internacional pela "nova ordem", contra a existência ou a independência de numerosos Estados, contra os não arianos e o comunismo – depois do trágico ensaio geral que foi a Guerra Civil da Espanha –, sobreveio uma guerra total na qual todas as ideias e pessoas foram mobilizadas. A defesa nacional e as identidades e contradições de classes se relacionaram das maneiras mais diversas. Grande parte dos burgueses da Europa preferiram se unir ao fascismo, ou submeter-se a ele. O caso do regime de Vichy e sua "revolução nacional" na França de 1940-1944 foi realmente exemplar como entreguista e criminoso. Colaboracionistas ou patriotas era a disjuntiva nos países ocupados, e milhões de pessoas alheias à esquerda foram patriotas. Mas a iniciativa e o peso principal da luta na maioria dos países foram assumidos por pessoas e formações populares de esquerda. A coalizão antifascista levou a cabo uma guerra de Estados, mas a disputa foi sobretudo uma guerra de povos e nela se mesclaram os sacrifícios e heroísmos de massas mais admiráveis com as manipulações e os interesses mesquinhos de grupos e de Estados.

Os opostos ao capitalismo tiveram que atravessar provas muito duras em quase todos os lugares. Na URSS havia se criado um Estado poderoso, porém a revolução naufragou em um mar de sangue e um grupo exerce a ditadura em nome do socialismo. Os povos da União Soviética deram exemplos supremos de sacrifício e heroísmo, e sua atuação militar foi o determinante na derrota do nazismo; a direção pós-revolucionária soube resistir com grande firmeza e conduzi-los à vitória, apelando para a defesa do socialismo e para os símbolos nacionalistas russos. Os comunistas de muitos países combateram com grande valor e abnegação – mais de uma vez fora das orientações da Terceira Internacional – e não poucas vezes foram os líderes ou a vanguarda da resistência antifascista. Frentes nacionais muito diversas foram centrais à ação, porém, a maior parte mostrou seu caráter efêmero depois da guerra, diante dos problemas centrais de manter ou não a dominação capitalista, e da nova geopolítica do pós-guerra.

A queda do fascismo foi fruto dos sacrifícios e dos combates travados pelos povos, que pagaram um preço descomunal pela vitória.

As burguesias europeias que aceitaram ou celebraram o fim do fascismo não estavam dispostas, no entanto, a aceitar o fim do colonialismo. Neste 9 de maio também devemos lembrar a imensa matança – 45 mil pessoas – em que a repressão francesa converteu a celebração da vitória do povo argelino contra o fascismo. Poucos dias depois de Hiroshima e Nagasaki – 18 de agosto –, o povo do Vietnã, organizado no Viet Minh, se levantou com armas na mão para se livrar de qualquer jugo estrangeiro e proclamou a República. Então o Estado francês invadiu sua antiga colônia da Indochina e obrigou aquele povo, dirigido por Ho Chi Minh, a passar por uma dura guerra de resistência. Em um 7 de maio, nove anos depois da queda do nazismo, a grande vitória de Dien Bien Phu acabou com o colonialismo francês no Vietnã. Esse mesmo ano começaria a insurreição popular na Argélia, que conquistou sua libertação nacional depois de oito anos de guerra e quase um milhão e meio de mortos.

1945 anunciou a ruína do colonialismo e é necessário resgatar essa memória. Nos 15 anos seguintes, triunfaram revoluções de libertação desde a China até Cuba, e se produziram processos de descolonização muito diferentes que desmantelaram os impérios europeus. Nasceram dezenas de novos Estados e as disjuntivas mudaram: neocolonialismo ou libertação, repúblicas de grupos dominantes cúmplices do imperialismo ou poderes populares em países soberanos.

GRÁFICA PAYM
Tel. [11] 4392-3344
paym@graficapaym.com.br